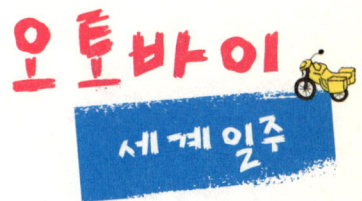

그 동안 길 위에서 저를 도와주신 분들과
얼마 전 돌아가신 아버지에게 이 책을 바칩니다.

# 오토바이 세계일주

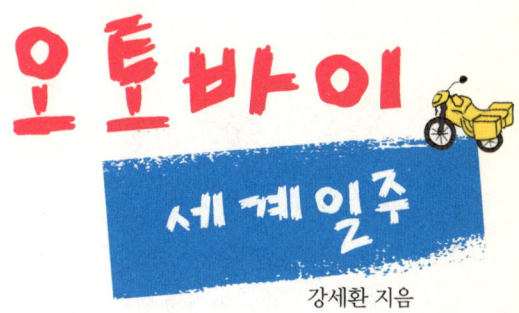

강세환 지음

북하우스

## 프롤로그 Prologue
# 도대체, 왜?

"도대체, 왜 세계일주를… 그것도 오토바이로 하는 거죠?"

내가 여행하면서 가장 많이 들었던 질문이다. 오토바이여행은 물론이고 해외여행 경험도 한 번 없었던 내가 모든 것을 집어치우고 이번 여행을 하게 된 계기는 바로 아버지 때문이었다. 만약 아버지께서 건강하셨다면 난 여전히 한국에서 평범한 샐러리맨으로 하루하루를 보내고 있었을 것이다. 건강하셨던 아버지의 갑작스런 암 선고는 청천벽력과도 같은 충격이었고, 인생에 대해 다시 생각해보게 되었다.

"인생은 정말 짧은 것이구나. 더이상 이런 식으로 시간낭비를 해선 안 되겠다."

한줌의 햇빛도 들어오지 않는 통신정비실에서 안구건조증이 걸릴 정도로 하루 종일 모니터를 들여다봐야 하고 몇 개월마다 낮과 밤이 바뀌는 근무를 해야 하는 답답한 직장생활에 지쳐 있던 난, 막연하게 호주영주권을 준비하게 되었고 뭔가 새로운 생활을 꿈꾸게 되었다.

"푸른 초원 위에 예쁜 통나무집을 짓고, 동물을 키우며 자연과 더불어 살아보는 거야."

이후 자전거를 타고 출퇴근하며 월급의 90%를 저축했고, 1년 뒤 영주권이 나오자 바로 직장을 그만두고 여행준비를 시작했다.

처음부터 오토바이로 세계일주를 하려던 건 아니었다. 일단 호주를 한 바퀴 돌

**25년 후**

면서 정착지를 찾아보려고 하다가 이것이 세계일주로 발전하였고, 1년 정도 배낭여행 하는 것으로 계획을 잡았다.

 "어차피 지금 가나 나중에 가나 처음부터 새로 시작해야 하는 건 똑같고, 여기나 호주나 먹고살기 바쁜 건 비슷할 테니 이 기회에 세상구경이나 한번 해보는거야!"

 한 번도 쉬지 않고 달려온 내 인생에, 갑자기 커다란 쉼표가 찍혀버린 것이다. 특히 광활한 북미와 선진국 유럽은 차로 돌아봐야 한다고 생각했는데, 렌트 비용을 계산해보니 이 정도면 오토바이를 살 수 있을 것 같았고, 이참에 여행 콘셉트까지 '오토바이 세계일주'로 변경된 것이다.

 10년 전, 난 오토바이에 미쳐 있었다. 바이크의 배기음만 들어도 가슴이 뛰었고 대배기량 차에 대한 동경심이 극에 달했다. 대학 자취방이 바이크 사진으로 도배되었고, 오토바이를 사기 위해 1년간 휴학 후 막노동을 하려고도 했었다. 하지만 아버지의 반대로 집에 오토바이가 두 대나 있는 데도 탈 수가 없었고, 가끔 남의 것을 빌려 타보는 것으로 만족해야 했다. 오로지 오토바이를 타기 위해 신문배달과 야채배달을 한 적도 있었으니, 그 시절의 열정은 정말 대단했던 것 같다.

 취업한 뒤엔 수퍼바이크(일명 슝카)를 렌트해서 1·2박 투어를 다녔는데, 지금 생각하면 사고가 한 번도 나지 않았던 게 신기할 정도다. 하지만 국도에서 추

월하는 자동차와 부딪힐 뻔하며 죽을 고비를 넘긴 뒤엔 생각이 완전히 바뀌었고, 왜 아버지께서 그토록 반대하셨는지 깨닫게 되었다.

다시 10년이 지난 후, 그동안 마음 한구석에 자리 잡고 있던 바이크에 대한 열망이 고개를 내밀었다. 누가 그랬던가? 무식한 놈이 용감하다고……. 만약 내가 단 한 번이라도 오토바이로 장거리여행을 해봤다면, 결코 오토바이로 세계일주를 한다는 이 무모한 짓거리(?)를 할 엄두조차 못 냈을 것이다.

완전 초보인 내가 세계일주를 해보겠다고 바이크 전문 잡지사에 인터뷰를 요청하자, 참석한 오토바이 관계자들은 회의적인 반응을 보였는데, 오히려 외국의 라이더들이 격려해주었다.

"모든 것은 여행하면서 자연스럽게 터득하게 된다. 정비요령도, 라이딩 기술도……. 너무 걱정하지도 말고, 완벽하게 준비하려고 하지 마라. 문제가 생길 때마다 현지인에게 도움을 받으며 함께 어울리는 것이 오히려 진정한 여행이 될 수 있다. 너의 오토바이는 일반여행자들이 경험할 수 없는 것을 가능하게 해주는 '여권'과도 같은 것이므로, 절대 외롭지 않을 것이다. 힘내라, 넌 할 수 있다. 그리고 우리나라에 오면 꼭 연락해라."

난 지금 알고 있다. 그들이 옳았다는 것을…….

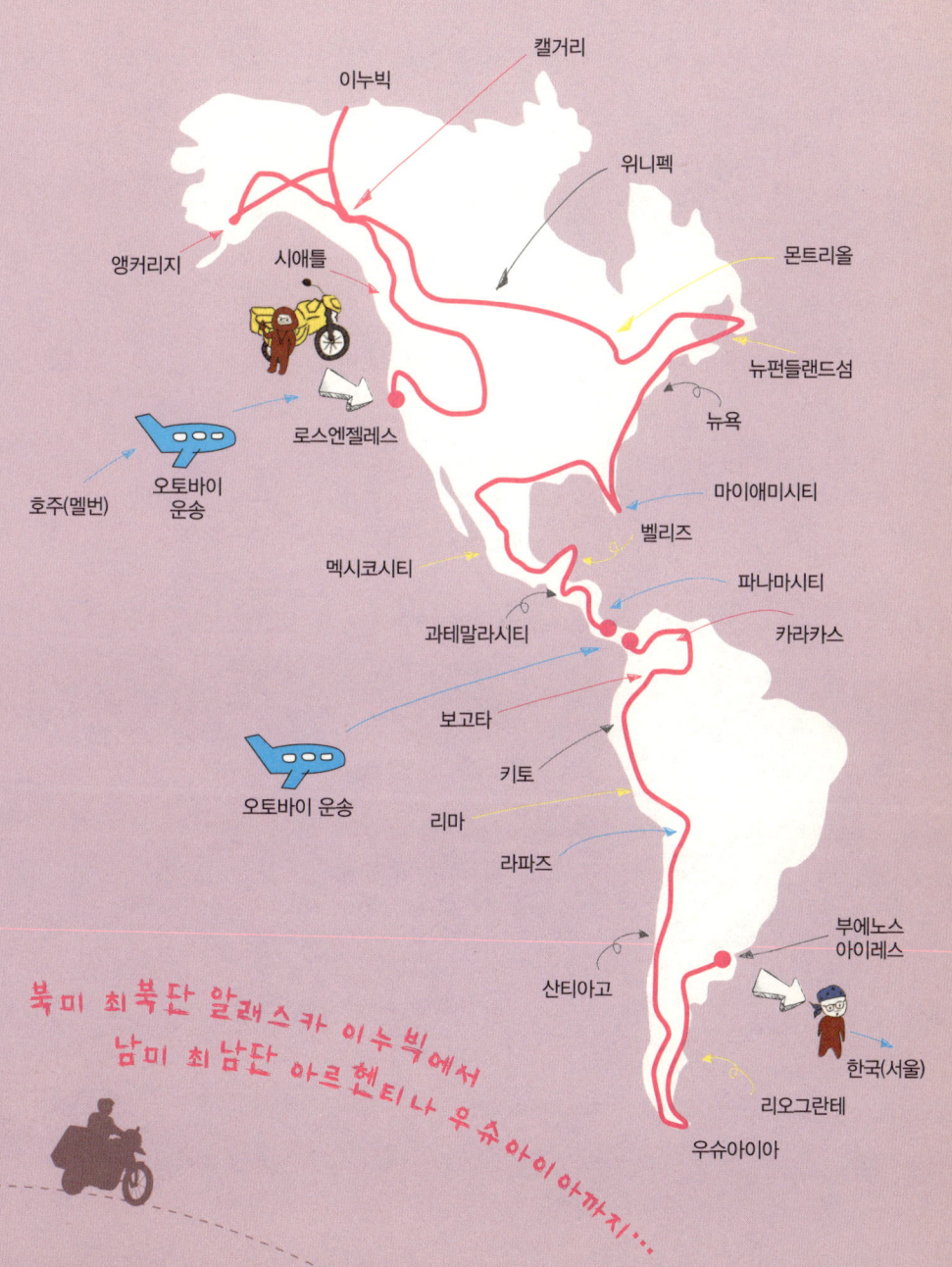

## CONTENTS 오토바이 세계일주

프롤로그 – 도대체, 왜? 4

준비과정
(6개월 : 2004. 11. 1.~2005. 5. 5.)

### 대한민국 Episode
성신모텔 203호 12
드디어, 출국이다!! 14

### 호주 Episode
생애 첫 오토바이를 구입하다! 16
제다이 마스터를 만나다 18

### 베트남 Episode
한밤의 실종사건 24

### 북미
(7개월 : 2005. 5. 6.~2005. 12. 17.)

### 미국 1 Episode
오토바이를 찾아랏!! 28
환상의 해변 라이딩 31
광란의 누드 마라톤 32
휘발유를 원샷하다!! 34
죽음의 계곡 데스밸리 국립공원 36
비바 라스베이거스! 38
맨발로 스타벅스를… 42
서부 국립공원 완전정복 1 46
세계일주 기네스 보유자 크리스 부부 52
서부 국립공원 완전정복 2 58

### 캐나다 1 Episode
엔젤의 도움으로 병원도 공짜로^^ 64
알래스카를 향하여 4일간 2천 킬로미터를 달리다 67
시속 100킬로미터의 슬라이딩, 어휴 죽을 뻔했네!! 68
더이상 갈 곳은 없다!! 72

### 미국 2 Episode
어? 왜 땡겨도 안 나가지? 74
뷰티풀한 싸나이 C.J. 77
알래스카는 모기도 무공해 82
알래스카는 사람도 무공해 84
난 알래스카가 너무 좋아..! 87

## 캐나다 2 Episode
숲속의 천사 조르그 90
아, 저것이 진정 오로라인가!! 93
우리는 BMW 브라더스!! 95
캐나다의 백미 로키산맥 98
눈물 젖은 도시락 100
외발 라이더, 조 102
치킨국수를 뽑는 남자 106
캐나다의 단풍 108
눈물의 캔맥주 110
천섬을 지나 천사들을 만나다 114
아파트 한 채를 선물 받다! 117
퀘벡을 찍고 겨울바다를 한 바퀴 120
이름은 들어봤나? 빨강머리 강 122
비 내리는 겨울밤, 연료는 바닥나고 124
목수 라이더 케이스 126

## 미국 3 Episode
아니, 이게 누구야. C.J.! 128
착한 아빠, 단 130
세상의 중심에 서다 132
전 테러범이 아니에요! 136
3일간의 코너링 138
동부의 천사들 140
아이 러브 플로리다! 142
걸프해변의 천사들 146
이번엔 빌라 한 채를 공짜로! 148
엔젤의 도가니탕을 먹다 150

## 중미
(3개월 : 2005. 12. 18.~2006. 3. 29.)

### 멕시코 Episode
하늘에서 내려온 과외선생, 론 156
론은 못 말려! 160
새해 복 많이 받으세요! 163
한밤의 러브 모텔 164
미션 임파서블 1 165
그녀의 이름은 세뇨리따 169
미안하다 소녀야 172
오, 그대는 아름다운 여인! 174
쿠바를 포기하다 178

### 벨리즈 Episode
아저씨, 도대체 어디가시는 거예요? 182

## 과테말라 Episode
일곱 번 넘어지고 얻은 깨달음 186
제발 살려주세요!! 188
아이고, 나 죽네! 194

## 엘살바도르 Episode
한 번 인연은 영원한 인연 198

## 온두라스 Episode
세상에서 가장 행복한 고민 200

## 니카라과 Episode
한여름의 감기는 개도 안
걸린다는데… 202

## 코스타리카 Episode
삼일야화. 오빠, 땡겨! 204

## 파나마 Episode
노병은 죽지 않았다 205

## 남미
(9개월 : 2006. 3. 30.~2006. 12. 22.)

## 콜롬비아 1 Episode
글래머의 천국, 이곳에 뼈를 묻고 싶다! 210
쉘 위 댄스?_상힐 212

## 베네수엘라 Episode
나, 콜롬비아로 돌아갈래! 1  214
세계 최고 높이의 앙헬폭포 216
아프리카 트윈 클럽 218

## 콜롬비아 2 Episode
아저씨, 권총 얼마예요? 222
가방이 무거워요! 226

## 에콰도르 Episode
나나 콜롬비아로 돌아갈래! 2  230
미션 임파서블 2  232
해발 6천 미터급 화산을 오르다 235
나는 배터리 충전중 237

## 페루 Episode
바이크쇽이 작살나다 240
부서진 쇽으로 안데스를 넘다 246
대한민국 라이더는 걱정할 게 없다고요! 250
아 유 코리언? 오빠, 땡겨…!! 252
예상치 못한 여행의 순간 254
대 추격전 256

### 볼리비아 Episode
페루 엔젤 이반과의 재회 258
오빠, 배낭이 없어졌어요! 262
세계최고 위험한 도로 264
천당에서 지옥으로 266
다이너마이트를 구입하다 269
와-우! 과달루페 축제 271
2박 3일간의 사투 273

### 칠레1 Episode
나는 칠레가 싫어요!! 280

### 아르헨티나1 Episode
어머나, 귀밑이 부어올라요!! 282

### 칠레2 Episode
할머니 민박집 산티아고 286

### 아르헨티나2 Episode
내 카메라 돌리도!! 288
1,500킬로미터의 절대 고독감 290

### 칠레3 Episode
동화 속의 나라 칠로에섬 292
아메리카 대륙 최고의 라이딩! 294

### 아르헨티나3 Episode
폭풍 속으로 298
바람의 대륙 302
여기는 세상의 끝! 306
너 펭귄 맞아? 309
세계일주 라이더 모여라! 314
라이더의 파라다이스 320
세환아, 아버지께서 쓰러지셨어! 324

### 에필로그 – 아버지, 힘내세요!! 330

### 오토바이 여행 팁 334

### 바이크 정비 일지 349

### 도와주신 분들 (길 위의 천사들) 350

# 대한민국 Korea | 호주 Australia | 베트남 Vittnam

6개월 2004. 11. 1. ~ 2005. 5. 5.

Episode 1
## 성신모텔 203호 강원도 양양

　회사를 그만둔 뒤 가장 먼저 한 일은 살던 전셋집을 처분하고 가재도구를 모두 팔아치운 뒤 봉고차로 국내일주를 한 것이다. 마침 가을이라 차에서 먹고 자는데 아무런 불편함이 없어서 생전 처음으로 한 달간 전국을 유람했다. 마지막 날, 설악산에서 내려와 낙산해수욕장에 멀거니 앉아 노을을 보고 있으니, 이런 생각이 들었다.
　"참 맘에 드는 곳이군. 등 뒤엔 설악산, 코앞엔 동해바다라… 산과 바다가 모두 있는 이런 곳에서 살면 어떨까?"
　결국 집에 도착하자마자 짐을 모두 챙겨서 강원도 양양으로 향했다. 벼룩신문을 손에 들고 바닷가의 모텔과 대학교 자취방을 찾아 다녔는데, 차에서 자며 일주일을 뒤졌는데도 맘에 드는 방이 없었다.
　"에이… 관두자. 뜬금없이 이게 뭔 짓이람? 내가 미쳤나봐."
　막국수나 먹고 집에 가려고 낙산해수욕장을 향해 차를 몰았는데, 입구 주변 모텔에 이런 글귀가 붙어 있었다.
　'월 세 방 있 음'
　'가만있자, 여긴 도로변 쪽에 있으니까 방이 싸지 않을까?'
　"실례합니다. 월세방 놓으시나요?"
　"그렇긴 한데, 무슨 일로 방을 쓰려고?"

"네… 몸이 안 좋아서 요양 좀 하려고요, 한 5개월 정도……."

"아이고, 젊은 사람이 몸이 아파서야 쓰나. 앞으로 5개월이면 겨울이니까 방이 좀 있지. 한번 보려우?"

"네… 근데 한 달에 얼마나 드려야 하나요?"

"하루에 평일은 이만 원, 주말은 삼만 원씩 받지. 오래 있을 거니까, 하루에 만 원씩 쳐서 삼십만 원만 줘. 더는 못 깎어!"

이층에 올라가보니 모텔답지 않게 베란다도 있었고, TV와 침대는 물론이고 화장실에 욕조까지 달려 있었다. 신축된 건물이라 깨끗했고, 전기장판도 깔려 있어 따뜻하게 겨울을 보낼 수 있을 것 같았다.

"아저씨, 계약하죠! 짐은 봉고차에 실린 이게 전부예요."

성신모텔 203호. 이곳에서 무려 5개월 동안 머물며 오토바이 세계일주를 준비하게 된다. 걸어 나가면 푸른 바다가 보이고 주변도 조용해서 아주 맘에 들었는데, 이때 하루 일과는 아래와 같다.

## 평일

우유와 시리얼로 아침 해결한 뒤 인라인스케이트를 타고 마을 도서관으로 이동.
해외 여행기를 요약정리하고, 점심은 분식집에서 튀김과 떡볶이로 해결.
오후엔 인터넷으로 오토바이 여행정보를 수집한 뒤, 마을을 떠나기 전 비디오대여.
다시 인라인스케이트를 타고 모텔로 이동.
반신욕으로 하루의 피로를(?) 푼 뒤 영화감상.

## 주말

늦잠을 잔 뒤 기와집막국수 한 사발 먹고, 설악산 울산바위 등산.
정상에 올라 나만 아는 명당자리에 걸터앉는다.
동해바다를 내려다보며 컵라면과 김밥을 냠냠.
커피를 마시며 라디오 감상(윤종신의 두시의 데이트).
하산 후 대형마트에 들러 일주일분 양식을 장만.
방청소를 해야 되지만, 귀찮아서 그냥 잠.

Episode 2
# 드디어, 출국이다!! 서울특별시 Seoul

여행에 대한 불안감으로 출발 전 2주부터 사고가 나는 악몽에 시달리며 배탈과 설사를 했다. 상상만 하던 일이 현실로 닥치게 되자 엄청난 두려움이 엄습한 것이다. 누가 그랬던가? 불안은 영혼을 잠식한다고.

"어쩌다가 나 같은 놈이 오토바이로 세계일주를 하게 됐을까? 내가 주제도 모르고 날뛰는 거 아닐까? 뱁새가 황새 따라 하다 가랑이 찢어진다는데."

심난한 하루하루를 보내던 어느 날 TV를 켰는데, 티베트의 독실한 불교신자가 고향에서 포탈라궁까지 2천 킬로미터를, 그것도 삼보일배로 이 년이 걸려 도착한 뒤 천배기도를 올리고 있었다. 한겨울에 해발 4천 미터의 고원지대를 온몸을 던져 오체투지 하느라 손발이 동상으로 썩어 들어갔다. 오직 한 곳을 향해 일직선으로 전진하는 그 엄청난 고행에 비하면, 오토바이를 타고 한 바퀴 도는 건 너무나 쉬운 일이 아닌가! 난 엄청난 충격을 받았다.

"아… 그 동안 정말 쓸데없는 걱정을 해왔구나! 저런 의지력이면 세상에 못할 것이 없겠군."

하지만 그분도 혼자만의 힘으로 이루어낸 건 아니었다. 어머니와 누님이 함께 이동하며 식사와 천막을 준비했고 먹을거리가 떨어지면 마을주민이 음식을 적선했는데, 어떤 분은 자신의 손수레를 내어주기도 했다. 티베트 사람은 고행자가 포탈라궁에 무사히 도착하면, 도와준 자신에게도 행운이 올 거라고 믿기 때문이다.

"그래 맞아, 바이크로 여행하면 문제가 생길 때마다 수많은 현지인의 도움을 받을 거라고 했지. 더는 걱정하지 말자, 다 잘될 거야!"

출국 전날, 친구 석규가 찾아왔다. 함께 서울 시내를 실컷 쏘다니느라 밤을 꼬박 새웠는데, 집으로 데려다주면서 넌지시 말한다.

"세환아, 하다가 힘들면 언제든지 그만두고 돌아와라. 포기할 수 있는 것도 용기잖아."

녀석의 걱정을 뒤로 하고, 식구들과 함께 공항으로 향했다.

Episode 3
# 생애 첫 오토바이를 구입하다! 시드니 Sydney

11Km!

호주방문은 이번이 처음이었지만, 시드니의 국제공항엔 나를 마중 나온 한국인이 있었다. 다음 카페 'WTS(Welcometo Sydney)'의 강완순 방장님인데, 영주권을 준비할 때 알게 된 인연으로 오토바이 구입을 도와주기로 한 것이다.

마침 일요일이라 얼떨결에 한인교회에 따라가서 점심을 얻어먹은 뒤, 숲으로 둘러싸인 멋진 주택에 짐을 풀었다. 카페 회원님 중 한 분이 한국에 가족을 보러 가서 방이 비어 있어, 2주간 내가 무료로 사용할 수 있도록 배려해주신 것이다. 이곳에 머물며, 일층에 있는 유학생 언니들에게 극진한 대접을 받았는데 역시 방장님께서 신신당부를 해놓으신 덕분이었다.

오토바이 등록을 하기 위해 BMW딜러 담당자 존과 RTA사무실을 찾아갔는데, 뜻밖에도 한국면허증의 영문공증서류가 없으면 등록을 못한다고 한다.

'참나, 존도 참 답답한 친구로군. 이런 건 미리 알아봐놔야 되는 거 아냐?'

시내의 공증사무실에서 열흘이 지나서야 서류를 받을 수 있었는데, 덕분에 시드니 구경은 실컷 할 수 있었다.

영주권 취득 후 최초입국이라 계좌개설, 세금번호신청, 의료보험가입 등을 차례대로 한 뒤 영문공증서류를 들고 다시 RTA사무실을 찾아갔다.

"아니 이건 뭐 하러 가져왔어요? 필요 없는 건데……."

엥? 알고 보니 다른 직원이 잘못 알고 있었던 것이다. 자주 있는 일이 아니라서 그런 것 같은데, 내가 새 오토바이를 등록하기 때문에 복잡한 것이지 만약 중고를 샀다면 훨씬 절차가 간단하다고 귀띔을 한다. 아무튼 무사히(?) 등록증을 건네받은 뒤 존과 함께 방장님이 일하는 회사를 찾아갔다. 자동차와 오토바이의 에어필터를 생산하는 유니필터Uni Filter라는 곳이었다.

방장님의 주선으로 사장님을 만나 여행계획을 말씀 드렸더니, 내 바이크에 장착된 종이필터를 떼어내고 재사용이 가능한 스펀지 타입의 유니필터를 장착해주셨다. 사장님의 아들이 필터교환에 필요한 공구도 선물해줬는데, 짐정리를 마치고 바로 멜번으로 떠나려 하자 모두들 갑자기 크게 웃는다.

"아니, 여기서 멜번까지 몇 킬로미터인 줄 알아요? 무려 천 킬로미터예요, 천 킬로미터! 오늘은 푹 쉬고 내일 새벽에 일찍 출발하라구. 출근시간엔 길이 막히니까."

방장님과 저녁식사를 하며 석별의 정을 나눴는데, 이 상태로 무작정 세계일주를 하는 것은 무리니 호주 먼저 한 바퀴 돌면서 천천히 준비하라고 하신다. 한국을 떠날 때 석규가 한 말과 똑같은 말씀이다.

"야, 너 그러다 죽는 수가 있어 임마. 세계일주가 장난이냐? 호주만 돌아도 대단한 거야."

내가 왜 모르겠는가? 이 상태로 세계일주를 감행하는 게 그 얼마나 무대뽀 정신인가를……. 밤늦게 숙소에 돌아오니 주인장인 터키친구가 고속도로 입구로 가는 길을 자세히 알려주었다. 무려 두 번씩이나 차로 직접 왕복해가면서!

# Episode 4
# 제다이 마스터를 만나다 멜번 Melbourne

　설레는 마음에 잠을 설친 뒤 새벽 5시 30분에 숙소를 나섰다. 오랜만에 오토바이 핸들을 잡으니 엄청 긴장됐는데, 더욱이 호주는 한국과 차선이 정반대인 좌측 통행이라 교차로를 지날 때마다 깜짝깜짝 놀랐다. 한국에서 운전하던 습관이 남아 있어 반대쪽으로 커브를 도는 바람에, 차들이 급정거했기 때문이다.
　"아이쿠, 죄송합니다. 아이쿠, 미안합니다."
　이 말을 얼마나 많이 했는지 모르는데, 한국 같았으면 멱살 잡히고 난리가 났을 것이다. 역시나 길을 헤맸지만 친절한 호주인의 도움으로 간신히 고속도로 입구에 진입할 수 있었다.
　"자, 이제 천 킬로미터를 달려보는 거야!"
　쭉 뻗은 직선구간에 차도 없었지만, 처음 운전을 배웠을 때처럼 비상등을 켜고 시속 80킬로미터로 천천히 가느라 밤 10시가 넘어서야 멜번에 도착할 수 있었다. 시드니에서 무려 15시간이 걸린 것이다.
　이토록 무리해서 달린 것은 바로 '알렉' 때문인데, 인터넷으로 여행정보를 문의하다 알게 된 인연으로 자기 집에 초대해주었고, 바로 다음날 알렉의 친구들과 함께 1박 2일간 비포장 라이딩에 참석하기로 한 것이다. 시내에 바이크를 세운 뒤 알렉에게 전화했는데, 추워서 떨고 있는 날 보더니 자신의 글러브를 벗어주며 활짝 웃는다.

"오느라 고생 많았지? 정말 잘왔어, 세환!"

통화할 땐 목소리가 무뚝뚝하게 들려서 괜히 온 거 아닌가 걱정했는데, 그의 따뜻한 마음씨가 그대로 느껴지는 모습을 보니 '아, 정말 잘왔구나.' 하고 안심이 되었다. 그의 집은 내일 라이딩을 함께 가기로 한 친구들로 이미 북적였는데, 모두들 약속을 지키기 위해 오토바이를 사자마자 천 킬로미터를 달려온 나의 무모함에 박수를 쳐주었다.

다음날 아침 일찍 총 4명의 라이더와 함께 국립공원을 향해 달리기 시작했다. 본격적인 비포장도로가 시작될 무렵 알렉이 조용히 다가와 조언을 해준다,

"세환, 핸들이 좌우로 흔들리더라도 불안해하지 말고, 그럴수록 속도를 더 내야 된다. 도로 위를 자세히 살펴보면 차바퀴 자국이 보이는데 그 위를 달려야 덜 미끄러지니 명심하고."

생전 처음 비포장도로를 달려보는지라 바퀴가 헛돌 때마다 등에 식은땀을 흘리며 속도를 줄였는데, 중간에서 달리는 입장이라 무턱대고 천천히 갈 수도 없었다. 몇 번을 망설인 뒤 '에라 모르겠다, 될 대로 되라지!' 하고 쓰로틀을 당겨버렸다. 앞에선 알렉이, 뒤에선 알렉의 친구 이완이 나의 움직임을 관찰하다가 뭔가 이상하면 바로 세워서 지적을 해주었고.

나는 운이 좋은 것 같다. 이렇게 훌륭한 교관을 둘씩이나 데리고 좋은 코스에서 연습할 수 있다니. 고마운 마음에 식사비를 대신 내려고 하는데, 이번엔 데이브가 말린다.

"자네는 앞으로 돈 쓸 일이 많잖아. 이번 투어의 모든 비용은 우리가 부담하기로 했네."

아! 감동의 물결이.

시간이 지날수록 라이딩에 자신감이 붙었는데, 갑자기 알렉이 나를 가로막은 뒤 오토바이에서 내려 쏜살같이 뛰어갔다. 무슨 일인가 하고 보니, 데이브가 엄

청난 속도로 급경사를 내려가다가 벽에 부딪쳐 숨을 헐떡거리며 고통스러워하는 게 아닌가.

"이거, 갈비뼈가 부러진 거 같은데? 빨리 도로 위로 옮기자고!"

다행히 지나가던 여행객이 차에 실어주어 병원으로 향했다. 며칠 뒤 문병을 가보니 갈비뼈 4개와 손목이 부러졌다고 해서 더욱 놀랐는데,

"아니, 뼈라는 게 그렇게 쉽게 부러질 수 있는 거였어?"

첫날부터 호된 신고식을 한 것이다. 만약 알렉이 미리 날 막아주지 않았다면 여행 시작한 지 단 이틀 만에 세계일주가 끝날 뻔했다.

며칠 뒤엔 알렉의 주선으로 혼다 라이딩스쿨에서 주행 교육을 무료로 받았는데, 짧은 시간에도 불구하고 실력이 전보다 800%는 나아진 거 같다고 칭찬을 해주었다. 물론 나 또한 상당한 자신감을 회복할 수 있었고.

한국을 떠날 땐 정비지식이 무지에 가까웠기 때문에 알렉이 오토바이 정비소에 데려가 바퀴 튜브를 꺼내어 펑크 때우는 요령을 직접 알려주었고, 돌아오는 길엔 바이크상점에 들러 기본 공구과 용품을 구입하고 헬멧 고르는 요령도 설명해주었다.

다음날엔 미국으로 바이크를 싣기 위해 BMW딜러에 들러 와인 한 병을 선물하고, 나무상자를 얻은 뒤 포장(?)을 시작했다. 헌데, 가만 생각해보니 항공관제사인 알렉이 어젯밤 철야근무를 마치고 아침에 퇴근했기 때문에 지금은 잠을 자야 맞는 게 아닌가!

"알렉, 안 졸려요? 나 때문에 잠도 못자고 정말 미안해요……."

"괜찮아, 내가 졸려서 이상한 소리를 해도 모른 체하라고. 크크."

가만 보니, 아까부터 잠을 깨기 위해 알 수 없는 말을 중얼거리고 있었다. 보름 동안 나를 위해 모든 것을 준비해준 고마운 알렉. 오죽하면 부인 비키가 이런 말을 했겠는가.

"참나, 도대체 누가 세계일주를 가는지 모르겠네."

미국으로 출발하기 전날, 축하해주기 위해 알렉의 친구들이 모여 바비큐파티를 해주었다. 얼마 전 세계일주를 마치고 책을 낸 부부도 오셔서 많은 조언을 들려주셨는데, 헤어지기 전 참석한 사람들 모두가 이 책에 나의 무사여행을 바라는 메시지를 적어주었다.

파티가 끝난 뒤, 멜번의 마지막 라이딩을 기념하며 알렉과 도시가 멀리 내려다보이는 야라강 언덕에 올라 노을을 바라보았다.

'아, 이제 멜번을 떠나야 하는구나. 그동안 알렉 부부와 정이 많이 들었는데. 한동안 우울할 것 같다.'

생면부지인 나를 자신의 식구로 받아들이며 도와준 알렉 부부. 정말 너무나 미안했고, 너무나 고마웠다. 그들 덕분에 좋은 사람을 만나는 것이 여행의 최고 기쁨임을 알게 되었다.

**바이크와 함께 무사히 돌아올 수 있도록 기도해주세요. 모두들, 안녕!!**

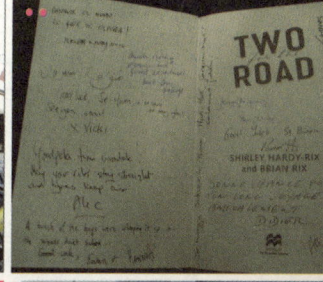

- 자신감을 회복시켜 준 혼다 라이딩스쿨의 주행 교습.
- 먼 길을 떠나는 나를 위한 격려의 메시지.
- 나보다 먼저 떠나는 바이크 비바리.
- 생면부지인 나를 자신의 식구로 받아들이며 도와준 알렉 부부.

Episode 5
# 한밤의 실종사건   호치민 Ho Chi Minh

"세환, 놀라지 마라. 너와 같은 비행기를 타게 됐어. 그것도 바로 옆자리야."

원래 알렉은 부인과 유럽으로 휴가를 다녀오기로 했었는데 나 때문에 못 가고 있다가, 이번에 같은 비행기로 베트남까지 가게 된 것이다. 부인 비키는 항공사 직원을 친구로 둔 덕분에, 더 좋은 좌석의 다른 비행기를 탄다고 했다.

"아무리 그래도 그렇지, 부부가 비행기를 따로 타고 가요? 비키, 너무한 거 아니에요? 큭큭."

암튼, 뭔가 질긴 인연의 끈이 있는 듯하다. 알렉과 나는.

베트남 호치민공항에서 알렉과 헤어졌는데, LA 항공편이 하루 연기되는 바람에 시내 호텔로 안내되었다. 물론 숙식은 공짜였고.

"거 잘됐네. 이참에 베트남 분위기도 한번 파악해보지 뭐, 어차피 나중에 올 거잖아?"

동갑내기 캄보디아인의 제안으로 비행기가 연착된 동지(?)들과 함께 시내구경에 나섰는데, 나만 따라오라는 말만 믿고 몇 시간을 돌아다니다 결국 길을 잃고 말았다. 다들 호텔의 방 열쇠만 들고 온지라 연락처를 몰랐는데 택시를 잡고 물어봐도 그런 호텔은 처음 들어본다는 반응이었다. 몇 번을 더 시도해봐도 소득이 없자 이번엔 내가 나섰다.

주위를 둘러보니 건너편에서 오토바이 기름을 넣고 있는 남자가 보이길래 무작정 뛰어가 말을 건넸다. 다행히 영어를 조금 하는 친구였는데 사정을 듣더니 피식 웃으며 한마디 던진다.

"야, 타!!"

앗싸, 가오리! 일행이 3대의 오토바이에 나눠 탄 뒤 밤거리를 질주했는데, 헬멧도 안 쓰고 시원한 밤바람을 맞으며 달리니 기분이 아주 그만이었다. 핸드폰으로 친구들에게 호텔 위치를 계속 물어보는 것 같았는데, 달리기 시작한 지 1시간이 지났는데도 여전히 헤매고 있었다. 옆에 있던 호주아줌마는 애들이 이상한 데로 간다며 빨리 내리자고 소리를 질렀는데, 나도 불안한 마음이 들어 물어봤더니 무조건 자기만 믿으란다.

"에라 모르겠다. 될 대로 되라지. 오빠, 땡-겨!!"

결국 2시간을 헤매고 난 뒤에야 무사히(?) 호텔에 도착할 수 있었고, 의심해서 미안하고 태워줘서 고마워 함께 맥주를 마시러 나섰다. 물론 호주아줌마는 방으로 도망간 뒤였고.

주거니 받거니 분위기가 무르익자 가라오케를 가잔다.

"거 좋지! 너희들 베트남 노래 한번 들어보자구!"

그런데 헉! 아가씨가 술시중 드는 건 기본이고, 노래방에선 한국 노래가 나오는 게 아닌가! 세상에, 도대체 한국사람이 얼마나 많이 오길래.

내 옆의 아가씨는 19살이라는데 제발 2차를 나가 달라고 사정을 한다. 얼마냐고 물어봤더니 20달러란다. 참나, 돈 2만원에 젊음을 팔고 있구나. 그녀가 너무 불쌍하게 보여서 나가는 길에 20달러를 손에 쥐어주었다.

# 북미

## 미국 U.S.A | 캐나다 Canada

7개월 2005. 5. 6. ~ 2005. 12. 17.

치~즈~~!!

# Episode 6
# 오토바이를 찾아랏!! L.A.

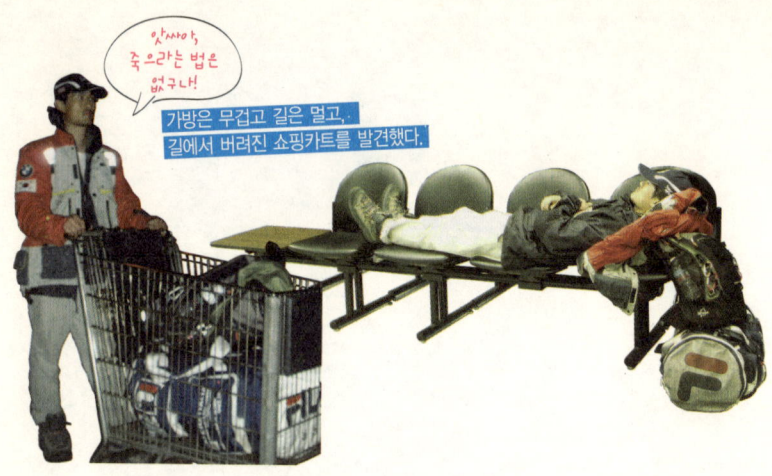

LA공항에 내리니 벌써 밤 9시였다. 택시를 잡아타고 공항 근처에 위치한 운송회사를 찾아가니 항공운송장을 내어주며 세관에서 도장을 찍어오라고 한다. 짐이 너무 무거워서 길에서 주운 쇼핑카트에 가방을 실은 뒤 세관까지 끌고 갔는데 혼자서는 통관업무를 할 수 없고 브로커를 통해야 한다며 근처에 있는 브로커사무실 연락처를 복사해주었다.

"내일이 토요일인데 사무실이 열었을까? 다음주 화요일까지 바이크를 못 찾으면 보관료가 계속 붙게 되는데."

예상처럼 쉽게 풀리지 않아 한숨만 나오고, 내가 너무 쉽게 생각한 것인가 하는 자괴감마저 들었다. 이럴 줄 알았으면 미리 알아보고 올 걸, 첫걸음 떼기가 이렇게 어려울 줄이야.

공항 근처엔 비싼 호텔밖에 없기 때문에 세관에서 뜬눈으로 밤을 새웠는데, 새벽이 밝아올 무렵 갑자기 알렉 친구의 말이 떠올랐다.

"저기요, 얼마 전에 호주사람이 여기서 세관처리를 브로커 없이 혼자 했다고 들었거든요?"

"참나, 내가 몇 번을 말했어, 이 친구야. 내가 문서를 보여줘야 믿겠어? 자, 여기 보라구!"

헌데, 웃기지도 않은 일이 발생했다. 그가 꺼내든 문서엔 외국인이 오토바이를 비사업용으로 들여와 1년간 사용할 경우 별도의 서류절차가 필요 없다고 적혀 있는 게 아닌가? 이른바 예외조항인 것이다. 예-외-조-항!!

순간 당황한 세관직원, 서류철에서 양식 한 장을 꺼내더니 빈칸을 작성해 오란다.

"이-러-언-십-장-생-들-이-있-나!!"

도장을 쾅 찍어주면서 미안했던지,

"니만 밤샜냐? 나도 밤샜다. (한국말로) 김치 없어요!"

아니 지금 '김치 없어요' 가 왜 나오냐고요. 어디서 이상한 한국말을 주워들어 가지곤. 콱! 그냥……!

무사히 바이크를 찾은 뒤 코리아타운을 향해 쓰로틀을 당겼는데, 다음 카페 '불생활자'에서 내가 세계일주를 준비한다는 것을 알고 도와주기로 한 김준용 님 댁에 가는 길이었다.

집 근처에 도착해보니 내가 공항에서 밤새고 아침 9시에 전화한다고 했는데 연락이 없어, 조금 전까지 공항에서 나를 찾아다니다가 집에 오는 길이라고 하신다.

'아, 역시 마음이 따뜻한 분이구나. 어젯밤 얘기 때문에 못 나온다고 했을 땐 많이 서운했었는데.'

4일간 이분 집에서 신세를 졌는데, 차로 관광도 시켜주시고 코리아타운에서 설렁탕도 사주시고, 미국에서 운전 시 조심해야 할 점도 알려주셨다. 뿐만 아니라, 자신의 주소를 사용하여 여권으로 은행계좌를 개설한 뒤 보험회사에 송금하는 일도 도와주셔서 마음 놓고 오토바이를 타고
헐리우드와 유니버셜스튜디오를 돌아
볼 수 있었다.

Episode 7
# 환상의 해변 라이딩
캘리포니아 빅서 BIG SUR

당신은 드라이브 하면서 오르가즘을 느껴본 적이 있는가?
L.A.에서 샌프란시스코로 올라가는 서부해안도로 중에 모로배이Morro bay에서 몬테레이Monterey까지의 구간을 '빅서 Big Sur'라는 애칭으로 부르는데, 〈내셔널 지오그래픽〉선정 '죽기 전에 반드시 가야 할 50명소' 중의 한 곳이다.

Episode 8
# 광란의 누드 마라톤 샌프란시스코 San Francisco

  샌프란시스코의 금문교를 통과한 뒤, 미국인 라이더 데이브가 기다리고 있는 세크라멘토로 향했다. 역시 여행준비 할 때 우연히 알게 된 친구인데 얼마 전 오토바이로 호주일주를 마친 뒤 여행자금을 마련하기 위해 잠시 일하는 중이었다. 얘기해보니 호주 멜번에서 날 도와줬던 알렉의 집에서 신세를 졌다고 해서 더욱 반가웠다. 역시 알렉은 보통 인연이 아니구나.
  원룸에서 여자친구와 동거중이라 거실의 소파에서 자야 했는데 밤마다 옆에서 들썩이는(?) 침대소리에 신경이 쓰여 영 불편했고.
  "도와주는 건 고맙지만, 이럴 줄 알았으면 오지 않았을 텐데. ^^;;"

  다음날 데이브의 친구들과 함께 샌프란시스코에서 열리는 희한한 마라톤을 구경하러 갔는데, '뭐야. 그냥 평범한 마라톤 경기잖아?' 하는 순간, 갖가지 기괴한 복장을 입은 사람들이 쏟아져 나왔다. 원더우먼과 슈퍼맨은 기본이었는데 자세히 보니 홀딱 벗고 달리는 사람들이 있는 게 아닌가!
  "아, 해외토픽에서 봤던 게 바로 이거였어? 이걸 직접 보게 될 줄이야."
  덜렁덜렁 거리며 달리는 남자들이 지나갈 때마다 플래시가 터졌는데, 옆에서

지켜보던 흑인이 중얼거린다.

"쳇, 저런 게 뭐 볼게 있다고 사진을 찍는 거야? 샤워할 때 거울로 내 몸을 보는 게 낫겠다. 오오, 온다 와. 저기 보라구!"

고개를 돌려보니 이번엔 여자들이 누드로 달리고 있었다. 허거걱!! 정말 이래도 되는 건감?

마치 일 년간 묵었던 스트레스를 한방에 날려버리려는 듯, 춤추고 마시고 노래하는 사람들로 도시 자체가 광란의 도가니였다. 가장 인상 깊었던 점은, 축제가 끝난 뒤 불과 몇십 분 만에 쓰레기로 뒤덮인 거리를 완벽하게 청소해버리는 미국 시스템의 저력이었고. 이야, 역시 미국이군!

"데이브, 그런데 호주에서 여행할 때 돈이 많이 들었겠다?"

"아니, 뭐 별로. 난 반 년간 숲속이나 공원에서 텐트를 치고 다녔거든. 먹는 건 슈퍼에서 장을 본 뒤 샌드위치를 만들어 먹고 말야. 미국은 물가가 엄청 비싸니까 너도 한번 시도해봐."

아, 그런 방법이 있었구나! 얘기를 듣자마자 함께 등산용품점에 가서 침낭, 코펠, 석유버너 등을 구입했다.

그래, 오늘부턴 무조건 야영이다!!

Episode 9
# 휘발유를 원샷하다!!
요세미티 Yosemity  킹스캐니언 Kings canyon  세콰이어 국립공원 Sequia national park

    미국 서부국립공원 일주의 시작인 요세미티에 도착하자 비가 내리기 시작했다. 텐트를 쳤지만 바닥의 냉기를 막아주는 매트리스가 없어서 겨울침낭도 무용지물이었다. 아직 봄이라 추위에 떨면서 밤을 샌 뒤 축축하게 젖은 텐트 안에서 통조림을 먹고 있는데, 쏴—아-아 하는 소리가 공원 전체를 뒤덮고 있었다. 알고보니 밤새내린 비로 인해 공원 내 폭포들이 엄청난 물살을 뿜어내고 있는 게 아닌가.
    "이거, 울어야 되나 웃어야 되나? 암튼 구경 한번 잘하게 생겼네."

    공원 편의점에서 에어매트리스를 구입할 수 있었는데, 다음날 계속 비가 내려 바이크를 타고 대충 한 바퀴 돌아본 뒤 다음 목적지로 이동했다. 생전 처음 야영을 해본지라 물에 젖은 텐트 안에서 더이상 버틸 수 없었기 때문이다.
    하루 종일 달려 킹스캐니언 국립공원엔 밤에 도착했는데, 갑자기 이런 생각이 들었다.
    "가만있자. 지정된 번호에 텐트를 치면 공원직원이 저녁에 봉투를 놓아두잖아. 그리곤 다음날 아침 다시 와서 야영비가 담긴 봉투를 수거해 가는 거고. 난 지금 한밤중에 왔으니까 내일 새벽 일찍 나가면 공짜로 잘 수 있겠네?"
    한국인 특유의 잔머리가 돌아가기 시작한 것이다. 오토바이의 헤드라이트 불빛에 의지해 텐트를 친 뒤, 알람을 맞추고 눈을 감았다.

크크크. 오늘 야영비 18불 굳었다. 뭔 놈의 텐트를 치는데 만팔천 원씩이나 내냐고요. 헌데 도둑이 제 발 저린다고 빨리 일어나야 한다는 긴장감으로 잠을 제대로 잘 수 없었다.

비몽사몽간에 텐트를 걷은 뒤 피곤해서 구경도 제대로 못하고, 바로 옆에 붙어 있는 세콰이어 국립공원으로 이동했는데 연료경고등이 들어왔다. 이건 뭔 놈의 공원이 300킬로미터를 달려도 끝이 안 나오나. 도대체 왜 공원 안에 주유소가 없는 거야? 주위에 차도 안 보이고, 이를 어쩐다. 어? 이제 내리막길이네?

다시 한 번 잔머리가 발동한다. 아, 그렇지. 시동을 끄고 중립기어로 내려가면 되겠네!

비는 계속 내리는데, 짙은 안개 속을 헤치고 브레이크만 잡아가며 100킬로미터를 자전거 타듯이 달려 간신히 주유소에 도착할 수 있었다. 어휴, 살 떨려라. 춥고 배고프고.

황당한 건 공원을 빠져 내려오니 햇빛이 쨍쨍한 게 아닌가. 거대한 공원 규모를 실감하는 순간이었다. 자판기에서 뜨거운 코코아를 뽑아 젖은 식빵을 찍어먹었는데, 누가 그랬던가. 눈물 젖은 빵을 먹어보지 못한 자와 인생을 논하지 말라고……

저녁 늦게 강변에 텐트를 쳤는데, 목이 말라 물을 한 모금 들이키는 순간 푸-억 하는 소리와 함께 놀라서 뱉어내고 말았다.

"아니, 이게 뭐야. 아까 생수병에 넣어둔 휘발유 아냐? 그럼 내가 지금 휘발유를 먹은 거야? 이런 니-기-미!!"

버너에 쓰려고 넣어둔 휘발유를 물로 착각하고 마셔버린 그날. 난 밤새도록 배를 움켜잡고 가스 트림을 해야만 했다. 오늘 완전히 생쇼를 하는군.

Episode 10
# 죽음의 계곡 데스밸리 국립공원 Death valley national park

　　데스밸리 국립공원, 말 그대로 해석하면 죽음의 계곡이다. 공원에 들어갈 때만 해도 뭐가 그렇게 죽여준다는 건지 궁금했는데, 40도가 넘는 더위에 살인적인 햇빛으로 달궈진 아스팔트를 달리다보니 그 이유를 금방 알 수 있었다. 어찌나 더운지 마치 거대한 찜질방 속을 헤매고 있는 기분이 들었는데, 휴게소 직원을 살펴보니 강한 직사광선으로 팔이며 얼굴이 울긋불긋하게 타버린 것 같았다.

그럼에도 불구하고, 하루 종일 헤집고 다니며 구경했는데 더이상 참을 수가 없어 공원을 빠져나간 뒤 처음 보이는 맥도날드에 들어가버렸다.

"아! 에어컨이 이렇게 시원할 줄이야, 밖에 나가기가 겁나네."

잠시 후 온몸에 흰색 크림을 뒤집어쓴 남자가 들어와 털썩 주저앉더니 얼굴 표정이 나처럼 환해진다. 허걱, 저 아저씬 자전거를 타고 공원을 횡단했나 보네. 그럼 온몸에 바른 저것은, 선크림? 서로 웃으며 멋쩍어하는 두 사람. 마치 네가 왜 웃고 있는지 잘 안다는 표정으로.

더위에 장사 없다고 오늘은 어쩔 수 없이 모텔에서 자야겠다. 난 에어컨이 필요해!

다음날도 헤어드라이기를 능가하는 후끈한 바람을 맞으며 하루 종일 땡겼는데, 휘황찬란한 야경을 바라보며 라스베이거스에 입성하려 했지만 달려도 달려도 끝이 나오지 않았다.

할 수 없이 칠흑 같은 어둠 속, 허허벌판의 한가운데서 야영할 수밖에 없었다. 더위를 먹었나 어찌나 목이 마른지 통조림을 비롯해 물 비슷하게 생긴 놈은 모두 마셔버리고 그것도 모자라 밤새도록 시원한 콜라 생각뿐이었다.

태어나서 처음으로 이런 곳에 야영을 하다보니 '혹시 늑대라도 나오면 어쩌나.' 불안한 마음도 들었지만 공짜라는 생각에 참을 수 있었다.

아! 위대하도다, 나의 절약정신이여!

이젠 더운 사막지대는 쳐다보기도 싫다. 오토바이로 달리는 것이 이렇게 힘들 줄은 미처 몰랐다.

Episode 11

# 비바 라스베이거스! Las Vegas

　환락의 도시 라스베이거스엔 대낮에 입성을 했는데, 영화에서 보던 모습과는 너무 달라 보였다. 데이브가 알려준 가장 저렴하다는 호텔을 찾아갔지만, 컨벤션 행사기간이라 방값이 비쌌다. 할 수 없지 뭐, 지금 찬밥 더운밥 가릴 때가 아니다. 데스밸리에서 더위 먹은 후유증이 예상보다 심각했기 때문이다.
　아니나 다를까, 거울을 보니 두 눈이 시뻘겋게 충혈이 되어 따끔거리기까지 했다. 눈이 왜 이렇게 빨갛지? 이거 병원에 가봐야 되는 거 아냐? 에라 관두자. 병원비가 장난이냐? 며칠 쉬면 나아지겠지.
　낮잠을 한숨 시원하게(?) 때린 뒤 본격적인 구경에 나섰다.
　넘치는 인파와 휘황찬란한 네온사인 그리고 엄청난 규모의 카지노호텔들. 곳곳에 멕시칸 삐끼들이 스트립걸 전단지를 나눠주고 있었는데 가히 '환락의 도시'라고 할 만했다.
　호텔을 들락날락하며 한 바퀴 둘러보니 벌써 새벽 두시다.
　'자, 그럼 슬슬 본격적인 구경에 나서볼까나?'
　호텔 데스크 여직원이 아르바이트하는 한국유학생이었는데, 다짜고짜 이렇게 물어봤던 것이다.

"여기서 가장 유명한 스트립바가 어디예요?"

표시해준 지도를 따라 호텔 뒤쪽에 있는 꽤 큰 규모의 스트립바에 들어갔는데, 영화에서 보던 바로 그것이었다. 무대 바로 앞에 앉으면 댄서에게 팁을 줘야 했는데, 그냥 주는 게 아니라 1달러를 가슴 사이에 끼워주거나 팬티에 살짝 찔러주며 몸을 만지는 것 같았다.

나야 보기만 해도 고맙지 뭐.^^

열 명의 스트립댄서가 모두 춤을 추고 난 뒤 막 나가려고 하는 찰나, 찰랑거리는 초미니 검정드레스로 허벅지에 광택이 나는 언니가 지나갔다. 오올! 저렇게 섹쉬할 수가!! 베컴 마누라 빅토리아보다 한 열 배는 이쁜 것 같다.

한참을 바라보고 있으니 웨이터가 눈치를 챘는지 내 옆으로 다가와,

"저애 죽이죠? 러시아걸이에요. 저쪽에서 프라이빗 댄스를 한 번 추는데 35불입니다."

엥? 프라이빗 뱅킹은 들어봤어도 프라이빗 댄스는 뭐지?

암튼 일단 한번 가보자구.

커튼을 걷고 좁은 밀실에 들어가니 큼지막한 소파에 앉으란다.

도대체 뭘 할려고 그러지?

잔뜩 기대를 하고 앉아 있는데, 뭔가를 기다리는 듯하더니 메인홀에서 음악이 나오기 시작하자 촉촉한 눈빛으로 날 바라보며 섹쉬댄스를 추기 시작한다. 그것도 옷을 하나씩 벗으면서. 그러더니 내 무릎 위에 올라탄 뒤 맨몸을 비벼대며 춤

을(?) 추는데, 보드라운 감촉과 진한 향수에 취해 넋이 나갈 지경이었다.

"아! 살다보니 이런 날도 오는구나."

음악이 끝나자 그녀가 물어본다.

"원 모 어?(한 번 더?)"

나야 당연히 "오케이바리" 쥐!!

아! 세상이 이대로 멈추어줬으면. 정말 아쉬운 점은 몸을 만지지 못한다는 거였는데, 그래도 내가 지금까지 살면서 이렇게 흥분(?)된 적은 없었다. 주머니에 딱 70불 있었으니 망정이지, 만약 더 있었다면 계속 외쳐댔을 것이다.

"원 모 어!! 한 번 더!!"

방에 돌아오니 아직 그녀의 향기가 몸에 남아 있었다. 이날 결심했다. 러시아에 반드시 가기로……. (결국 2년 뒤 유라시아 횡단을 위해 러시아를 가게 되었다. ㅋㅋ)

호텔에서 3일을 쉬었는데도, 눈이 계속 따끔거리고 아파왔다. 하지만 하루에 7만원씩이나 하는 방에 더이상 머무를 수는 없었는데, 오랜만에 석규에게 전화를 하니,

나중에 신혼여행 와야지 ^^V

"자슥아, 니 인생에 몇백만 원이 날라간다고 해서 달라지는건 아무것도 없어. 눈 좋아질 때까지 푹 쉬어 임마!"

결국 라스베이거스를 바로 떠났는데, 이날 친구의 충고를 듣지 않은 걸 두고 두고 후회하게 된다.

강한 햇빛을 막기 위해 임시방편으로 헬멧에 팬티스타킹을 덮어 씌웠고, 모자를 턱 밑에 밀어넣어 얼굴로 들어오는 뜨거운 바람을 차단했다. 그것도 모자라 헬멧의 틈새를 청테이프로 모두 막아버렸는데, 도중에 자동차용품점에 들러 썬팅필름을 헬멧 쉴드에 붙이니 한결 눈이 편했다. 소 잃고 외양간 고친다고, 진작 이럴 걸.

Episode 12
# 맨발로 스타벅스를…
그랜드캐니언 Grand canyon

그랜드캐니언 국립공원은 워낙 규모가 크기 때문에 서쪽, 남쪽 그리고 북쪽에 각각 전망대가 있다. 가장 먼저 서쪽 전망대에 들렀는데 비포장도로를 따라 한참을 들어가니, 절벽이 나오면서 밑으로 그랜드캐니언이 시원하게 보인다. 주위에 사람이 한 명도 안 보였는데, 화장실이나 편의시설은 고사하고 안내 표지판조차 없어서 이곳에 텐트를 쳐보기로 했다.

짐을 풀어놓고 있는데 지프차에서 얼굴이 검게 탄 남자 2명이 내리더니, 야영을 하려면 16달러를 내란다. 정부에서 뭐라 하건 간에 이곳은 우리 인디언의 땅이므로 사용료를 내라는 것이다.

"아니, 들어올 때 입장료 내는 곳도 없었고 여긴 아무런 표지판도 없는데 왜 돈을 내야 하죠? 당신들 관리직원 맞아요? 근데 왜 유니폼도 입고 있지 않죠? 신분증 좀 봅시다."

"우린 그런 거 사용 안합니다. 돈 내기 싫으면 나가쇼."

절벽으로 확 밀어버릴 것 같은 험악한 분위기에다 뭔가 속는 기분까지 들어 그럼 나가겠다고 했다. 에이, 그랜드캐니언에서 일출을 보려고 했는데 기분 완전히 잡쳤네. 잘먹고 잘살아라!!

남쪽 전망대는 가장 유명한 곳인데, 우연히 무료 야영장을 발견하여 텐트를 치고 여유 있게 구경할 수 있었다. 당나귀를 타고 내려가는 트래킹코스를 따라 5시간을 걸으니 계곡 바닥을 흐르는 콜로라도 강이 내려다보였다. 어, 강 옆에 사람들이 텐트를 쳐놓았네? 이럴 줄 알았으면 텐트와 침낭을 가져올걸.

낭떠러지에 걸터앉아 탁 트인 계곡을 바라보며 스타벅스 커피를 마시니 세상 부러울 게 없었다. 그러나 문제는 이때부터 생겼다. 다시 올라가는데 해가 져서 앞이 안 보이고 배까지 고파왔기 때문이다. 다행히 미국인 두 명을 만나 그들의 조명에 의지해 입구까지 무사히 돌아왔는데 막판엔 허벅지에 쥐가 나는 바람에 정말 힘들었다. 시계를 보니 밤 열두시.

"아니, 그동안 오토바이만 타고 다녔더니 하체가 부실해진 건가? 설악산 등반으로 단련된 내가 이 정도에 완전히 뻗을 줄이야. 하긴 커피 하나 달랑 들고 내려간 내 잘못이 크지. 그래도 그렇지, 뭔 놈의 공원이 이렇게 넓은 거야. 지리산 천왕봉을 올라갔다온 기분이네."

탈진할 지경이라 주차장에 쪼그리고 앉아 버너로 통조림을 데워 먹었는데, 추위에 떨면서 야영장으로 돌아오니 어느덧 새벽 두시. 앞으론 절대로 무리하지 말아야지. 한국에서 산 좀 탔다고 까불면 큰코다치겠다.

다음날 공원주차장에서 한국유학생을 만났는데 친구와 함께 자동차로 미국횡단여행 중이라고 했다. 뉴욕에 오면 들르라며 연락처를 알려줬는데, 헤어진 뒤 우체국에서 엽서를 보내고 나와보니 헬멧 안에 음료수와 먹을거리를 넣어두고 떠난 게 아닌가!

어찌나 흐뭇하고 고맙던지. 역시 우리는 한국인이야!!

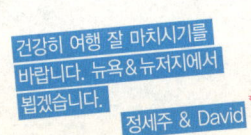

마지막으로 들른 북쪽 전망대는 가장 맘에 드는 곳이었는데, 주유소에서 기름을 넣으며 물어보니 이곳은 국립산림지역 National forest이라 야영을 해도 공짜란다. 숲속으로 들어가보니 누가 모닥불을 피울 수 있도록 장비를 마련해 놓은 것이 아닌가?

 도끼로 장작을 쪼개 모닥불을 지핀 뒤 맥주를 한 모금 마시며 쏟아지는 별들을 바라보니 그동안 힘들기만 했던 야영이 오늘따라 운치 있게 느껴졌다.

 참 희한하네. 도대체 누가 여기에 왔다간 것일까?

Episode 13
# 서부 국립공원 완전정복 1

자이언 Zion  브라이스캐니언 Brice canyon  캐피털리프 Capital reef  캐니언랜드 Canyonland
아치스 Arches  모뉴먼트밸리 Monument valley  메사버디 Mesa verde
거니슨의 블랙캐니언 Black canyon of the Gunnison  그레잇샌드듄 Great sand dunes  국립공원

　텐트에서 계속 지내다보니 피곤해서 그런지 늦잠을 자게 된다. 매일 반복되는 짐풀고-짐싸고 정말 지겹다 지겨워. 한 번 정리하는데 최소 한 시간 반은 걸리는 것 같다.

　자이언 국립공원에 들어가기 전에 대형마트에서 3일분 먹거리를 계산하고 있는데 웬 아저씨가 오늘밤에 비가 올 것 같으니 자기집 창고에서 텐트를 치라고 제안을 한다. 세계일주를 하는 중이라고 설명하니 뒤에서 대화를 듣고 있던 아주머니가 갑자기 10달러를 찔러주고 나간다. 행운을 빈다는 말과 함께.

　아, 역시 시골마을이라 인심이 좋구나. 알고보니 이 아저씨는 겨울이 되면 고속버스 크기의 대형캠핑카를 몰고 멕시코 해변에서 몇 달씩 지낸다고 한다. 자신의 집은 월세로 주고 그 돈으로 생활한다고 하는데, 지금도 집 마당에 세워둔 캠핑카에서 살고 있었다.

　서부의 국립공원은 사막지역이 상당히 많다. 캐피털리프 국립공원에 도착했는데, 강한 햇빛을 온몸으로 받으며 장시간 달렸더니 열이 나면서 눈이 충혈되는 일사병 증세가 나타났다. 데스밸리에서 고생했던 바로 그 증상이다. 지역이 건조해서 그런지 공원의 화장실에 들어가봐도 샤워장은커녕 물도 없어서 생수

병을 꺼내 머리부터 발끝까지 온몸을 적신 뒤 다시 달리기 시작했다. 피부의 수분이 증발하며 체온을 식혀주니 좀 살 것 같다. 밀린 빨래 좀 하려고 했는데 물이 안 나오다니. 벌써 일주일째 같은 양말을 신고 있는데 이러다 무좀 걸리겠다.

그동안 야영장의 화장실에서 카메라, 노트북, MP3플레이어의 배터리를 충전해왔는데 여긴 전기코드도 안 보인다. 이런 젠장. 전기도 아껴 써야 하다니.^^

날씨가 더워서 그런지 눈이 계속 충혈된다. 뭐 좋은 방법이 없을까? 곰곰이 생

각하다 대형마트에서 식탁테이블에 덮는 얇은 비닐을 산 뒤, 가위로 자르고 테이프를 붙여서 헬멧 밑 부분을 따라 둥그렇게 감싸버렸다. 왜냐고? 얼굴로 들어오는 뜨거운 바람이 모두 밑에서 들어오는 걸 발견했기 때문이다. 역시 필요는 발명의 어머니라 했던가.

하지만 계속 덥기만 한 건 아니었다. 거니슨의 블랙캐니언 국립공원을 가기 위해선 높은 능선을 넘어야 했는데, 올라갈 땐 햇빛이 쨍쨍하더니 정상 부근부터 비가 내리고 마침내 싸락눈으로 변하고 말았다. 옷은 방수가 되지만 고어텍스 등산화가 목이 짧아서 완전히 젖어버렸고 글러브도 방수가 안 돼서 손이 얼 정도로 너무너무 추웠다. 헬멧 안에 습기가 차서 앞은 안 보이는데 싸락눈 때문에 도로가 미끄러워서 빨리 내려갈 수도 없었다. 이빨을 달달 떨면서 산속 마을에 도착하니 김이 모락모락 나는 노천온천에서 사람들이 웃고 떠들며 즐기고 있었다. 아, 정말 부럽다. 나도 저기에 담그고 몸을 녹여봤으면. 에고, 그저 돈이 웬수다.

다행히 산을 내려오니 비가 그쳤는데, 도로 바로 밑 쪽에 사람들이 잘 안보는 곳에 텐트를 쳐놓고 젖은 옷은 잔디위에 널어놓은 다음 석유버너로 신발을 말리며 부르르 떨었다. 젊어서 고생은 사서 한다더니, 이건 여행이 아니라 고생이다 고생!

잊지 말자!
6.25
도로에서 우연히
발견한 표지판.

## Tip 미국 국립공원 이용하기

미국은 국립공원(National park)말고도 국립수목림(National forest), 국립유적지(National monument), 국립보호지역(National preserve), 국립레크레이션지역(National Recreational area) 등 여러 종류의 자연보호구역이 있는데 지도상에 녹색과 연두색으로 표시되며 이곳에선 지정된 곳 말고는 텐트와 취사를 하면 안 된다. 국립공원을 제외하면 대부분 입장료가 무료인데, 60달러짜리 정액권을 사면 1년간 전국의 국립공원 및 유적지를 이용할 수 있다.

국립공원은 그 넓이가 작게는 강원도 크기에서 큰 것은 한국의 몇 배에 달하는 등 엄청나므로, 공원 내 도로를 차로 이동하며 전망대(View Point)에서 풍경을 감상하게 된다. 짧게는 30분에서 길게는 몇 달이 걸릴 정도로 다양한 트래킹 코스가 있는데 중요한 점은 음식과 야영은 본인이 알아서 해결해야 하므로 준비 없이 들어갔다가는 목숨을 잃을 수도 있다. 그래서 대부분의 사람들은 짧은 코스만 잠깐씩 다녀온다.

그래도 공원이 워낙 넓다보니 제대로 보려면 아무리 작은 공원이라도 2~3일은 잡아야 한다. 난 일정 때문에 하루 동안 주요 전망대만 둘러보고 이동할 수밖에 없었다. 유료 야영장(Camp ground)에 텐트를 치면 하루에 17~20달러 정도 내야 하는데, 화장실은 기본이고 규모가 큰 곳은 빨래방과 샤워장, 취사장까지 갖추고 있다. 예약을 하지 않으면 들어간 순서대로 좋은 자리를 차지하게 되므로 보통 오후 6시 이전에 텐트를 치기 시작한다.

오직 오토바이 세계일주에서만 느낄

## 수 있는 고난의 야영 생활!

Episode 14

# 세계일주 기네스 보유자 크리스 부부 덴버 Denver

　　4년 6개월간의 오토바이 세계일주로 기네스북에 오른 크리스와 에린 부부. 이들을 만나기 위해 덴버 옆의 보울더Boulder라는 전원도시에 도착했다. 여행 준비할 때 이분의 홈페이지를 알게 되어 많은 도움이 되었고 궁금한 것을 이것저것 물어보다 친해져서 집으로 초대해준 것이다. 국도로 올라오면서 국립공원을 모두 들르다보니 L.A.를 떠난 지 한 달 하고도 보름 만에 8,600킬로미터를 달려왔는데, 서부의 다양한 지형과 기후 때문에 고생은 많이 했지만 볼거리는 정말 많았다. 저녁을 함께하며 이야기꽃을 피웠는데,

"그런데, 어쩌다가 세계일주를 하게 됐어요?"

"글쎄 에린과 난 장거리 라이딩을 좋아했는데 어느 날 갑자기 우리 세계일주나 한번 해볼까? 하곤 한 달 만에 모든 걸 정리한 뒤 떠나게 되었지. 뉴욕에 살고 있던 덕택에 집값이 많이 올라서 여행경비 마련하는 데 도움이 됐는데, 집을 팔고나니 꽤 짭짤했거든."

"여행하면서 어려운 점은 없었어요?"

"말레이시아 시내에서 트럭에 치이는 사고를 당한 적이 있어. 천만다행으로 뼈가 부러지지 않았고 오토바이도 크게 부서지지 않았지. 오히려 친절한 현지인의 도움으로 모든 수리를 공짜로 받을 수 있었는데 지금은 가장 기억에 남는 추억이 되었어. 수 년간 여행을 하면 수많은 사건들이 발생하게 되는데 미리 걱

정하지 말고 그냥 여행을 즐기는 거야. 가장 중요한 것은 사람들을 만나는 것이거든. 오토바이에 문제가 생기면 오늘은 누구를 만나게 될까 하고 오히려 즐거워해라 이 말이야."

"아, 네. 명심할게요. 그런데 새로운 여행계획은 없으세요?"

"글쎄, 당분간은 없어. 비용문제도 그렇고 세계일주는 일생에 한 번으로 충분한 것 같아."

마침 크리스집에 부모님이 놀러 오셔서 빈 방이 없어, 친구 라이더인 폴의 집에서 편하게 쉴 수 있었다.

두 사람의 도움으로 야영장비(오리털 발싸개, 오리털 바지, 챙 넓은 모자, 고어텍스 장갑)도 사고 BMW 딜러에 들러서 엔진보호대 부착, 앞 쇼버 보호용 고무판 부착, 고어텍스 부츠 구입을 했다. 또한 크리스가 여행 시 사용했던 사이드가방과 바이크 커버, 히팅 자켓 등을 폴의 신용카드와 집주소를 이용하여 인터넷으로 구입할 수 있었다. 드디어 여행장비와 오토바이 업그레이드를 거의 마친 것이다.

덕분에 통장의 잔고가 확 줄어들었는데 오토바이여행이 생각보다 돈이 많이 드는 것을 절감했다. 하지만 매일 야영을 하기 때문에 숙박비가 공짜라는 걸 위안으로 삼아야지 뭐. 며칠간 푹 쉬며 실전 경험자가 아니면 알 수 없는 다양한 노하우를 전수받을 수 있었다.

그는 이후 내가 아메리카 종주를 마칠 때까지 꾸준한 도움을 주었는데, 또 한 명의 제다이 마스터를 갖게 된 것이다. 호주의 알렉이 오비완이라면, 그는 내게 요다와 같은 존재이다.

크리스 부부의 홈페이지 www.ultimatejourney.com
(여행기간:1999~2003, 여행국가:50개국, 주행거리:163,061km, 소요경비:1억2천만 원)

Episode 15
# 서부 국립공원 완전정복 2

록키 Rocky 다이나소어 Dinasour 파씰 Fossile 그랜드테톤 Grand Teton 옐로우스톤 Yellowstone
글레이셔 Glacier 노스캐스캐이드 North cascade 국립공원

 계속 야영생활을 하다가 며칠간 편하게 쉬고 나니, 다시 길을 떠나기가 정말 싫었다. 아니, 두려웠다. 하루 평균 일곱 시간을 운전하다보니 신경과민으로 잠을 푹 잘 수가 없는데다 생전 처음 해보는 텐트생활로 몸 상태가 눈에 띄게 안 좋아진 것이다. 특히 요즘엔 코를 풀면 휴지에 피가 묻어나와 심난하게 했다. 몸은 피곤해 죽겠는데 계속 달려야 하고, 뭐 시간이 지나면 나아지겠지…….
 미국에선 라이더가 지나칠 때마다 서로 손을 흔들며 인사하는 것이 매너인 듯하다. 달릴 때마다 큰 힘이 되었는데, 처음엔 어색했지만 이젠 재미가 붙어서 오토바이만 보이면 손을 마구 흔들었다.
 무더운 날씨에 여섯 시간을 쉬지 않고 달렸더니 눈에서 눈물이 흐르며 얼굴이

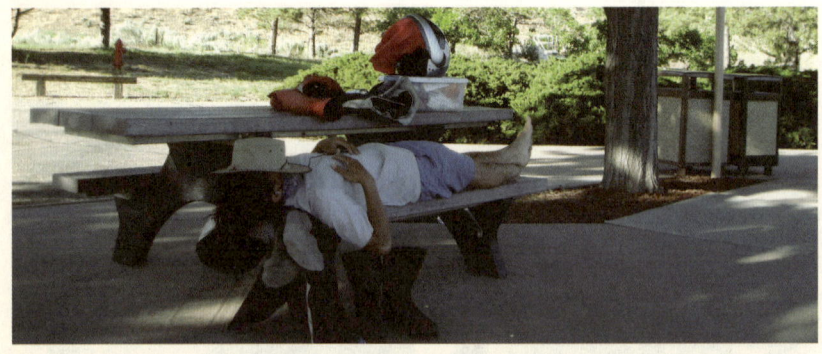

달아올랐다. 땡볕에 헬멧이 뜨겁게 달궈진데다 바람이 못 들어오게 막아놨으니 오븐 안에 머리를 익히고 있는 꼴이 된 것이다. 더이상 견디지 못하고 헬멧을 벗었더니, 아이고, 할머니. 두 눈이 또 시뻘겋게 충혈되어 있었다. 공원 입구에 도착하자마자 온몸을 물로 적신 뒤 안약을 넣고 두 시간 동안 누워 있었는데,

"도저히, 이대로는 안 되겠다. 오늘부터 야간 라이딩에 돌입한다!!"

이후 며칠간 낮에는 쉬고 밤에 라이딩을 했는데, 시뻘게진 눈을 볼 때마다 섬뜩해졌다. 이러면 늙어서 백내장 같은 것 걸리는 거 아냐? 차라리 추운 지역이 백 배 낫겠다.

천천히 쉬면서 달리고 싶지만, 알래스카엔 여름기간인 7월 말까지 도착해야 하고 캐나다 북부도 따뜻할 때 횡단해야 하므로 은근히 쫓기는 것이다.

하지만 밤에 국도를 고속주행 하는 것도 쉬운 일이 아니었다. 숲속을 지날 때면 갑자기 사슴이 튀어나왔는데 헤드라이트 불빛을 보면 피하는 것이 아니라 놀라서 그대로 멈춰버리기 때문에 급브레이크를 밟으며 식은땀을 흘려야 했다. 아이고, 놀래라. 영화에서 이런 장면을 볼 때마다 '정말 황당하게 교통사고를 만드는군.' 하고 비웃었었는데, 한술 더 떠서, 밤에 국립공원을 달리다가 곰을 칠 뻔한 적도 있었는데, 정말 미국 국립공원은 야생동물의 천국인 것 같다.

야영비조차 절약하기 위해 유료캠프장을 이용하지 않았는데, 해가 떨어지기 시작하면 사방을 두리번거리며 텐트 칠 자릴 찾는 게 중요한 하루 일과였다. 사람들의 눈에 띄지 않는 기찻길 옆이나 한적한 숲속 그리고 강가의 공터를 주로 이용했는데, 땅이 넓어도 대부분 사유지라 철망으로 둘러싸여 있기 때문에 찾는 게 쉽지가 않았다.

한번은 아무리 뒤져도 마땅한 곳이 없어서 할 수 없이 국도 바로 옆에다 텐트를 쳐버렸는데, 날이 밝자 차들이 지나가며 빵빵대는 것이다. "야 임마, 거기다 텐트를 치면 어떡해?"라고 야단치는 거 같았는데, 에라 모르겠다. 배 째!

그동안 들렀던 국립공원 중 최고봉은 옐로우스톤이었는데, 공원이 어찌나 큰지 한 바퀴 도는데 400킬로미터가 걸렸다. 세계 최초의 국립공원이자 간헐천, 온천, 폭포, 캐니언, 산, 강, 호수, 기암괴석 등 모든 것을 한 번에 볼 수 있는, 그야말로 종합 선물세트인 것이다.

서부의 마지막 국립공원인 글레이셔파크는 태양으로 향하는 길(Going to the sun road)을 따라 고산 위의 빙하를 구경할 수 있었는데, 보슬비가 내려서 안개 속에 휩싸인 환상적

인 설경을 구경할 수 있었다. 기분이 업 되어 헬멧을 벗어제끼고 산속을 누비고 다녔는데 얼마나 홀가분하던지 정말 기분 최고였고.

곧이어 문제가 발생했다. 빗방울이 점점 굵어지더니 비가 쏟아져 내리기 시작한 것이다. 종일 보슬비를 맞고 달렸더니 얼굴과 온몸이 젖어버려, 공원 입구로 내려오니 온몸이 덜덜 떨려왔다. 하지만 유명한 관광지라 주변에 모텔만 즐비하고 야영할 곳을 찾을 수 없었다. 뜨거운 욕조에 몸을 담그고 싶은 맘이 굴뚝같았지만 마음을 다잡았다.

"조금만 더 가보자, 마땅한 곳이 나오겠지."

결국 마을을 벗어나 한참을 달려 숲속에서 텐트를 칠 수 있었는데, 시계를 보니 새벽 두시였다. 따져보니 하루 동안 총 15시간을 라이딩한 것이다. 이날 나의 어리석은(?) 선택으로 편도선이 부으며 몸살이 걸리고야 말았고 이로 인해 나중에 엄청난 실수를 하게 된다.

Episode 16
# 시애틀의 잠 못 이루는 밤, 내 돈 돌리도!!
시애틀 Seattle  스노호미쉬 Snohomish

크리스 부부가 소개해준 시애틀 옆 스노호미쉬에 살고 있는 존과 도니 부부를 만나기 위해 하루 여섯 시간씩 강행군을 했는데, 머릿속엔 빨리 가서 푹 쉬고 싶다는 일념뿐이었다.

노스캐스캐이드라는 커다란 산맥을 넘느라 코너링에 온 신경을 집중하고 있는데, 저 앞에 앰뷸런스와 경찰차가 서 있고 한 사람이 길가에 누워 있었다. 옆을 보니 박살난 오토바이가 쓰러져 있고.

"아니 무슨 일이죠? 사고난 거 맞죠? 라이더는 괜찮대요?"

"고속으로 코너링하다 벽에 부딪쳐 목이 부러졌대요. 말 그대로 즉사한 거죠, 즉사. 오토바이 산 지 이틀밖에 안 됐다는데 정말 안됐어요, 젊은 사람이……."

순간 얼마나 섬뜩하던지 온몸에 소름이 쫘악 돋았다. 나도 사고 나면 저렇게 되겠구나. 집을 떠나기 전 매일 꿨던 악몽을 실제로 보는 기분이었다. 왜냐하면 뒤 타이어 중간부분이 거의 닳은 상태라 열흘간 도로 위를 지그재그로 달리고 있었는데, 언제 터질지 모르는 타이어 때문에 불안에 떨어왔기 때문이다.

스노호미쉬엔 밤 아홉시에 간신히 도착했는데, 존과 도니 부부가 전화를 안 받는 것이 아닌가? 오-마이-갓! 그때 컨디션은 정말 최악이었다. 몸살로 온몸이 불덩이 같은데다 저녁도 굶은 상태였고 무리한 주행으로 인해 완전히 지쳐 있었기 때문이다. 따뜻한 집에 들어가 쉴 수 있다는 기대 하나로 참고 여기까지 달려왔는데……. 다급한 맘에 크리스에게 전화를 해보니 일단 집으로 찾아가라고 한다. 하지만 주유소에서 동네지도를 산 뒤 아무리 뒤져봐도 찾을 수가 없었다. 날은 어두워졌는데 하늘은 찌푸둥하니 비가 올 것 같고. 에라 포기하자, 더는 힘들어서 못해먹겠다!

길가 공원주차장에 텐트를 치기 시작했는데, 관리직원이 오더니 여기에 텐트를 치면 안 된다며 당장 나가란다. 그걸 누가 모르나 이 아름다운 사람아!

"아저씨, 제가 실은 이 사람을 만나러 온 건데 연락이 안 돼서 그래요, 한 번만 봐주세요."

지갑에서 집주소가 적힌 종이를 꺼내는데, 뇌물을 찔러주려는 줄 알고 직원이 손사래를 친다.

"아저씨, 이 사람을 만나러 온 거라니까요? 연락 좀 한번 해보세요. 네?"

"가만있자, 존과 도니 부부면. 내가 아는 사람인데?"

존의 집에 전화를 걸어 상황설명을 하더니,

"지금 존이 자네를 데리러 여기로 온다고 하는군. 텐트 걷고 짐정리 하고 있으래."

오, 정말 온 우주가 나를 도와주고 있구나. 우째 이런 일이? 잠시 후 차에서 존이 내리며 활짝 웃는다. 어찌나 반갑던지, 수호천사가 따로 없었다.

"세환, 어쩐 일이냐? 난 네가 내일 오는 줄 알고 있었는데?"

"예? 제가 오늘 도착할 거라고 전화를 드렸잖아요."

알고보니 내가 날짜를 착각해서 하루 일찍 온 거였고, 날 위해 맛있는 음식을 해주려고 장을 보러 간 사이에 집 전화를 못 받은 거였다. 더 웃긴 건 주유소직원

- 동화 속에 나올 법한 부부의 집.
- 쉬면서 이완 맥그리거의 오토바이 여행기를 읽는 중.
- 경찰과 수갑놀이 중 ㅋㅋ.
- 너무나 금슬좋은 존과 도니 부부.

이 완전 반대방향의 집주소를 알려준 것이었다. 그러니 아무리 찾아도 없을 수밖에……T.T

    4일간 부부의 도움으로 BMW딜러에서 일만 킬로미터 정기점검, 앞뒤 타이어 교체, 시애틀관광, 독립기념일 행사참석을 했는데, 결국 몸살이 점점 나빠져서 병원에 가고 말았다. 기관지염이란 진단을 받았는데 조금만 늦었으면 폐렴으로 악화되어 입원을 해야 될지도 몰랐다고 한다. 아이고, 그때 비 쫄딱 맞고 내려왔을 때 모텔에서 쉬었어야 했는데. 암튼 천만 다행이다. 하루 모텔비 아끼려다 병원비와 약값만으로 18만원이 날아가버렸네.

열흘간 쉬면서 지난 2개월을 돌아보니, 너무 많은 것을 보고자 한 욕심에 몸을 혹사시켰다는 생각이 들었다. 잠깐 꿈을 꾸다 깨어난 것 같은 기분이 들었는데, 머릿속에 남은 것은 사람들과 같이 보냈던 시간들뿐. 마치 아무 일도 없었던 것처럼…….

과연 이번 여행을 통해 내가 찾고자 하는 것은 무엇일까? 내가 이걸 하기엔 자격미달일까? 설악산도 못 가본 놈이 에베레스트를 올라가려 하는 건 아닐까? 갑자기 세계일주고 나발이고 다 때려치우고, 집에 돌아가고 싶어졌다.

그나마 정말 다행인 건 창밖으로 사슴이 노는 걸 볼 수 있는, 동화 속에 나올 법한 예쁜 집에서 부부의 극진한 보살핌을 받으며 쉴 수 있다는 것이다. 마당에서 체리를 따다 파이를 만들어 주시고, 오토바이 체인과 스프라켓도 인터넷으로 주문해서 직접 교체해주셨다.

부모님 같은 느낌이 들 정도로 잘해주셔서 몸 둘 바를 몰랐는데, 빨리 회복해서 부부의 짐을 덜어드리고 싶은 마음뿐이다. 독실한 기독교신자인 부부를 따라 교회에 갔는데, 목사님이 "자, 우리 멀리 한국에서 온 젊은이가 무사히 여행을 마칠 수 있도록 기도해줍시다." 하셔서 모든 사람이 날 위해 기도해주었다. 종교가 없는 나조차 "제발 저에게 초강력 울트라파워를 주세요." 하고 기도드렸고…….

떠나기 전날 밤, 오랜만에 노트북으로 인터넷 뱅킹을 열어봤는데

"아니, 이게 뭐야. 누가 돈을 모두 빼갔잖어! 어떻게 이럴 수가!" 혹시나 하는 맘에 지갑을 뒤져보니 해외직불카드가 보이지 않았다. 아니 도대체 카드가 어디에 간 거지?

아차차. 그때 약국에서 나왔을 때 슈퍼마켓에 있던 ATM기에서 돈을 뽑았었는데, 돈만 찾고 카드를 놔두고 왔구나. 그런데, 어떻게 돈이 뽑힐 수 있었을까? 도니에게 물어보니, 눈을 똥그랗게 뜨며 놀란다.

"어떤 ATM기는 두 번째 돈을 뽑을 땐 비밀번호가 필요 없이 예스 버튼만 누르

면 되거든. 아마 네가 뽑았던 기계가 그랬나보다. 근데 도대체 얼마나 잃어버린 거니?"

"**220만원이요.**" 순간 할 말을 잃어버린 두 사람…….

그 동안 돈 아끼려고 통조림 까먹으며 텐트치고 자느라 몸이 이 지경까지 됐는데, 한순간에 거금을 날려버리다니. 그것도 강도를 만난 것도 아니고, 순전히 내 실수로. 그 돈이면 두 달간 모텔에서 편하게 지낼 수 있었는데, 이게 무슨 말도 안 되는 일이란 말인가! 지난 두 달간의 피나는 노력이 한순간에 물거품으로 사라지는 순간이었다.

"아, 너무 심하게 돈을 절약하면 안 되겠구나. 앞으론 최소한의 여유는 남겨둬야겠다. 하루이틀 여행할 것도 아닌데 몸이 안 좋아지면 아무것도 못하잖아."

한국의 은행에 물어봐도 현금출금의 경우는 비밀번호를 알아야 하기 때문에, 도와줄 수 있는 방법이 없단다. 더구나 본인이 오지 않으면 해외직불카드의 재발급도 할 수 없다고 하고.

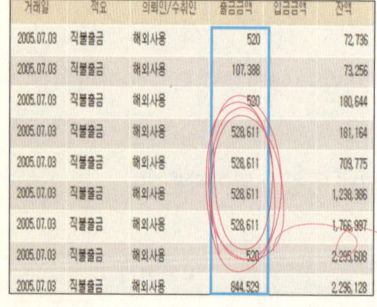

결국 어머니께서 자신의 직불카드를 DHL로 부쳐주셨고, 이걸 받기 위해 며칠 더 신세를 져야만 했다.

시애틀의 잠 못 이루는 밤. 그땐 정말 그랬다.

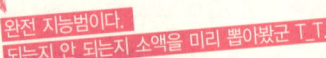
완전 지능범이다.
되는지 안 되는지 소액을 미리 뽑아봤군 T_T.

Episode 17

# 엔젤의 도움으로 병원도 공짜로^^
밴쿠버 Vancouver

    기관지염 치료를 무사히 마치고, 서운해하는 존과 도니 부부에게 큰절을 올린 뒤 밴쿠버로 향했다. 시애틀에서 고속도로를 타면 바로 캐나다 국경을 통과하게 되는데, 제일 먼저 눈에 띈 것은 km로 표시된 속도제한 팻말이다. 미국은 마일 (Mile)을 사용하기 때문에 헷갈렸는데…….^^

    밴쿠버 시내를 대충 구경한 뒤, 다음카페 '5불생활자'에서 알게 된 정낙둔 님을 찾아갔다. 누군가 나를 기다리고 있다는 사실만으로 얼마나 힘이 나는지. 오늘밤 어딘가 잘 곳이 있다는 것과 그렇지 않은 것은 정말 하늘과 땅 차이다.

    역시 반갑게 맞아주셨고, 삼겹살파티를 해주셔서 오랜만에 김치와 밥으로 포식할 수 있었다. 밤엔 시내로 드라이빙을 한 뒤 멋진 야경을 구경시켜주셨는데, 3년 전에 홀로 2천 불을 들고 와서 어엿하게 자리를 잡으신 모습을 보며 이민생활에 대해 다시 한 번 생각하게 되었다.

다음날 심하게 충혈된 내 오른쪽 눈을 걱정스런 표정으로 바라보더니,
"병원에 한번 가봅시다. 안과는 비싸지만 캐나다는 의료비가 공짜이기 때문에 내 의료보험카드를 써먹을 수 있을 거예요. 동양인은 얼굴로 구분을 잘 못하거든요."
"정말 그래도 될까요?"
근처의 개인병원을 찾아가 낙둔 님의 이름과 주소를 적고 카드를 내미니, 아무런 의심 없이 접수해주었다.
"낙둔 님 들어오세요. 낙둔 님!"
"세환 씨를 부르는 거잖아요!"
아, 그렇지! 진짜 낙둔 님이 옆구리를 쿡 찌르며 눈치를 준다. 전문 안과의사가 아니라 쓱 한번 보더니 염증이 생긴 것 같다며 항생제 안약처방을 내려주었.
공장에서 손가락에 금이 가는 사고를 당해 출근도 못하셨는데도 이것저것 챙겨주신 낙둔 님 정말 감사드리고요, 온가족 세계일주의 꿈을 꼭 이루시기 바랍니다!

Episode 18

# 알래스카를 향하여 4일간 2천 킬로미터를 달리다 유콘 Yukon

밴쿠버를 떠난 뒤 알래스카를 향하여 4일간 2천 킬로미터를 달렸다. 비가 자주 내려서 날씨 좋을 때 이동거리를 확보하려고 비포장은 시속 100킬로미터, 포장은 시속 130킬로미터를 유지하며 달렸는데, 가끔 보이는 마을이라고 해봐야 주유소에 집 몇 채 있는 것이 전부여서 미국과 엄청난 차이를 느낄 수 있었다.

한번은 '에이 또 나오겠지.' 하며 그냥 지나쳤는데 연료가 바닥날 때까지 다음 주유소가 나타나지 않아 간이 콩알만해졌다. 내 바이크가 만땅으로 360킬로미터를 갈 수 있으니 망정이지, 워매 놀란 거. 이 동네는 주유소가 보이면 무조건 넣는 것이 안전빵이다. 그래서 미국애들이 캐나다를 촌동네라고 무시하는구만.^^ 암튼 길만 더럽게 멀고 볼 것도 전혀 없었다.

밤마다 살인적인 모기떼와 텐트를 두들겨대는 빗소리 때문에 잠을 푹 못 잤더니, 눈가에 다크서클이 생기며 몸 상태가 또 안 좋아졌다. 지레 겁이나 모텔을 잡고 이틀간 푹 쉬었는데, 방에서 한 발짝도 나가지 않고 종일 잠만 잤다. 화장실에서 뜨거운 물로 빨래를 하는데 어찌나 행복하던지!

Episode 19

# 시속 100킬로미터의 슬라이딩,
# 어휴 죽을 뻔했네!! 댐스터 하이웨이 Dempster highway

    댐스터 하이웨이. 알래스카보다 북쪽에 있어 차로 갈 수 있는 북미 최북단 도시인 이누빅을 연결하는 유일한 도로다. 편도 735킬로미터의 비포장도로이며 일단 들어가면 같은 길로 다시 돌아와야만 한다. 1979년에 완공이 됐는데 단열효과를 위해 자갈을 2미터가량 쌓아올려 만든 무식한 도로다.

    휴우, 비포장 735킬로미터라. 도로 입구에 도착 후 갈까 말까 한참을 망설였다. 왜냐면 포장도로를 타도 최소 여덟 시간을 쉬지 않고 달려야 하는데, 왕복 1,470킬로미터의 비포장도로를 갔다 올 생각을 하니 숨이 턱 막혀온 것이다. 안내책자를 보니 363킬로미터 지점에 주유소만 하나 달랑 있는 허허벌판이란다. 만약에 여기서 빵꾸가 나거나 사고라도 발생하면 완전히 X되는 것이다!!

    정확히 3분 20초간 망설이다, 주유소에서 연료탱크는 물론이고 미리 준비해 온 10리터짜리 휘발유통을 가득 채운 뒤 이누빅을 향해 핸들을 틀었다. 에라 모르겠다, 여기까지 왔는데 안 가볼 수도 없고, 무ㅡ대ㅡ포ㅡ정ㅡ신으로 전진한다!

입구에 들어서니 '여기서부턴 사고 나면 아무도 못 도와준다, 알아서 하거래이.' 라는 팻말이 보인다. 짜~식들이 초장부터 겁주고 있어.

잠시 후, 10분이 지났을까? 갑자기 사방이 뻥 뚫리면서 시야가 180도로 트이기 시작했다. 우와, 세상에 이런 곳이 있었구나! 거대한 자연 속으로 온몸을 내던지는 기분이랄까? 실타래를 풀어놓은 듯 끝없이 이어지는 좁은 길을 따라 홀로 달리다 보니, 머릿속이 텅 비고 무아지경에 빠지는 듯했다. 세상에 나 홀로 존재하는 듯한 절대 고독감.

크-어, 밴쿠버에서 2,500킬로미터를 지겹게 달려온 보람이 있구나!

다음날 하룻밤 야영한 뒤 늦게 출발했는데, 무려 600킬로미터를 달려야 하는 압박감에다 하늘이 지푸둥한 것이 비가 올 것 같아서 마음이 다급해졌다. 비포장도로에 비까지 온다면, 오 마이 갓뜨 상상만 해도 끔찍하다. 더구나 올라갈수록 모기가 벌떼같이 달려들었는데, 텐트를 칠 만한 장소도 보이지 않았다. 오직 길만 쭉쭉 뻗어 있을 뿐.

결국 이누빅에서 모텔을 잡아야겠다고 결심한 뒤, 4단기어로 시속 100킬로미터를 유지하며 빠르게 달렸다. 이-야, 역쉬 BMW F650GS는 기가 막히는군. 이렇게 안정적일 수가! 한 가지 애로사항은 날씨가 추워서 헬멧의 쉴드가 뿌옇게 되는 바람에 시야가 막힌 것인데, 습기방지제를 뿌려도 소용없고 그렇다고 쉴드를 열자니 찬바람에 기관지염이 도질까봐 겁나고, 암튼 희뿌연 풍경을 바라보며 500킬로미터 가량을 신나게 달렸다.

뭐 오프로드도 별거 아니구만? 거칠은 벌판으로, 달려가자. 앗-싸!

그-런-데! 갑-자-기!! 써-든-리!!!

핸들이 좌우로 심하게 흔들리더니, 순식간에 바이크 전체가 미친 듯이 요동을 쳤다. 너무 당황해서 어쩔 줄 모르고 핸들만 꽉 잡고 있었는데, 결국 헬멧을 땅바닥에 쫘—악 긁은 뒤 데굴데굴 구르고 말았다.(이 과정이 대략 10초 정도 걸렸다.)

잠시 후 정신을 차리고 일어나보니, 오토바이는 저 밑에 나뒹굴어져 있고 땅바닥엔 온갖 잡동사니들이 쫘악 펼쳐져 있는 게 아닌가! 비로소 내가 사고를 당했다는 느낌이 들면서 두려움이 엄습해왔다.

"가만있자, 일단 사진부터 한 장 찍고! 찰칵. 찰칵. 찰칵."

왼쪽으로 넘어져서 그런지 왼손을 제대로 움직일 수 없었는데, 천만 다행히도 팔다리의 뼈는 괜찮은 것 같았다. 그래도 교통사고는 며칠 후에야 증상이 나타난다고 들었기 때문에 불안한 마음은 여전했다.

지나가던 캠핑카의 도움으로 바이크를 도로 위에 올려놓고 보니, 세상에 윈드

쉴드와 플라스틱 가방이 완전히 작살났고 왼쪽 편으로 좌—악 긁으면서 이것저것 부서져 있었다. 헌데 놀라운 건 엔진을 비롯해 바이크 몸뚱이는 멀쩡한 것이 아닌가? 양쪽의 플라스틱 가방이 부서지면서 몸체를 보호해준 것이다. 짐을 주워 모은 뒤 한 시간을 더 가니 작은 마을에 모텔이 나타났다.

밤 12시라 빈 방이 없었지만, 야식을 먹고 있던 아저씨가 날 딱히 여겨 빈 침대를 공짜로 내주었다. 고마운 맘에, 날 도와준 커플과 이런저런 얘기를 나눈 뒤 완전히 뻗어버렸다.

오 신이시여, 오늘 저에게 스노호미쉬 교회에서 기도드렸던 초강력 울트라 파워를 주셔서 정말 감사합니다. 나무아미타불 관세음보살… 아—멘!!^^

# Episode 20
## 더이상 갈 곳은 없다!! 북미 최북단 도시 이누빅 Inuvik

모텔에서 이틀간 누워 있다가 일어나보니, 몸의 왼쪽이 어깨부터 발끝까지 시퍼렇게 멍들어 있었다. 이거 정말 뼈가 안 부러진 게 맞는 걸까? 혹시 어디 금이 간 게 아닐까?

이대로 마냥 누워 있기도 뭐해서 일단 이누빅까지 가보기로 했다.

뭐야 이거. 완존히 시골동네잖어? (인구가 **2,500**명이란다.) 여기 오면 그래도 뭔가 있을 줄 알았는데 완전 실망이군. 동네 한 바퀴 도는 데 **10**분도 안 걸린다. 관광객도 없고 무지하게 썰렁한 분위기였지만 사람들은 상당히 친절했다. 여기까지 오토바이를 타고 온 게 기특했는지 지나가며 말을 걸기도 하고.

여긴 겨울에 개썰매를 타러 한 번 더 와야겠군.

올라갈 때는 4단기어에 시속 100킬로미터였지만, 내려올 때는 3단기어에 시속 60킬로미터를 유지했는데 속도가 내려간 만큼 자신감도 많이 꺾여 있었다.

"어휴, 이런 도로를 시속 **100**킬로미터로 땡기고 왔다니 내가 미쳤지. 고만한 게 하느님이 보우하사였구나."

주유소에 도착해 연료를 넣고 있는데, 직원이 플라스틱 가방을 하나 들고 온다.

"사고났었죠? 몸은 괜찮아요? 한쪽 가방이 없는 것 같은데, 이걸 한번 써봐요."

"아니, 이건 BMW 오토바이 가방인데 어디서 났어요? 모델이 달라서 저한텐 맞지가 않네요."

"일주일 전에 오토바이 사고가 크게 났었는데, 다리가 부러져서 헬기에 실려 갔어요. 이건 그 사람이 놓고 간 가방이죠."

"네에? 어휴, 저리 치우세요. 보기만 해도 겁나네요."

그러고보니, 나도 이곳에 한쪽 가방을 버리고 가네?

Episode 21
# 어? 왜 땡겨도 안 나가지? 알래스카 Alaska

알래스카로 넘어가는 길은 높은 능선을 따라 구비구비 도는 비포장길이었다. 오른쪽 눈 상태가 너무 안 좋아져서 휴지로 안경을 가린 뒤 한쪽 눈만 뜨고 달려 보기로 했다. 너무 어지러워서 시속 40킬로미터로 천천히 가야 했는데, 덕분에 출발한 지 한참이 지났는데도 능선을 넘을 수가 없었다.

저기 사람들이 사진을 찍고 있네, 나도 쉬었다 가야지.

"어머나, 어디서 오는 길이에요? 오느라 고생 많았겠다."

나도 반가워서 헬멧을 열었는데, 한쪽 눈을 가린 내 모습을 보더니 깜짝 놀라

며 더는 아무 소리도 안한다. 뭐 저런 놈이 다 있냐는 표정으로.

일곱 시간이 지난 뒤에야 능선을 내려와 아스팔트 도로를 탈 수 있었는데 갑자기 비가 쏟아지기 시작했다. 이런, 니기미, 빨리 가야겠다. 헌데, 쓰로틀을 확 땡겼는데도 왕왕 거리기만 하고 앞으로 나가질 않는다. 어? 이거 왜 이렇지? 얼마 전에 사고난 여파로 엔진이 고장난 거 아냐? 내려서 살펴보니 체인이 늘어져서 헛돌고 있었다.

"이런, 된-장. 거의 다 왔는데 여기서 이러면 어쩌란 말이냐."

비를 쫄딱 맞으며 한 시간이 넘게 서 있는데 드디어 차가 오는 게 보였다.

"어이!! 스-톱!! 스-톱!!"

도로 한가운데서 팔을 위아래로 흔들며 차를 멈춰 세웠다.

"아니, 무슨 일이에요?"

"체인에 문제가 생겨서 움직일 수가 없어요. 도와주세요, 헬프 미!!"

"그래요? 일단 차에 오토바이를 실읍시다."

"아이고, 고맙습니다!"

일단 바이크의 짐을 모두 내린 뒤 올리려고 하는데, 차가 한 대 더 멈췄다.

"어이, 왜 그러는데?"

"빨리 내려서 도와줘. 오토바이를 올려야 돼."
4명이 힘을 합해 바이크를 번쩍 들어올려 차 위에 실었다.
"아이구 정말 고맙습니다."
"근데 어디까지 가는 거요?"
"톡(TOK)까지 가는데 CJ라는 분을 만나러 가는 길이에요."
"톡이면 한 시간 반 정도 걸려요. 마침 가는 길이니 데려다줄게."
"가만있자, CJ면 자동차 정비하는 그 사람인가?"
톡에 도착해 전화를 해보더니, 고맙게도 CJ의 집까지 직접 바래다주었다.
"헤이, CJ. 오랜만이야. 여기 자넬 찾아온 손님이 있네."
"아니 자네가 어쩐 일인가?"
"이 친구 오토바이가 고장나서 내가 태우고 왔지 뭐야, 자넬 찾더구먼."
"CJ! 안녕하세요! 어제 온다고 전화드렸던 세환이에요. 한국에서 온……."
"그럼 둘이서 얘기 잘 하고, 난 바빠서 이만!"

동네가 워낙 작다보니 누가 누군지 서로 잘 알고 있었는데, 정말 친절한 사람들 아닌가! 역시 온 우주가 날 도와주고 있구나, 이젠 문제가 생겨도 아무 걱정하지 말아야지. 누군가 와서 도와줄 테니까, 오늘처럼!^^

Episode 22
# 뷰티풀한 싸나이 C.J. (Carol Johnson의 애칭)
알래스카 톡  Alaska Tok

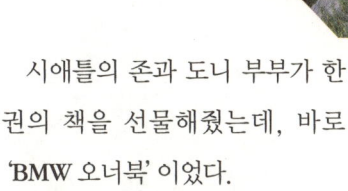

시애틀의 존과 도니 부부가 한 권의 책을 선물해줬는데, 바로 'BMW 오너북' 이었다.

북미의 BMW회원들이 숙소를 비롯해 자신이 제공할 수 있는 모든 것을 이 책에 전화번호와 함께 표시해놨다. 여기서 CJ를 찾을 수 있었고 미리 전화를 한 뒤 만나러 가는 중이었다.

CJ와 함께 앨리라는 여자분이 날 반갑게 맞아주었는데, 집 안 구석구석을 안내해주었다.

"부인이 참 친절하시네요. 결혼하신 지 얼마나 되셨어요?"

"뭐, 부인? 하하하. 일주일 전인가? 웬 여자가 봉고차를 몰고 와서 수리를 해달라고 부탁하더라고. 서부출신인데 알래스카로 여행을 가는 중이더군. 고칠 동안 내 집에서 머물러도 좋다고 했는데 그러다 눈 맞은 거지 뭐. 차 수리 끝날 때까지 동거중이야. 정말 뷰티풀하지? 하하하!"

오잉? 부인이 아니라고? 갑자기 황당해지네. ^^

방이 하나뿐이라 두 분의 뜨거운(?) 밤을 위해 창고에 텐트를 치고 지내야 했는데, 매일 저녁마다 알래스카 연어는 물론이고, 직접 사냥한 무스 고기로 포식을 했다.

인디언이 집집마다 돌면서 그날 잡은 싱싱한 연어를 팔러 다녔고, 창고의 냉장고엔 냉동된 고기들이 가득했다.

"아니, 저 고기들은 다 뭐래요?"

"응, 시즌이 되면 무스나 캐러부를 사냥하는데, 덩치가 엄청나기 때문에 그 자

리에서 전기톱으로 잘게 썬 뒤 차로 옮겨오지. 지금 냉장고에 있는 고기는 일 년을 먹어도 다 못 먹거든. 그래서 개죽 끓일 때 매일 넣어주지."

"와, 완전 무공해가 따로 없군요. 근데 너무 잔인한 거 아니에요?"

"아냐. 알래스카는 무스가 너무 많아서 오히려 문제야. 내 친구는 밤에 운전하다 무스를 받는 바람에 그 자리에서 즉사했어. 단, 사냥해온 고기는 절대로 팔 수 없어. 자기가 모두 먹어치워야 돼. 말 그대로 먹기 위해 사냥하는 거지, 재미로 그러는 게 아냐."

낮엔 부서진 가방을 새로 만드느라 종일 씨름하고, 저녁엔 CJ와 썰매견 훈련시키고 개 밥주고 청소하고 설거지하느라 시간이 금방 지나갔다.

끊임없이 움직이다 보면, 이렇게 한 곳에서 쉬는 것이 심적으로 얼마나 편안한지 모른다.

뜨거운 물로 샤워를 할 수 있다는, 텐트를 어디에 칠지 해매지 않아도 된다는, 비올까봐 맘 졸이지 않아도 된다는 행복감을 느낄 수 있다. 그러고보니, 집에 있을 때 매일 하던 거 아냐? 근데 왜 그땐 이런 기분을 못 느꼈을까? 하루하루 지겹기만 했는데…….

사고로 깨져버린 오토바이 구석구석을 수리하고, 고장난 체인과 다 닳아버린 스프라켓도 새로 교체했다. 윈드쉴드는 플라스틱판을 오려 CJ가 직접 만들어주었는데 정말 맥가이버가 따로 없었다.

CJ와 함께 개사료를 사러 페어뱅크스(Fairbanks)에 다녀왔는데, 그의 충고대로 오토바이 공구와 야영장비를 새로 마련했다. 밤엔 스트립바에서 회포를 풀었는데 이쁜 언니들과 훌러덩 댄스를 출 수 있도록 접대(?)를 해주었다.

"오우, 뷰티풀. 너무 환상적이었어. 땡큐 세환!"

뷰티풀 CJ. 내가 만들어준 CJ의 닉네임이다. 기분이 좋으면 '뷰티풀'을 연발하기 때문인데, 동부에서 대학졸업 후 알래스카로 건너와 15년간 고등학교 과학교사로 일하며 여름엔 아르바이트로 자동차수리를 하고 있었다. 집 마당에 볼보차가 무려 8대나 있었는데, 중고차를 사서 수리한 뒤 되팔아 남는 돈으로 오토바이 여행을 한다고 했다.

내 사전에 저축이란 없다! 버는 족족 써버리는 호탕한 CJ. 16마리의 썰매견을 키우며 영하 40도의 알래스카 숲속을 누비는, 한마디로 지성과 야성을 겸비한 싸나이라 할 수 있다.

그래서 여기 들르는 여자들이 밤마다 CJ의 침대로 올라가나 보지?

콜라를 창고에 가득 채워두고 물처럼 마시는 CJ. 아마도 톡 쏘는 콜라가 외롭고 단조로운 생활을 버티게 하는 유일한 활력소인 듯했다.

짜잔~
알루미늄 바이크 가방
완성품!!

# Episode 23
# 알래스카는 모기도 무공해

앵커리지Anchorage  호머Homer  수어드Seward

  CJ가 수리한 중고차를 팔기로 했다면서 앵커리지에 같이 가자고 했다. 오토바이 수리도 끝나고 몸도 회복이 된 듯해서 기꺼이 따라나섰다. 도중에 비포장도로가 나올 때마다 사고 났던 악몽이 떠올라 속도를 확 줄였는데, 이 바람에 CJ의 트럭을 놓치고 말았다. 만나기로 했던 주유소에 도착해 기다리고 있는데, 옆에서 할머니가 나무를 깎고 계신다.
  "할머니, 지금 뭘 만드시는 거예요?"
  "응, 기념품으로 팔려고 지팡이를 만들고 있지."
  "그런데 무릎 위에 권총을 올려놓으셨네요?"
  "가끔씩 쓰레기통을 뒤지려고 숲에서 곰이 나오거든. 총소리로 겁을 줘서 쫓아내야 돼, 안 그러면 사람들이 도망가서 장사를 못해요."
  "오다보니 도로주변에 연기가 가득하던데, 어디 산불이 났나봐요?"
  "마른 하늘에 날 벼락이란 말 들어봤나? 알래스카에선 그게 실제로 일어나지. 그래서 여름이 되면 한낮에 저렇게 산불이 많이 나는 거야."
  허걱, 역시 알래스카는 다르긴 다르구나.

  몇 시간을 기다려도 CJ가 나타나지 않아, 혼자 야영을 한 뒤 앵커리지에 도착했다. BMW 오너북에서 헤리를 찾아 연락했더니 직접 오토바이를 타고 마중을 나왔다.

　헤리는 특수부대 요원으로 적진에 떨어진 전투기조종사를 구출하는 일을 하고 있었는데, 딸의 고등학교 졸업사진을 찍기 위해 사진사를 불러 얘기 중이었다. 참 가정적인 분이시구나.

　"그런데 어쩌다가 이 일을 하게 되셨어요? 한국에선 군대 안 가려고 난리인데……."

　"난 동부의 시골마을에서 자랐는데 고등학교를 졸업하니 할일이라곤 농사밖에 없더라고. 무작정 어디론가 떠나고 싶었어. 그래서 해군에 지원했고 여기까지 오게 된 거지. 벌써 20년 전 일이야. 알래스카는 자연이 참 깨끗한 곳이지. 여기선 모기에 물려도 전염병이 생기지 않아. 모기조차 깨끗하거든."

　친절한 따님의 도움으로 전화번호부에서 한국인 의사를 찾아내 진료를 받을 수 있었다. 예상대로 미국 서부에서 강한 햇빛을 받아 눈에 '성이 난' 상태라는 진단이 나왔고.

　"앞으론 조심 하셔야겠어요. 이러면 늙어서 고생할 수 있거든요."

　힘내라며, 치료비는 물론 안약도 공짜로 챙겨주셨는데 역시 난 운이 좋은 녀석 같다. 덕분에 가벼운 마음으로 앵커리지를 떠나 해안도시인 호머와 수어드를 돌아보았다. 알래스카는 사람도 없고 공터가 널려 있다. 숲속에 텐트를 쳐놓고 짐을 모두 풀어놓은 뒤 홀가분하게 오토바이를 타고 돌아다녔는데, 잃어버린 것은 단 하나도 없었다. 역시, 알래스카야!

# Episode 24
# 알래스카는 사람도 무공해
키나이피오르 Kenai Fjord national park　포티지글레이셔 Portage glacier park

앵커리지의 헤리가 강력 추천하여 페리를 타고 빙하 투어를 다녀왔는데, 바다를 둘러싼 수많은 계곡을 따라 바다사자, 고래를 볼 수 있었고 마지막엔 그 유명한 빙하가 녹아 바다 위로 떨어지는 장관을 직접 볼 수 있었다. 떨어진 빙하조각을 유리잔에 담으니 토토토톡 하는 소리가 난다. 수백 년간 얼음 속에 갇혀 있던 공기방울들이 터지는 소리란다.

"크-어. 정말 죽이는군. 니들이 이 맛을 알아?"

하지만 배멀미가 워낙 심한지라, 객실에 들어가지도 못하고 일곱 시간 동안 찬 바람을 맞으며 서 있었다. 밥도 못 먹고 쫄쫄 굶은 채로. 아, 죽겠다…… 빨리 내려달란 말이야!

도중에 포티지글레이셔공원에 들러 산 위의 빙하를 감상했는데, 이젠 얼음덩어리는 너무 봐서 신물이 날 지경이다.

앵커리지에선 마샤 부부의 신세를 졌는데, 이분을 만나게 된 사연이 좀 특이하다. 일주일 전 외딴 골목에서 샌드위치를 먹고 있는데, 웬 아주머니가 차에서 내려 말을 걸었다.

"당신을 보는 순간 하느님이 내게 인도하신 것 같아 왠지 말을 걸고 싶었어요, 여긴 어쩐 일이죠?"

 한참 동안 내 여행기를 듣고 나더니, 하느님이 날 보살펴준 것 같다며 나중에 도움이 필요하면 꼭 연락하라는 말을 남기고 사라졌다. 아마도 스노호미쉬의 교회에서 기도를 했는데, 시속 100킬로미터로 넘어지는 사고를 당했는데도 멀쩡했다는 얘기를 인상 깊게 들은 듯했다. 전화를 드리니, 마사 부부의 남편이 커다란 할리 데이비슨을 몰고 직접 마중 나오셨다.

 "아, 남편이 오토바이를 타시는구나. 어쩐지……."

 감옥에서 교도관으로 교대근무를 하셨는데, 마침 내가 도착한 날이 쉬는 기간의 첫 번째 날이었다. 덕분에 차로 여기저기 데리고 다니며 관광을 시켜주셨고,

결혼한 두 딸의 집에 데려가 사는 모습을 구경시켜주셨다. 하루는 자신의 유니폼에 달린 교도관 배지를 우두둑 떼어내더니 기념품으로 가져가라고 주신다. 안 그래도 너무 잘해주셔서 몸둘 바를 모르겠는데, 이렇게까지!

아들은 고등학교를 가지 않고 집에서 혼자 공부하고 있었는데, 뭐하나 했더니 일본어 공부를 하고 있었다.

"야, 임마. 알래스카에서 일본어 공부를 하면 어떡하냐? 당장 때려치고 일본으로 가라. 영어를 가르치면 그 돈으로 생활비는 충분할 거다."

인터넷에서 일본만화를 공짜로 다운받는 방법을 알려주니 너무 좋아하며 밤에 다운타운에 놀러 가자고 한다.

그날 밤.

"야, 여기 다운타운 맞아? 왜 길거리에 사람이 한 명도 없냐?"

"잊으셨어요? 여긴 알래스카라구요, 알-래-스-카!!"

떠나는 날, 마사가 날 조용히 불렀다.

"세환, 알다시피 난 호스피스로 일하고 있어서 말기암 환자의 종말을 자주 봐왔어. 너의 아버지가 대장암이 걸리신 뒤 폐로 암이 전이됐다고 들었는데, 암이 전이된 경우엔 몇 년을 넘기지 못하고 사망할 확률이 높더구나. 지금이라도 여행을 중단하고 한국으로 돌아가는 것을 신중하게 생각해보렴……."

아니 그게 무슨 재수 없는 소리예요. '우리 아버진 꼭 완치되실 거라구요!!' 속으로 이렇게 외친 뒤 알래스카를 떠났다. 지금 생각해보니 그분의 말이 정확했던 것 같다.

Episode 25

# 난 알래스카가 너무 좋아!

데날리 Denali national park    랭글성일라이어스 Wrangell-St.Elias national park  국립공원

오랜만에 날씨가 화창해서 푸른 하늘을 실컷 볼 수 있었다. 햇볕은 따스하고, 바람은 시원하고, 차는 없고…… 탁 트인 도로를 고산들이 에워싸고 있으니 이 아니 좋을 소냐. 이런 게 바로 진정한 라이딩의 즐거움이다. 아마 우리나라에선 죽었다 깨어나도 이런 기분을 못 느낄 것이다. 오늘에서야 알래스카를 제대로 땡겨보는구먼!

알래스카에서 가장 유명한 데날리 국립공원은 셔틀버스를 타야 했다. 자연보호를 위해 일반차량을 통제하기 때문이다. 왕복 200킬로미터를 돌아보는데 무

려 여덟 시간이 걸렸고, 먹을거리를 제대로 준비 못해 굶주리며 구경을 했다. 역시 금강산도 식후경이군.

안내원의 설명을 들으며 꾸불꾸불한 산길을 따라 독수리, 곰, 산양, 비버, 무스를 구경하고, 하이라이트인 북미최고봉 맥킨리를 조망할 수 있었는데 여행 시작 후 지금까지 보아온 산악 풍경 중 최고였다. 항상 안개에 가려 있어 직접 볼 수 있는 확률은 25퍼센트 미만이라고 하는데, 역시 난 운이 좋단 말야……!^^

이번엔 내가 만든 알루미늄 가방을 테스트 하기 위해, 데날리 하이웨이라는 200킬로미터 길이의 비포장도로를 들어가봤다.

2시간 정도 지났을까? 갑자기 덜그럭거리는 소리가 나서 살펴보니 진동 때문에 가방을 지탱하는 프레임의 볼트가 떨어져나가 왼쪽 가방이 허공에서 휘청거리고 있었다. 어휴, 까딱하면 가방이 작살날 뻔했군. 지나가던 캠핑카가 멈춰 선다.

"어이, 괜찮아? 무슨 일이야?", "아, 볼트가 떨어져나갔는데 연장이 없어서요.", "아, 그래? 기다려봐 내 연장을 꺼내주지. 근데 휴가 중인가봐?", "아뇨, 세계일주 중이에요."

"뭐? 세계일주라고? 여보. 이 사람이 세계일주 중이래, 얼른 내려와봐!"

연장 빌려주는 건 뒷전이고 갑자기 질문공세를 퍼붓는다.

"이야, 젊은 사람이 대단하네. 우린 얼마 전에 은퇴를 했는데, 이제야 집 할부금 다 값고 여유가 생겨서 이렇게 캠핑카로 여행 중이라네. 미국에선 이런 걸 제2의 황금기라고 하지. 죽기 전에 마지막으로 누려보는 호사랄까? 알래스카 여행하면서 우리 같은 노인들을 많이 봤을 거야. 알래스카 여행은 모든 미국인의 꿈이거든. 세계일주라, 내 꿈을 살고 있는 사람을 이렇게 만나는 건 정말 기분 좋은 일이야. 참, 여기 연장이 있네. 기다릴 테니 천천히 하라구."

열심히 작업을 하고 있는데, 지나가던 차들이 하나둘 멈추더니 별일 없냐고 물어본다.

내가 입을 열기도 전에, 아저씨가 대신 설명을 해주니 모두들 고개를 끄덕이며 "행운을 비네, 젊은이! 꼭 완주하라구!"

### 갑자기 어깨가 으쓱해진다.

역시 문제가 생겨도 걱정할 필요가 없구나. 난 알래스카가 정말 맘에 든다!!

'랭글성일라이어스(**Wrangell-St.Elias**)' 라는 이 희한한 이름의 국립공원은 미국에서도 최대의 면적을 자랑한다. 기대를 많이 했는데, 비가 내려서 물웅덩이가 생겼고 주위가 나무로 막혀 있어 전망을 볼 수가 없었다. 비포장도로를 따라 4시간을 달렸지만 버려진 광산터만 덩그러니 남아 있어 을씨년스런 분위기를 자아냈고, 이런, 니-기-미. 뭐야, 이거 괜히 온 거야? 그런 거야?

Episode 26

# 숲속의 천사 조르그
알래스카 하이웨이 1 Alaska highway

알래스카를 떠나며 라이딩 원칙을 세웠다.
-하루에 300킬로미터 이상 달리지 말 것.
-100킬로미터마다 30분 이상 쉬면서 수분섭취를 하고 인공눈물을 넣을 것.
-오후 7시 이전에 텐트를 칠 것.
-볼 것이 많은 곳은 텐트를 쳐놓고 여유 있게 관광할 것.
-컨디션이 안 좋으면 무조건 쉴 것.


CJ네 집에 머물렀을 때, 친구들과 1954년형 BMW오토바이를 타고 놀러왔던 조르그. 내려가는 길에 그의 집에 들렀다.
"가만있자, 주소를 보면 여기가 맞는 거 같은데. 이건 완전히 숲속 아냐? 도대체 집이 어디 있다는 거지?"
한 시간을 헤맨 뒤에야 그가 말했던 노란색 스쿨버스를 발견했다. 버려진 스쿨버스 옆에 자기 집이 있다고 했거든.^^
"헤이, 조르그. 오랜만이에요!"
"아, 왔구나! 배고프지? 내가 맛있는 걸 해줄 테니 기다리라구!"

집을 둘러보니 정말 가관이었다. 찌그러진 냄비에다 장작불로 요리하는 것은 기본이요, 화장실은 땅을 파서 만든 재래식에다, 식수는 동네 우물에서 직접 퍼다 먹는 완전히 한국의 오지마을을 능가하는 생활을 하고 있었다. 오늘은 뜨거운 샤워를 할 수 있겠구나 하고 잔뜩 기대했었는데, 플라스틱 물통에서 물을 따라 세수하는 모습을 보고 할 말을 잃고 말았다.

마흔 살의 나이에 꿈꾸던 삶을 찾아 독일에서 이민 와 혼자 살고 있었는데, 4년 전 단돈 천만 원을 주고 허물어져가는 목조주택과 땅을 산 뒤 채소도 직접 기르고 필요한 것은 만들어 쓰는 검소한(?) 생활을 하고 있었다.

"아니, 생활비는 어떻게 충당하세요?"

"이렇게 살면 돈이 별로 안 들어. 동네사람들의 고장난 자동차나 기계를 고쳐주고 돈을 받고, 겨울엔 독일로 돌아가 내 소유의 자전거가게에서 몇 달 일하면 생활비에 큰 도움이 되지. 요즘엔 가게를 처분하고 이곳에 완전히 눌러 살려고 준비중이야."

"혼자 살면 외롭지 않으세요? 여자친구는 없어요?"

"지금 독일에 있는데 몇 달 뒤에 올 거야. 저 앞에 통나무집 보이지? 그녀와 함께 살기 위해 내가 2년 동안 직접 만든 거라구."

"근데 도대체 왜 이렇게 사는 거예요? 이 추운 캐나다 산골에서."

"난 옛날 방식대로 사는 게 참 좋더라구. 독일은 사람이 많아서 복잡하거든. 그래서 땅값이 싸고 한적한 곳을 찾다보니 여기까지 오게 된 거지. 난 더운 곳은 질색이거든."

최소의 생활비만 벌고 나머지 시간은 자신이 좋아하는 일을 한다. 정말 여유 있는 삶, 소박하지만 행복한 삶을 느낄 수 있었다.

나 역시 여행이 끝나면 호주에서 새로운 삶을 시작해야 하는지라, 이분이 사는 모습은 신선한 충격이었다. 전혀 다른 삶의 방식을 느껴보는 것도 여행의 큰 목적이 될 수 있다는 걸 깨달았고……

한국사람은 호주, 미국, 캐나다, 뉴질랜드 등지로 이민을 가도 대부분 대도시나 한인타운 근처의 학군 좋은 비싼 동네에 산다. 좋은 집과 차를 굴리기 위해 뼈 빠지게 일하느라 이민을 가는 주목적인 여유 있는 삶을 누리지 못하는데, 한국의 생활패턴을 그대로 옮겨간다고 해야 할까? 물질이 풍요로워야 여유 있게 사는 거라고 생각을 하지만 중요한 건 삶의 방식인 것 같다. 이천만 원짜리 차를 굴리든 이백만 원짜리 차를 굴리든 자신이 만족하면 그걸로 족한 것인데, 왜 우리들은 남의 시선을 의식해야만 하는 걸까?

앞으론 되도록 많은 사람들의 집을 방문해 봐야겠다!

Episode 27

# 아, 저것이 진정 오로라인가!!
알래스카 하이웨이 2 Alaska highway

　알래스카 톡을 떠나 **10**일을 달려서야 알래스카 하이웨이가 끝나는 더슨 크릭 (**Dawson Creek**)에 도착했다. 캐나다 쪽으로 내려갈수록 잎사귀들이 울긋불긋 해지더니, 단풍의 파노라마를 연출했는데 왜 캐나다 국기모양이 단풍잎인지를 알 수 있었다.

　이 환상적인 길을 비바리(내 오토바이 이름인데, 제주도 처녀해녀를 말한다.) 와 한몸(?)이 되어 달리니, 온몸에 닭살이 쫘-악 돋으며 오랜만에 오르가즘을 느 꼈다. 오른손으로 부드럽게 땡겨줄 때마다 가-르-릉거리며 신음(?)을 토했고, 히팅재킷 코드를 부드럽게 삽입(?)하니 내 온몸을 뜨겁게 달구어주었다.

　어휴, 이거 어느 세월에 캘거리까지 내려가나. 정말 가도가도 끝이 없구먼.

　국도에서 빠져나와 산속으로 올라갔는데, 누가 야영했던 흔적이 보였다.

　"잘됐네, 오늘은 여기다 텐트를 쳐야지."

　잠시 후, 계란프라이와 식빵으로 저녁을 먹고 있는데 깜깜한 하늘 위로 희멀건 빛이 보였다. 처음엔 구름이나 연기인 줄로만 알았는데, 가만히 살펴보니 "아 니, 저것은 오-로-라 아닌가!"

　오로라는 알래스카나 캐나다 최북단에서, 그것도 겨울에만 볼 수 있다고 해서 전혀 기대하지 않았었는데 여기서 오로라를 보게 될 줄이야. 마치 물감을 풀어놓 은 듯, 부드러운 실크옷감이 펄럭이는 듯 끊임없이 움직이며 하늘을 길게 가로지르고 있었는데, 쥐죽은 듯 고요하고 불빛도 없는 산속에서 혼자 보고 있자니 눈물이 주–루–룩 흐르며 진정 살아 있는 기쁨을 느낄 수 있었다.
　**삶의 환희! 살아 숨 쉬고 있기에 이런 장관을 볼 수 있는 게 아닌가!!**
　매일 야영하면서 혼자 다니다보니 지치고 힘들지만, 이럴 때면 모든 힘든 기억이 사라지며 '야, 떠나길 정말 잘했군!' 하는 생각이 절로 든다.
　매연과 소음에 둘러싸인 복잡한 도시의 한 귀퉁이에서 이 글을 읽고 있는 그대여, 떠나세요! 너무 늦기 전에. 절대로 후회하지 않을 거예요.

Episode 28

# 우리는 BMW 브라더스!! 더슨 Dudson

알래스카 하이웨이를 벗어나 캐나다의 백미인 밴프, 제스퍼 국립공원으로 내려가는데 최신형 BMW1200GS가 옆으로 지나더니 차 한잔 하자고 사인을 보냈다. 혼다나 스즈키 같은 일본바이크와는 달리 BMW라이더 사이에는 끈끈한 무언가가 있다. 동지애랄까?

가까운 주유소에 세운 뒤 커피 한잔 했는데,
"어디 가는 길이니?"
"밴프 국립공원에 가는 길이에요, 얼마나 더 가야 되나요?"
"밴프라고? 지금 그쪽에 눈이 많이 내려서 도로를 막아버렸어."
에? 눈이라고? 아, 그쪽은 로키산맥이니 여기에 비가 오면 거긴 눈이 내리겠구나.

"오늘부터 비가 오기 시작한다는데, 어디서 잘려고?"
"저야, 늘 하던 대로 대충 텐트 치면 되죠 뭐, 걱정 안하셔도 돼요."

"음, 그러지 말고 이렇게 하는 건 어떨까? 내가 며칠 전 여기서 두 시간 거리에 있는 마을로 직장을 옮겼거든. 그래서 당분간 모텔에서 묵고 있는데, 2인실이라 침대가 하나 남아."

아하, 숙박비를 분담하자는 얘기구나? 나야 좋지 뭐. 안 그래도 열흘 동안 내려오면서 매일 텐트 쳤더니 피곤해 죽겠는데.

"근데 모텔비가 얼마나 해요?"

"걱정하지 마. 회사에서 모텔비를 대주기 때문에, 넌 공짜로 쓰면 돼."

허-거-걱! 이게 웬 마른 하늘에 빈대떡 떨어지는 소리냐! 역쉬, 온 우주가 날 밀어주고 있구나! 이럴 땐 하늘에서 천사를 내려보내주는 기분마저 든다. 어쩜 이렇게 필요할 때마다 누군가 다가와서 도움을 주는 걸까. 정말 신기한 일이다.

그의 뒤를 따라 달리기 시작했는데, 갑자기 비가 억수로 내리더니 도로 위에 커다란 무지개가 생겼다. 비에 젖어 몸은 추웠지만 마음만은 정말 훈훈했다. 뭐 좀만 참으면 따뜻한 욕조에 몸을 담글 텐데, 이까잇거 쯤이야. 어두워지자 둘이 함께 2차선 국도를 나란히 달리기 시작했다.

밤이라 반대편에서 오는 차가 없었던 것이다. 처음엔 위험할까봐 망설였던 그도 2대의 오토바이가 한꺼번에 내뿜는 불빛에 도로 전체가 환해지자 내 의도를 알아챈 듯 보였다.

"오빠, 땡-겨!!!"

이날부터 브라이언과 동거(?)를 시작했는데, 그의 말대로 4일 동안 비가 억수로 퍼부었다.

정말 오랜만에 뜨거운 물로 샤워도 하고 밀린 빨래도 했으며 모텔 로비에서 인터넷도 할 수 있었다. 아, 좋다. 공짜라서 더 좋네.

"나는야, 럭-키-가-이. 무엇이 두려우랴!!"

브라이언이 퇴근한 뒤엔 함께 저녁을 먹으며 우정을 다졌는데, 아마도 전생에 우린 형제였던 것 같다.

"여자친구는 없어요?"

"글세…… 난 여자보단 오토바이가 더 좋은 거 같애. 여잔 별 관심 없어."

"그래도 좋아하는 스타일이 있을 거 아니에요?"

"굳이 말하자면, 빨간머리에 키가 크면 좋겠어. 왠지 난 빨간색이 좋더라구. 큭큭!"

"알았어요, 여행하다 빨간머리의 여자를 만나면 꼭 연락해 보라고 전하죠. 하하!"

Episode 29
# 캐나다의 백미 로키산맥

밴프 Banff   재스퍼 Jasper   요호 Yoho   쿠트네이 국립공원 Kutnei national park

　로키산맥을 따라 재스퍼에서 밴프로 쭈-욱 내려갔는데, 4일간 모텔에서 기다린 보람이 있을 만큼 날씨가 환상적이었다.
　밤엔 기온이 영하 4도로 떨어져 잠을 제대로 못 잤는데, 도대체 이놈의 텐트는 왜 이렇게 습기가 차는 거야. 매번 슬리핑백을 축축하게 적셔버려 영하 30도짜리 슬리핑백이 힘을 못 쓰고 있다. 그렇다고 텐트를 새로 장만할 수도 없고. 남미 갈 때까지 좀만 더 버티자!!
　세계적인 관광지답게 한국사람들이 상당히 많았는데, 역시 내 옷의 태극기를 보고도 아는 체를 안 한다. 외국사람들은 많은 관심을 나타내며 사진도 찍고 이런저런 질문도 하는데 말이다.
　매번 똑같은 질문을 받자니 우습기도 하지만, 이럴 땐 마치 유명인사가 된 기분이 들어 우쭐해진다. 우리나라에서 제아무리 유명한 영화배우가 와봐라, 나처럼 외국사람들의 카메라 세례를 받을 수 있는가.^^ 유럽에서 여행 온 사람들이 집주소와 연락처를 건네주며 초대해줬는데, 영어를 할 줄 아는 현지인을 미리 확보하게 되어 나중에 큰 도움이 될 것 같다. 나에겐 가장 든든한 재산이다.

숲속에 유스호스텔이 있어 하룻밤 묵어봤다. 숙소 옆의 오두막에서 사우나를 할 수 있었는데, 냄비에 물을 떠다가 달궈진 돌덩이에 부으니 뜨거운 증기가 온몸을 후끈 달궈줬다.

갑자기 비키니를 입은 쭉빵 언니들이 우루루 들어오더니 나를 가운데 두고 양옆으로 바싹 붙어앉는다. 난 팬티만 입고 있는데, 으메 쪽팔린거. 이럴 줄 알았으면 수영복이라도 사둘 걸.

헌데 가스나들이 한잔씩 하고 왔나보다. 혀 풀어진 목소리에, 말할 때마다 내 몸을 쓰다듬으며 친한 척을 한다. '어-우, 이것들이 누구 인내심 시험하나? "참아야 하느니라. 저 앞으로 튀어나온 터질 듯한 것은 가슴이 아니라 돌덩이다… 돌덩이…! 아미타불 관세음보살. 오-지쟈쓰…!"

갑자기 영화 〈올드보이〉가 생각났다. 15년 후 독방에서 풀려난 뒤 엘리베이터 안에서 아줌마를 보자마자 "여자인간이다!" 하며 어쩔 줄 모르던…… 내가 바로 그런 기분이었다.

다음날 그 유명한 레이크루이즈 호수를 보러 갔는데, 막상 보니 그냥 뭐 예쁜 호수였다. 유키 구라모토의 '레이크루이즈'라는 곡을 피아노로 칠 때마다, 도대체 얼마나 아름답길래 이런 곡이 나올까 하며 상상하곤 했었는데……. 아, 허무해라. 역시 기대를 너무 많이 하면 안 되는 구나. 이제부턴 아무 생각 없이 가야겠다.

# Episode 30
## 눈물 젖은 도시락 <sub>캘거리</sub> Calgary

'오늘밤은 어디서 보내지? 여긴 대도시라 텐트도 못 치고.'

BMW오너북 중 캘거리에 등록된 사람의 전화번호를 모두 눌러봤지만(약 20명 정도), 실패하고 말았다. 집이 수리중이다, 오늘 미팅이 있다, 번호가 바뀌었다, 기타 등등.

에라 모르겠다, 일단 시내 구경부터 하자. 역시 캐나다의 도시는 썰렁했는데, 노숙할 작정을 하고 2시간 뒤에 전화해보라던 집의 번호를 눌렀다. 앗싸아! 당장 오라는 시원시원한 답변을 해준다. 그런데 집이 외곽이라서 알려준 주소를 찾을 수가 없었다.

'이상하다. 분명히 여기서 오른쪽으로 꺾은 다음 두 블록을 더 가라고 했었는데.'
아, 저기 차가 지나간다. "헤이, 스토옵!!"
아가씨가 창문을 내리고 날 한번 쓰윽 보더니, 아무 말도 않고 줄행랑을 친다.
'뭐야, 저건? 캐나다사람이 다 친절한 게 아니었네?'

말해놓고 보니, 해는 져서 어두운데 외딴 곳에 오토바이를 세워놓고 헬멧을 쓴 채로 차를 세우라고 했으니 도망갈 만했다.

'일단 헬멧부터 벗어야겠군.'
이번엔 아저씨가 차에서 내려 휴대폰으로 직접 통화를 해준 뒤 위치를 알려주었다.

'정정한다. 역시 캐나다사람은 친

절하다.^^'

 시내에서 한참 떨어져 있다고 해서 허름한 시골집인 줄 알고 별 기대 안하고 왔는데, 우리나라에선 갑부들이나 살 만한 그런 저택이었다. 지하엔 와인저장소가 있고 잔디가 깔린 넓은 마당엔 부부를 위한 야외욕조가 설치돼 있었다. 주차장엔 두 대의 **BMW**바이크가 있었는데, 부부가 각각 한 대씩 몰고서 주말여행을 다닌단다. 정말 멋진 커플이군!

 다음날 아침에 일어나니 부부는 출근한 뒤였고, 응접실에 편지가 남겨져 있었다.

 "스테판, 냉장고를 열어보면 휴대용 맥주가방에 점심 도시락이 들어 있을 거야. 가방은 보온이 되므로 유용하게 쓸 수 있을 테니 함께 가져가도록 해. 행운과 안전운전을 기도하며, 블로그로 너의 여행을 계속 지켜볼게."

 마가렛! 아, 난 드디어 눈물을 흘리고 말았다.

 라이더들이 나를 볼 때마다 꼭 하는 말이 있는데

 "정말 부럽다. 세계일주는 내 꿈이었는데, 넌 내 꿈을 실현하고 있구나. 정말 대단하다."

 그렇다. 나는 이들의 꿈을 살고 있기에 나에게 이렇게나 많은 도움을 주려 하는 것이다!

Episode 31
# 외발 라이더, 조 캐나다 하이웨이 Canada highway

캘거리를 떠난 뒤 광활한 목초지를 따라 한없이 달렸다. 마땅히 쉴 곳이 없어 도로 옆에 털썩 주저앉아 마가렛이 싸준 점심 도시락을 먹고 있는데 차가 멈춰 섰다.

"쳇, 보나마나 도로 옆에서 이러면 위험하단 얘길 하려는 거겠지. 밥 먹을 땐 개도 안 건드린다는데……."

검정 가죽옷을 입은 남자가 내리더니 내 옆에 다가와 앉는다. 시큰둥한 내 표정.

"헤이, 괜찮은 거야? 반대편 차선에서 지나가는데 네가 이러고 있길래, 무슨 문제라도 생긴 줄 알고 한참을 돌아서 왔어. 가만있자. 가방에 지도를 보니 세계일주를 하고 있나 보네? 땅바닥에서 이러지 말고 우리 집으로 당장 가자구!"

에? 밥 먹다 말고 이게 무슨 소린가. 알고 보니 이 아저씨는 할리데이비슨 마니아였다.

3년 전 음주운전 하던 트럭에 치여 왼쪽 다리를 절단하는 대수술을 받았는데, 그럼에도 불구하고 의족을 달고서 여전히 오토바이를 타고 있었다. 이를 위해 천만 원을 들여 오토바이를 개조했다고 한다.

그의 집을 찾아가니 창고에 두 대의 할리데이비슨 바이크가 있었고, 반누드의 섹쉬걸이 바이크를 타고 있는 포스터로 도배가 돼 있었다. 아니, 초등학생 애들도 둘씩이나 있다는데 이래도 되나?

활짝 웃으며 반가워하는 부인에게 물어봤다.

"아니, 오토바이 사고로 목숨을 잃을 뻔했고, 이젠 한쪽 다리마저 없는데 아직도 오토바이를 타고 다니잖아요. 남편이 저래도 괜찮으세요? 안 말리셨어요?"

"뭐 내가 말린다고 들을 양반도 아니지만, 괜찮아요. 난 알고 있거든요. 저이는 오토바이를 타고 달릴 때 가장 행복해한다는 것을……. 남편이 행복해하면 그걸로 만족해요. 어쩔 수 없죠, 뭐. 호호!"

아, 정말 마누라 한번 잘 뒀구먼. 부럽다, 부러워. 남편이 한술 더 뜬다.

"저 사람은 내가 병원에 1년 동안 입원하고, 이후 2년간 재활훈련을 할 때도 항상 내 곁에 있어줬어. 정말 고마운 사람이지. 사랑해, 여보."

아니, 이 양반들이 누구 염장지르나. 암튼 정말 보기 좋네요, 두 분.^^

이틀간 이 집에 머물며 조의 뒤를 졸졸 따라다녔는데, 사고 보험금으로 시내에 멋진 오토바이 카페를 차리려고 준비 중이었다. 할리데이비슨 매장도 들렀는데, 이 동네에서 그를

모르는 라이더는 없는 듯했다. 작은 종을 사서 내 바이크 밑에 달아줬는데,
"이건, 행운의 종이라 불리지. 누군가 너를 위해 이 종을 선물하면, 종을 달고 있는 동안엔 무사할 수 있어. 사고귀신이 이 종소리를 듣고 도망가거든. 일종의 부적이야."
터프한 줄만 알았던 조에게 이런 다정다감한 면이 있을 줄이야.
저녁엔 재밌는 구경거리가 생겼다고 해서 따라갔더니, 카페에 포스터가 붙어 있었다.
"아니, 이게 뭐야. 찰리와 그의 엔젤들? 이거 영화에서 봤던 거랑 비슷하네?"
들어가보니, 찰리는 DJ겸 사회자였고, 그의 엔젤들은 3명의 스트립걸이었다. 춤을 추는가 하면, 여자들이 이동욕조 안에서 온몸에 오일을 뒤집어쓰고 레슬링을 벌여 카페가 흥분의 도가니였다. 그러면서 비키니를 입은 스트립걸이 테이블 사이를 돌아다녔는데, 조 덕분에 나도 무릎 위에 섹쉬걸을 올려놓을 수 있었다. 가슴 사이에 양주잔을 끼운 뒤 분홍색 카테일을 내게 먹여줬는데, 다음엔 라스베이거스에서 그랬던 것처럼 온몸을 부비대며 춤을 추었다.
"헤이, 세환. 너무 좋아하는 거 아냐? 언니, 한 번 더!"
속으로 조가 어찌나 고맙던지 큭큭, 오빠,

멋줴이!! 지켜보던 조의 부인도 즐거워한다.

떠나는 날, 조가 그의 여자친구와 함께 하레이를 몰고서 배웅해주었다.

"아니, 오늘은 따님 에이미의 생일날인데 이렇게 나오면 어떡해요?"

"내 딸 생일은 매년 있는 것이지만, 세계일주를 하는 너와 달리는 일은 평생 한 번 있는 일이잖아. 괜찮으니까, 걱정말고 달리자고." 아, 이 아저씬 말하는 것도 감동의 물결이군. T.T

해가 떨어질 때까지 한참 동안 함께 달린 뒤, 조가 손을 흔들며 작별을 알린다.

"여기서부턴 너 혼자 가야겠다. 잘 가, 세환. 널 만나서 정말 즐거웠어, 나중에 꼭 다시 오라구!"

멀어지는 두 대의 바이크를 지켜본 뒤, 도로 위를 혼자 달리는데 갑자기 감당할 수 없는 외로움이 밀려오며 눈물이 나려고 했다. 마치 십 년을 사귄 친구와 헤어지는 기분이 들었다.

아, 시간이 지날수록 점점 외로움이 커지니 큰일이다. 내가 이렇게나 외로움을 탈 줄이야.

아마, 이번 여행으로 사람간의 순수한 '정'을 느끼게 되어 그런 것 같다.

삭막한 서울에선 느끼지 못했던 그것. 바로 그것이 날 변화시키고 있는 건 아닐까?

왼발 라이더, 조와의 마지막 라이딩

행운의 종

Episode 32
## 치킨국수를 뽑는 남자
위니펙 Winnipeg

때론 이렇게 빈집에서 자기도 한다.
뭐? 여기서 3명이 죽었다고?

"아이고, 이놈의 도로는 가도가도 끝이 없구만."

정말 지루하다. 트럭이 많이 다녀서 그런지 표면이 울퉁불퉁해서 속도도 맘대로 못 내는데, 여긴 차가 정말 없다. 캐나다횡단 고속도로 맞어? 알래스카보다 차가 없잖아!

위니펙에 도착할 즈음 야영할 각오를 하고, BMW오너북의 전화번호를 눌렀다. "지금 어디냐? 내가 바로 갈 테니 기다리라구." 앗싸아! 이번엔 원 샷에 성공했다. 이렇게 직접 마중 나오는 사람일수록 친절할 확률이 높은데, 아니나 다를까. 이틀 밤을 머물며 융숭한(?) 대접을 받았다. 늦은 나이에 재혼을 해서 식구가 많았는데, 빈 방이 없어서 식당에 매트를 깔고 잠을 자야 했다. 하루는 늦잠을 자는 바람에 식구들이 밥도 못 먹고 출근해서 얼마나 미안했던지. 내가 식당에서 잠을 자고 있으니, 깨우질 못한 것이다. 참나…….

그래도 전혀 그런 내색을 안 하는 식구들이 정말 고맙기만 했다.

집 주인 고든이 사진작가 겸 글쟁이라서 집에서 작업을 했는데, 얼마 전 미국횡단을 한 뒤 책을 쓰는 중이라고 했다.

"재밌었겠네요. 하루에 얼마나 달리셨어요?"

106

"평균 천 킬로미터를 달린 것 같아."

"네에? 천 킬로미터요? 전 많이 달려봐야 4백 킬로미터인데.",

"글을 쓰는 게 직업이라 평소엔 생각을 무척 많이 하거든. 헌데 시속 140킬로미터로 달리고 있으면 머리에 커다란 구멍이 뚫리는 기분이야. 잡념들이 바람에 날아가버려. 아주 상쾌하지. 난 그걸 즐기는 거야. 너도 왔으니 오늘 저녁엔 내 주특기인 치킨국수를 해주지, 기대하라구."

퇴근할 부인과 두 딸을 위해 밀가루 반죽을 해서 면을 뽑은 다음, 닭고기를 잘게 찢어 국수를 만들었는데 정말 북미의 남자들은 집안일을 열심히 하는 것 같다.

"한국에선 절대 안 이래요. 가만히 앉아서 물 가져와라, 밥 가져와라 시켜먹고 모든 집안일을 부인이 도맡아하죠."

"그래? 나도 한국에서 살면 안 될까? 하하하!"

식사를 한 뒤엔 대학생인 큰딸이 친구들과 함께 시내구경을 시켜주었다. 캐나다는 밤이 되면 썰렁한지라 시내에 사람이 별로 없었는데, 그나마 북적이는 곳을 찾아 여기저기 옮겨 다녔다. 한 친구는 자기가 스포츠투어 회사에 일하고 있다며, 몬트리올에서 열리는 하키경기티켓을 선물로 주었다. 팀을 나눠 포켓볼 내기를 했는데, 이날따라 신이 들렸는지 내가 엄청난 실력을 발휘해 이겨버렸다.

"앗싸아!! 하이파이브!!"

술이 좀 들어가자 나랑 팀을 먹은 여자애가 자기 자취방에 가서 좀더 얘기를 하자고 했는데, 입장이 입장인지라 거절하고 말았다. 둘만 쏙 빠지면 나머지 친구들과 집에서 기다리는 고든 부부가 날 이상하게 생각할 것 아닌가. 속이 얼마나 쓰리던지.^^

계속 이동을 하다 보니 현지 여자와 사귀는 게 거의 불가능한 것 같다. 최소한 한 달은 머물러야 제대로 만나볼 수 있을 것 같은데, 암튼 오늘 정말 속상하다.

미안해, 제이미. 나중에 다시 만나게 되면, 한국남자의 힘(?)을 꼭 보여줄게.^^

Episode 33
# 캐나다의 단풍 수페리어 호수 Superior Lake

위니펙을 떠난 뒤 다시 지루한 라이딩이 계속되어 상념에 빠져들었다.
나는 모른다.
..오늘이 무슨 요일인지, 날짜가 며칠인지, 지금이 몇 시인지.
..어디서 자게 될지, 누굴 만나게 될지.
..무엇을 보게 될지, 혹시 사고가 나는 건 아닌지.
..마지막으로 샤워를 해본 게, 아니 발을 닦은 게 언제인지.
..남미일주 후 아프리카로 갈 건지, 유럽으로 갈 것인지.
..그리고 내가 꿈에 그리던 샬랄라 공주를 만날 수 있을 것인지를.

하지만 나는 안다.
..내가 지금 달리고 있는 방향이 남동쪽이라는 것을.
..현재 연료로 150킬로미터를 더 갈 수 있다는 것을.
..가방엔 스파게티를 한 번 더 먹을 수 있는 재료가 있다는 것을. 하지만 토마토소스가 모자라다는 것을.
..날씨가 점점 추워지고 있다는 것을. 앞의 저 차는 벌써 두 시간째 내 앞에서 달리고 있다는 것을.
그리고

이 여행이 언젠간 끝날 거라는 것을.
50년 뒤엔 내가 이 세상에 존재하지 않을 거라는 것을. 그게 더 짧아질 확률이 많다는 것을.
하지만
**바로 지금이 내 인생 최고의 순간이라는 것을.**
나는 알 수가 있는 것이다.

# Episode 34
## 눈물의 캔맥주  나이아가라 폭포 Naigara Fall  토론토 Toronto

캐나다 최대도시 토론토에 가까워지자 도로가 6차선으로 바뀌며 차들이 넘쳐 나기 시작했다. 두 달 동안 알래스카와 캐나다북부에서 보냈더니, 서울의 강변도로를 능가하는 엄청난 교통량에 적응이 안 될 정도였고.

토론토에 도착한 뒤 두 시간을 더 달려 '나이아가라 폭포'에 도착했다. 세계 3대 폭포 중 하나이자 캐나다를 여행한다면 반드시 가봐야 할 곳.

"세상에, 이렇게 규모가 엄청날 줄이야."

꿈인지 생시지, 두 눈을 의심할 정도의 스케일에 한동안 넋을 잃고 말았다.

"그래, 바로 이거야 이거. 내가 그토록 보고 싶어하던 바로 그것!"

너무 맘에 들어 근처에 모텔을 잡고 여유 있게 구경하기로 했다.

가장 저렴한 방을 구하기 위해 두 시간이 넘게 헤매고 다녔는데,

"아저씨, 여기 하룻밤에 얼마예요?"

"50달러요, 근데 어디서 왔어요? 오토바이로 여행하나봐요?"

"아, 한국에서 왔는데 세계일주 중이에요. 아저씨도 캐나다사람은 아닌 것 같은데."

"파키스탄이 고향이죠. 당신도 우리나라에 꼭 가봐야 돼요. 대신 모텔비를 깎아줄게요."

이틀에 70불을 내고 묵을 수 있었다. 역시 이놈의 인기는 식을 줄을 모르는군.

크큭.

　실컷 잔 뒤 유람선을 타고 폭포 밑에서 물보라를 맞았는데 정말 상쾌했다. 하지만 밤이 되니 다시 외로움이 밀려왔다.

　"젠장, 다들 커플로 다니는데 난 이게 뭐람. 아무리 풍경이 좋으면 뭐하나, 같이 좋아라할 사람도 없는걸. 에라, 기분도 꿀꿀한데 오늘 먹고 죽는 거야."

　폭포가 뿜어내는 안개에 온몸이 흠뻑 젖을 때까지 맥주를 들이켰는데, 술에 취하니 기분이 더 안 좋아졌다. 더 있으면 눈물이 날 것 같아 헬멧을 벗어제끼고 밤거리를 달렸다.

　"커어. 시원하다. 외롭긴 뭐가 외로워, 이렇게 신나는데. 오빠, 땡겨… 오빠, 달려!!"

다음날, 몸살이 걸려 종일 앓아누웠다.

토론토에 올라와 시내구경을 했는데, 이런 썰렁한 도시보단 중동이나 몽골같이 완전히 새로운 곳에 가고 싶다. 대학이 많아서일까? 오랜만에 길가의 아리따운 언니들을 감상하다 그만 시동을 두 번이나 꺼트렸다. 워메, 쪽팔린 거. 완전히 촌놈 다 됐군.^^

어느덧 해는 저물고, BMW오너북을 몇 번 시도해봤지만 번번이 실패했다.
"참나 재워줄 테니 돈을 내라고 하질 않나, 역시 대도시는 어쩔 수 없군."

하지만 다리 밑에 텐트 칠 만한 곳을 미리 봐뒀기 때문에 별 걱정은 안했다.
"이 번호만 눌러보고 안 되면 포기해야지. 앗싸아! 얼른 오란다."

릭의 집에 밤늦게 도착했는데, 바이크에서 내려보니 알루미늄 가방 위에 묶어 놨던 한쪽 부츠가 안 보인다. 이런, 된장. 어제 나이아가라에서 흠뻑 젖어서 말리느라고 그랬는데. 반가운 맘에 서두르다가 대충 묶었더니 날아갔나 보다. 이거 방값 아끼려다 30만 원짜리 부츠만 잃어버렸네, 왜 이렇게 칠칠맞은지, 원…….

옆에서 보고 있던 릭, "세환, 너 발사이즈가 몇이니?", "275인데, 왜요?", "그래? 나하고 똑같네? 쫌만 기다려 봐." 뭔 일인가 하고 보니, 자신의 새 부츠를 내주는 게 아닌가!

"나보단 너에게 더 필요한 것 같구나. 가만있자, 너 오른쪽 거울에 금이 가 있네?", "아, 사고 났을 때 깨졌나봐요", "그랬구나, 내 바이크 거울을 떼줄 테니 껴봐라. 아이고, 딱 맞네. 다행이다." 마지막으로 뒷브레이크등을 **LED**로 교체해주며 카운터펀치를 날린다. 브레이크를 밟을 때마다 **LED**가 반짝반짝 빛나기 때문에 훨씬 안전한 것이다.

나 오늘 릭의 친절함에 완전히 **KO**됐다. 아, 정말 운수 좋은 날이다!

 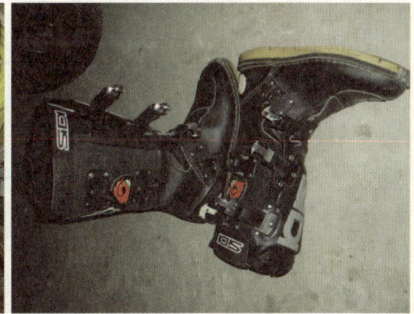

Episode 35

# 천섬을 지나 천사들을 만나다 오타와 Ottawa

    라이딩이 지루해질 무렵 갑자기 천섬(1000 island) 안내표지판이 보였다. 아, 여기가 거기였어? 아름답기로 명성이 자자한 천섬을 보고 싶었지만 어딘지 몰라서 포기했었는데.
    지도를 자세히 살펴보니 천섬 일주도로를 따라 오타와로 올라갈 수 있었다.
    도로에서 보이는 수많은 섬 위에 아름다운 별장과 성이 있었다.
    "아니, 저 많은 섬 위에 사람들이 실제로 살고 있는 건가요?"
    "그런 사람들도 있지만, 대부분 휴가철에 임대를 해서 살고 있지요."
    이야, 저런 데 살면 어떤 기분일까? 정말 사는 방식도 여러 가지로군.^^

구경하느라 밤늦게 오타와에 도착했지만, 쨔잔!! 토론토의 릭이 준 전화번호가 있지롱~!

릭의 친구 데일이 오타와에 살고 있거든. 헌데, 아무리 전화를 해도 받질 않는다. 릭의 핸드폰으로 다시 전화를 했는데, 어라? 이 아저씨도 무응답? 뭐야 이거, 믿는 도끼에 발등 찍힌 거야, 그런 거야.

나의 마법책, BMW오너북을 꺼내들었다. 전화를 끊고 있는데, 허름한 옷차림의 사내가 다가오더니 알 수 없는 말을 지껄이며 구걸을 한다.

"아저씨, 술 먹었수? 왜 그래요? 미안하지만, 나 돈 없어요."

"마약을 했나보네요, 일단 자리를 피합시다. 위험할 수 있으니."

옆을 돌아보니 점잖은 아저씨가 손을 잡아끈다. 미국 워싱턴에서 여자친구를 만나러 왔다며 얘기를 나누었는데, 전화를 받고 마이크가 마중 나왔다. "둘이 인사하세요, 이쪽은 마이클이에요. 마이클, 이분은 절 데리러 오신 마이크예요." 모두 오늘 처음 보는 사람이지만, 세계일주라는 특별한 인연으로 만나서 그런지 전혀 서먹하지 않았다.

"자, 난 이만 갈 테니 나중에 워싱턴에 놀러 오면 꼭 연락 하라구, 안전운전!" 마이클을 떠나 보낸 뒤, 마이크의 집으로 향했다.

4명의 고양이와 함께 혼자 살고 있었는데, 54년 동안 단 한 번도 결혼해본 적이 없단다.

"아니, 독신주의세요? 왜 이 넓은 아파트에서 혼자 사시는 거예요?"

"독신주의는 아닌데, 난 더이상 여자를 믿지 못하겠어. 12년 전에 한 여자를 만나 뜨겁게 사랑했고 결혼까지 약속했거든? 근데 결혼하기 두 달 전에 갑자기 연락이 끊긴 거야. 알고 보니 직장동료와 눈이 맞아 여행을 갔더라구. 그때 받은 배신감과 상처 때문에 아직도 여자를 만나기가 쉽질 않아."

히팅재킷 코드도 수리해주시고 중국식당에서 뷔페도 사주셨는데, 다음날 릭의 친구인 데일과 연락이 되어 이 집에 바래다주셨다. "데일, 인사하세요. 이분은 절 도와준 마이크예요. 마이크, 이분은 릭의 친구인 데일이에요." 졸지에 마당발이 돼버린 기분이다. 큭큭!

여자친구와 아파트에서 동거중이었는데, 데일은 오토바이 여행에 정말 관심이 많았다. 밤새도록 나에게 이것저것 물어봤는데, 자신의 오토바이 탱크백과 방수가방을 선물로 주었다.

"나도 언젠간 장거리 여행을 떠나고 싶어. 세계일주는 힘들더라도 알래스카까진 꼭 가볼 거야.", "그래요, 데일. 나중에 제가 도와줄 일 있으면 꼭 연락하시구요, 알래스카에 가면 CJ를 만나보세요. 제 이름을 대면 반가워할 거예요."

다음날, 점심을 사준 뒤 몬트리올로 향하는 고속도로 입구까지 오토바이로 바래다주었다.

난 이제부터 이들을 하늘이 보내주신 '천사'라고 부르련다. 근데, 데일이 몇 번째 천사지?^^

Episode 36

# 아파트 한 채를 선물 받다!! 몬트리올 Montreal

오타와에서 국회의사당 구경을 하고 떠난지라, 몬트리올엔 밤늦게 도착했다.
"뭐야, 이거 도로표지판이 모두 불어로 돼 있네?" 이곳은 퀘벡 주에 속해서 프랑스어를 쓰는 것이다. BMW오너북을 시도해봤지만, 추수감사절이라 다들 휴가를 가고 없는 듯했다.

"할 수 없지, 오늘은 유스호스텔에서 자야지."

그러나 힘들게 찾아간 관광안내소는 문을 닫아버렸고, 추위에 떨면서 라이딩을 했더니 몸 상태가 심상치 않았다.

'이거 감기라도 걸리면 큰일인데. 아, 따끈한 물에 몸 한번 담가봤으면 원이 없겠다!'

에라 모르겠다, 일단 먹고 보자. 바이크를 세운 뒤 식당을 향해 걸어가고 있는데, 누가 문 앞에 BMW오토바이를 세워놓은 게 보였다. 앗싸아, 심봤다! 이 아저씨를 붙잡고 물어봐야지.

"아저씨, 가까운 유스호스텔이 어딘가요?"

"글쎄, 유스호스텔은 잘 모르겠고, 외곽으로 나가면 50불짜리 모텔이 있긴 한데……."

"그래요? 하지만 저한텐 너무 비싸네요. 할 수 없죠 뭐, 텐트 칠 데를 찾아볼 수밖에."

"근데 어디서 왔수?"

"한국이요."

"엥? 한국이라고?"

갑자기 눈이 똥그래지더니, 내가 세계일주 중이란 걸 드디어 알아챘다.

"와, 너 대단한 놈이구나! 흠, 어디보자. 아! 내가 소유한 아파트건물에 빈 집이 있는데, 거기서 지내면 되겠다. 어서 올라타, 바래다줄 테니."

신나서 따라가보니, 30평짜리 아파트 한 채를 아예 줘버린다. 물론 열쇠도 함께.

"얼마든지 있다 가라구. 대신 난 바빠서 다시 못 볼 거 같으니까, 떠날 땐 문을 잠궈놓고 열쇠를 바닥에 밀어넣고 가. 뭔 일 있으면 연락하구."

오, 신이시여. 역시 저를 보고 계셨군요! 이렇게 또 천사를 보내주시다니. 바라던 대로 따끈한 물에 몸을 녹이며 푹 쉰 뒤, 다음날 그 유명한 몬트리올의 밤거리로 향했다. 왜냐면, 모든 남자들이 "캐나다에서 쇼걸을 보려면, 몬트리올로 가라!" 했기 때문이다.

시내에 오토바이를 세워놓은 뒤, 멀끔하게 생긴 남자들을 붙잡고 물어봤다.

"여기서 가장 이쁜 언니가 나오는 스트립바가 어디예요?" 잠시 황당한 표정을 짓더니, "글쎄요, 여긴 그런 곳이 워낙 많아서요. 아, 발리에 한번 가보세요. 제가 며칠 전에 갔었는데 괜찮더라구요.", "그래요? 오케이바리!"

입구에 들어서자, 오-마이-갓뜨…! 무대 위에선 빤따스틱한 언니들이 춤을 추고 있고, 남자들이 앉아 있는 소파 위론 언니들이 옷을 벗은 채 훌러덩 댄스를 추고 있었다.

"우와. 분위기 죽이는걸? 이거 라스베이거스 뺨치는군!"

도대체, 우리나라엔 왜 이런 곳이 없을까? 그것이 알고 싶다.^^

혹시 이거 엄청 비싼데 아냐? 웨이터를 불러 물어보니, 맥주 한 병이 8불, 댄스 한 번에 8불이란다.

"뭐야, 한 번 춤추는 비용이 맥주 한 병하고 똑같네? 어쩜, 이렇게 저렴할 수가!"

난 이날 밤 무려 5명의 언니들과 훌러덩 댄스를 즐겼다. 머리카락을 쓸어올린 채 게슴츠레한 눈빛으로 날 내려다보며 미소짓던 그녀. 정말 너무너무 아름다웠는데, 지금까지 봤던 여자 중에 최고였다. 눈빛만으로 남자를 흥분시킬 수 있다니. 아, 아직도 눈이 아른거린다! *.*;;

낮엔 오타와에서 국회의사당을 보고, 밤엔 몬트리올에서 스트립댄스라. 캬아…! 내 인생이 어쩌다 이렇게 재밌게 되었지? ㅋㅋ

Episode 37

# 퀘벡을 찍고 겨울바다를 한 바퀴
퀘벡 Quebec  가스페시 반도 Gaspesie peninsula

 유명한 관광지인 퀘벡에 도착했지만, 늦게 오는 바람에 관광안내소가 닫아 유스호스텔을 찾지 못했다. 이런, 실수를 또 하다니! 이런 곳은 미리 숙소를 알아보고 와야 하는 건데. 일단 돌아다녀보자. 거리엔 기념품가게로 가득했고, 유서 깊은 호텔들은 일본 단체관광객이 점령하고 있었다.

뭐야, 이거. 이런 건 유럽에 가면 실컷 볼 거 아닌가. 날씨는 춥고, 잘 데는 없고. 에라, 퀘벡은 이걸로 끝낸다. 오빠 땡겨! 결국, 도심을 벗어나 새벽 1시가 돼서야 길가에 텐트를 칠 수 있었다.

가스페시(Gaspesie) 반도의 해안도로를 따라 이틀 밤을 야영하며 달렸는데, 예쁜 마을을 관통하며 굽이굽이 도로가 나 있었다. 600킬로미터를 달렸는데, 가면 갈수록 똑같은 풍경의 연속이라 막판엔 지겹기까지 했다. 딱 보아하니 은퇴한 노인들이 주로 살고 있는 듯했고. 하지만 건물들은 하나같이 아름다웠는데 해변엔 나무계단으로 산책로를 만들어놔서 그림 같은 풍경을 연출했다. 갑자기 동해바다가 생각났다. 네온사인으로 도배한 횟집과 식당들, 시멘트로 처바른 모텔들, 지저분한 바닷가 그리고 철조망.

우리나라도 예쁘게 꾸며놓으면 참 볼 만한 곳이 많은데, 먹고 살기 바빠서 그런지 전 국토가 식당과 모텔 천지다. 심지어는 설악산에 올라가도 식당 아줌마들이 호객행위를 하지 않던가. 술 먹기 바쁜 음주가무 문화도 문제지만, 좁은 나라에 모여 사느라 스트레스를 많이 받는다는 얘기니 참 안타까운 일이다.

Episode 38

# 이름은 들어봤나? 빨강머리 강

프린스 에드워드 아일랜드 (P.E.I.)

프린스 에드워드 아일랜드.
    어릴 적 즐겨봤던 만화 〈빨강머리 앤〉의 무대인 곳이다. 제주도보다 작은 섬인데 엄청나게 긴 다리가 섬을 연결하고 있었다. 다리 위를 올라가니 오토바이가 휘청거릴 정도로 바람이 불었는데, 심한 경우엔 대형 트럭이 옆으로 밀릴 정도라고 한다.

갑자기 비가 억수로 내리기 시작한다. 날도 어두워져서 어디 버려진 집 없나 하고 두 시간을 해맸는데, 결국 포기하고 공원주차장 옆에 간신히 텐트를 칠 수 있었다.

어찌나 비바람이 심하던지, 더더더덕(비가 텐트 때리는 소리), 플러러럭(바람에 텐트 휘날리는 소리), 쉬이이~ 슈우우~(숲속에서 나는 바람소리)로 잠을 제대로 잘 수 없었다.

계속 비가 내려서 텐트 안에서 지내야 했는데, 구경도 제대로 못하고 이럴 땐 여행이 아니라 고생이다 고생…….

Episode 39

# 비 내리는 겨울밤, 연료는 바닥나고

뉴펀들랜드섬 Newfundland

캐나다 동쪽 끝에 위치한 뉴펀들랜드섬에 가기 위해선 페리를 타야 한다. 야간페리를 탄 뒤 새벽에 도착하니 여기도 비가 내리고 있었다. 알다시피, 비는 오토바이의 공공의 적이다. 근데 비 오는 건 그렇다 치고 릭이 준 부츠가 방수가 안 된다. 날씨도 추운데 발까지 젖어버리니 더이상 전진할 수 없었다. 텐트를 치고 몸을 녹이며 비가 그치길 기다렸는데, 다음날도 비가 계속 내린다. "어떻게 한다? 섬의 동쪽 끝이자 북미대륙 동쪽 끝인 세인트존스까진 못 가더라도, 그 중간 정도는 다녀오려고 했는데……."

원래 계획은 세인트존스까지 간 뒤 페리를 타고 섬을 떠나는 것이었는데, 관광시즌이 끝나서 한 달 전에 이미 배가 끊겼다고 한다.

"할 수 없지, 마냥 기다린다고 비가 그치는 것도 아니고, 이러다 몸살 나겠다. 이건, 세계일주야. 모든 것을 다 볼 수는 없잖아? 그만 돌아가자."

밤 12시에 떠나는 페리를 타기 위해, 비바람과 어둠을 뚫고 340킬로미터를 달려 항구로 돌아올 무렵 이번엔 연료가 완전히 바닥났다. 고지가 저긴데…….

"바리야, 조금만 버텨주렴. 여기서 멈추면 페리 출발시간 10분을 남기고 못 타게 된단다. 그럼 완전히 젓되는 거야!"

연료를 조금이라도 아껴보려고 땡기고 클러치 잡고를 반복하며 천천히 가자니 속이 타들어 갔다.

"어휴. 이러다 페리 놓치겠다. 오 제발, 플리즈……."

항구 도착 10킬로미터 전방, 드디어 주유소가 보인다. "휴, 살았다!" 얼른 연료를 넣었는데 정확히 1달러 10센트가 들어간 뒤 주유기의 작동이 멈춘다. "뭐야, 이거. 안 그래도 바빠 죽겠구만."

옆에 있는 주유기로 옮겨보니 이건 아예 먹통이다. "이상하다, 왜 이렇지?" 종업원한테 따지려고 가게문을 열어보니 문이 잠겨 있다. 불만 켜졌을 뿐, 이미 영업은 끝난 것이다.

순간 온몸에 소름이 쫘─악 돋았다. 생각해보라, 문 닫은 주유소가 날 위해 정확히 1리터의 기름을 쏟아낸 것이다. 그것도 공짜로! "신이시여, 당신은 역시 절 지켜보고 계셨군요!"

정말이지, 너무나 신기한 생각이 들었는데, 결국 무사히 페리를 탄 뒤 뜨거운 샤워로 몸을 녹이고 침대칸에서 푹 잘 수 있었다.

Episode 40

# 목수 라이더 케이스　노바 스코티아 Nova scotia

　　미쉘린 북미지도를 보면 '시닉(Scenic) 로드'라고 해서 경치가 죽이는 길이 녹색 점선으로 표시되어 있는데, 지금까지 날 한 번도 실망시킨 적이 없었다. 노바 스코티아 북쪽 반도를 뱅 도는 이곳도 시닉로드로 표시되어 있어 한번 가보기로 했다. 뉴펀들랜드섬 구경을 제대로 못했으니 여기라도 보고 가야겠다 하는 심정으로.

그런데 나중에 알고보니 이 길이 북미 10대 뷰티풀 도로 중 한 곳이란다. 구경하느라 300킬로미터를 도는 데 하루 종일 걸렸고, 결국 밤 9시가 되어 케이스 집으로 돌아왔다.

케이스가 누구냐고? 페리를 타기 전날 밤 신세를 졌는데, 오는 길에 들르라고 해서 다시 온 것이다. 원래는 그의 친구를 BMW오너북에서 찾아냈으나, 집을 수리중이라고 해서 친구를 소개시켜줬는데 그게 케이스였다.

"아이고, 고생했네. 근데, 부츠랑 바지가 다 젖어 있네. 방수가 안 되나봐?"

"글쎄 말이에요. 얘네들 땜에 추워서 죽는 줄 알았어요."

지하실에 밤새도록 장작불을 피워 부츠를 말려줬다. 30년간 목수로 일해서 그런지 100평이 넘는 목조주택을 직접 설계해서 만들었다고 한다. 자식도 없다는데 둘이 살기엔 집이 너무 커서 황량해 보이기까지 한다.

다음날 아침,

"이제, 몇 주 있으면 눈이 오기 시작하니까 빨리 내려가는 게 좋을 거야. 자, 보이지? 부츠 위에 밍크오일을 이렇게 발라두면 방수효과가 뛰어나지. 그리고 이건 내가 입던 건데 한번 입어봐."

자신의 우비 하의를 선물로 주었는데, 오일이 잘 발라진 부츠가 반짝반짝 거렸다.

"정말 고마워요, 케이스. 이 은혜 잊지 않을게요."

"내가 BMW오너북에 등록된 지가 벌써 15년째야. 하지만 내가 집으로 초대한 건 네가 처음이었어. 나도 아무한테나 이러는 거 아니니까 부담 갖지 말고(?) 끝까지 잘해보라구. 넌 우리 라이더의 꿈이야, 그걸 알아야 돼!!"

Episode 41
# 아니, 이게 누구야. CJ! 뉴브런즈윅 New Brunswick

　케이스의 집을 떠나 미국 국경을 향해 2시간쯤 달렸을까? 기름을 넣으려고 주유소에 들어가는데 백미러에 어디서 많이 보던 바이크가 보인다. 설마, 저건? 혹시나 하고 바이크를 세우고 돌아보니 CJ가 웃고 있는 게 아닌가!

　세상에 이럴 수가! 한 달 반 전 알래스카 톡에 있는 그의 집을 떠났었는데, 이렇게 길에서 다시 만나게 될 줄이야. 와, 정말 희한한 일이 아닐 수 없었다. 톡에서 여기까지 정확히 만 킬로미터가 걸렸다.

　"CJ!! 아니 여기서 뭐하고 있는 거예요? 지금 알래스카에 있어야 되는 거 아니에요?"

　"실은 네가 떠나고 나니 슬슬 여행이 가고 싶어지지 뭐야. 그래서 썰매개를 모두 조르그한테 줘버리고 이렇게 길을 나섰지."

　"근데 지금 어디서 오는 길이에요?"

　"캐나다를 횡단해서 내려왔는데, 네가 뉴펀들랜드에 간다는 걸 블로그에서 보고 섬을 돌면서 한참 찾았는데 없더라구. 그래서 새로 사귄 여자친구를 만나러 가는 길이었어."

달리다 내 노랑 오토바이를 보곤 깜짝 놀랐단다. 정말 우린 특별한 인연인가 보다. 전생에 부부였을까? 크크.

"아니, 새 여자친구라구요? 그때 같이 있던 여자는 어쩌구요?"

"응, 앨리는 알래스카에서 직장을 구했는데 한 달간 일하다 다시 여행을 떠났어. 바람 같은 여자야.", "그러면 지금 말하는 여자친구는 누구?", "너 뉴펀들랜드섬의 동쪽 끝에 있는 세인트존스까지 갔니?", "아뇨, 비가 와서 포기했어요.", "난 거기서 3일간 머물렀는데, 와, 마을이 완전 꽃밭인 거야. 뉴펀들랜드는 남자보다 여자 수가 많은 거 알고 있니? 어찌나 여자들이 친절하던지 너무 뷰리풀 하더라구. 암튼, 매일 바에 들러 맥주를 마셨는데 거기서 2명의 여자를 만났지. 지금 보러 가는 게 그중 한 명이야. 섬에 휴가를 왔나봐. 함께 가보자, 너도 반가워할 거야."

쓰벌, 지금 누구 약올리나? 그런 줄 알았으면 폭풍우를 뚫고 890킬로미터를 달려갔지 이 사람아. 암튼 함께 CJ의 여자친구를 만나러 달리기 시작했다. 도중에 BMW딜러에 들러 엔진오일을 사고 나왔는데 웬 아저씨가 어디 가는 길이냐며 질문을 퍼붓는다. CJ와 한참을 얘기하더니, 허리케인이 올라오고 있으니 비가 그칠 때까지 자기 소유의 해변별장에서 머물라고 한다.

"우린, 따로 갈 데가 있는데……." 하루빨리 여자친구를 보고 싶어서 망설이는 CJ. "도움을 마다하면 안 되지 CJ, 허리케인이 온다잖어. 그리고 공-짜 잖어! 쉬었다 가자구!"

따라가 보니, 세상에 집 3채로 이뤄진, 그것도 코앞에 바다가 보이는 별장을 줘버린다. 우리나라로 따지면 펜션 3채를 통째로 준 것이다. 안 그래도 하루 종일 비 맞고 오느라 지쳤는데 이게 또 웬 떡이냐. 정확히 3시간 뒤부터 엄청난 비가 퍼붓기 시작했고, CJ와 함께 3일간 잠수모드에 들어갔다.

정말 날마다 행운의 연속이군. 오늘은 잊지 못할 우연까지. 앗싸 가오리!!

Episode 43
# 세상의 중심에 서다 뉴욕 New york

단의 집을 떠난 뒤 뉴욕으로 향했는데, 이번엔 만날 사람이 세 명이나 있었다.

블로그에서 내 여행을 관심 있게 지켜보던 이상범 님 댁에 먼저 들렀다.

"아이고, 오느라고 수고했어요. 매일 블로그에서 보다가 이렇게 직접 만나게 되니, 꼭 유명인사를 보는 것 같네요.", "하하, 별말씀을 다 하시네요. 초대해주셔서 정말 감사합니다. 복잡한 뉴욕에선 도대체 어디서 숙소를 해결해야 하나 하고 걱정을 많이 했거든요."

고등학교 때 부모님을 따라 이민 와 지금은 뉴욕에 번듯한 직장을 잡고 있었는데, 슈퍼바이크 듀가티를 몰고 다니는 열혈 라이더였다. 듀가티, 영화 〈매트릭스〉에서 주인공이 몰고 다녔던 바로 그 바이크다. 이분이 차를 몰고 911테러 현장을 구경시켜주셨는데,

지금은 쌍둥이빌딩이 무너진 자리에 공사가 한창이었다. "전 그때 외국에 있었는데 엄청 놀라기도 하고 화가 나더군요. 테러 이후 뉴욕에선 소방관의 위상이 하늘을 찔러요. 어쩔 땐 보기에 아니꼬울 정도죠."

다음날 일어나보니, 상범 님은 벌써 출근하고 없었다. 냉장고에서 김치를 꺼내 대충 챙겨 먹은 뒤 시내버스를 타고 뉴욕시내로 향했다. 주차할 곳도 없고 차가 막히기 때문에 오토바이로 돌아보는 건 무리라는 충고를 했기 때문이다. 낮에는 이렇게 홀로 여기저기 쏘다니다가, 저녁엔 퇴근하는 상범 씨를 만나 함께 집으로 돌아왔는데 일주일간 이런 식으로 지냈다.

"세환 씨, 제 여자친구가 한인 라디오방송 아나운서거든요? 내일 라디오 인터뷰를 하기로 했어요. 그리고 여기 한인신문에도 실린다고 했으니까 신문 한번 사보세요. 제 것도 한 부 사주시구요."

덕분에 뉴욕에서 방송을 타게 됐는데, 태어나서 이런 일은 처음이었다.

마침 핼러윈데이라 시내에서 퍼레이드 구경을 할 수 있었는데, 몬트리올에서 연락처를 받았던 미국인이 생각났다. 내일 연락해 봐야지.

"헤이! 뉴욕에 온 걸 축하해. 이따 6시에 퇴근하니까 회사 앞으로 오라구!"

전화를 하니 반갑게 맞아주었다. 와인을 한 병 산 뒤 여자친구의 아파트에 함께 갔는데, 뉴욕의 야경이 한눈에 보이는 멋진 전망을 볼 수 있었다. 잠시 후 그의 동생도 놀러와 함께 얘기를 나눴는데, 그 동안 있었던 얘기를 듣더니 모두들 놀라워한다. "배고픈데 나가자구. 내가 뉴욕에서 가장 맛있는 피자를 사주지." 덕분에 그 유명한 뉴욕피자를 제대로 맛볼 수 있었다.

"재워주지 못해서 정말 미안해, 내일부터 출장이거든. 자, 받어. 이건 여행경비에 보태고." 내 손에 100달러를 꼭 쥐어준 뒤 활짝 웃으며 작별인사를 한다.

"정말, 고마워요. 둘이 결혼해서 행복하길 바랄게요!"

집으로 돌아오는 버스 안에서 많은 생각이 들었다. 내가 과연 이들의 도움을 받을 만한 자격이 있는 놈일까? 난 단지 오토바이를 타고 여행할 뿐인데, 왜 이렇게나 날 도와주는 걸까?

# Episode 42
# 착한 아빠, 단 버윅 Berwick

    CJ와 헤어진 뒤 미국 국경을 통과해 미국 10대 인기공원인 아카디아 국립공원을 돌아봤다. 그리고 공중전화 수화기를 들었다.
    "여보세요?"
    "단? 저 기억하세요? 세계일주하는 한국인 세환이에요. 4달 전에 글레이셔 국립공원에서 만났었는데, 연락처를 남겨주셨잖아요. 먹여주고 재워줄 테니 꼭 오라고."
    "아, 세환! 안그래도 언제 오나 기다리고 있었어. 거기 어디야, 내가 지금 갈게."
    단 한 번 마주쳤을 뿐인데 이렇게 반가울 수 있을까? 서로 헤어진 친구를 만나는 기분이었다.
    "집에 다 큰 애들이 셋이나 있네요? 근데 부인은 나가셨나봐요?"
    "응, 실은 15년 전에 이혼해서 나 혼자 키우고 있어."
    "아, 정말요? 저도 태어나자마자 부모님이 이혼하셨어요. 그래서 전 생모의 얼굴도 몰라요. 단처럼 우리 아버지도 절 혼자 키우셨죠."
    더이상 말하지 않아도 서로 끈끈한 공감대가 형성됐다.
    추위에 떠는 모습을 보더니 야영용품점에 데리고 가, 두꺼운 겨울양말과 신발용 히팅패드를 사주었다. 바이크 스위치에 문제가 있다고 하자, 근처 BMW딜러에 전화를 한 뒤 가보자고 한다.
    다음날 오후, BMW딜러에 도착했는데 주차장에 낯익은 바이크가 한 대 서 있었다.

"아니, 저건 CJ의 오토바이 아냐? 오, 이럴 수가! 여기서 또 만나다니!"

잠시 후, CJ가 커다란 봉투를 들고 나온다.

"CJ! 아니 여기선 또 뭐하고 있는 거예요? 우리 너무 자주 보는 거 아니에요?"

"세환! 넌 여기 웬일이냐?"

이번엔 CJ도 엄청 놀란 눈치였다. 알고보니, 오토바이 부품을 사려고 5시간을 달려서 왔단다.

"단, 인사해요. 이분이 그 유명한 CJ에요. CJ, 이분은 단인데 제가 요즘 신세지고 있는 분이에요."

알고보니 두 사람은 동갑내기였다. 금방 친해졌는데, CJ도 초대해줘서 3명이 함께 단의 집으로 가기로 했다.

행운은 여기서 그치지 않았는데, BMW딜러의 주인장이 내가 세계일주를 한다는 걸 알고는 뒤타이어와 체인 그리고 스프라켓을 무상으로 교환해주었다. 또한 350달러가 나온 스위치 수리비용 중 절반을 단이 부담해주었.

혼자서 아들 3명을 키우는 어려운 살림에도 불구하고 이렇게 많은 도움을 주다니…….

복 받으실 거예요, 단. 당신은 정말 멋진 아빠로군요!

"형님! 뉴욕에 오셨다면서요? 도대체 절 언제 보실 거예요? 자꾸 그러면 저 화 낼 겁니다."

그랜드캐니언에서 헬멧에 먹거리를 남겨두었던 친구, 정세주. 이번엔 그를 만나러 갈 차례다.

유학중이라, 교외의 가정집에서 방 한 칸을 빌려 자취하고 있었다.

"세주야, 정말 반갑다. 잘 지냈어? 그때 남겨둔 바나나랑 통조림이랑 너무 잘 먹었어, 임마.", "에이, 뭐 그런 걸 갖고 그러세요? 여기까지 오셨으니 오늘 제가 확실하게 대접해드리겠습니다."

한인촌 식당에 데려가더니 불고기를 시켰는데, 이건 완전 제대로다. 와, 이게 얼마 만에 먹어보는 한국음식이란 말인가! 열심히 고기를 뒤집고 있는데, "안녕하세요, 세환님! 저 그 동안 블로그에 답글 달았던 '마녀'예요." 고개를 들어보니, 세주가 연락해서 오라고 한 것 같았다. "아이구, 잘 오셨어요! 어제 절 만나기로 했다가 못 봐서 속상하셨다면서요?", "그럼요, 세환씨 온다고 해서 목 빠지게 기다렸다구요. 몸은 괜찮으시죠?"

함께 즐거운 시간을 보낸 뒤, 세주를 따라 뉴욕 시내로 향했다.

"인사해라, 이분이 내가 말했던 형님이야. 오토바이로 세계일주 한다던…….", "안녕하세요. 세주한테 말씀 많이 들었어요. 정말, 멋져요. 오빠!" 세주 친구인 한국 유학생들이었다.

"짜식, 여자한테도 인기 많구나? 너처럼 에너지가 넘치는 녀석이 왜 아직 여자친구가 없냐?"

"실은, 미국에 오기 전 아버지가 폐암으로 돌아가셨어요. 암센터원장이셨는데도 말이예요. 저희 집안이 암환자가 많거든요. 특히 남자들이 말이죠. 저도 언젠간 암에 걸릴 거 아니겠어요? 그러니 여자친구 만날 시간이 어딨어요. 전 하루에 네 시간만 자고 열심히 공부하고 있어요. 한국에 있을 땐 어릴 때부터 엔터테인먼트 사업을 시작했는데 유망한 젊은 벤처기업인으로 선정되어 신문에도 났어요. 열심히 일하고, 열심히 노는 게 제 인생 신조예요. 뉴욕은 공연이 많아서 매일 보다시피 하는데, 한 달에 공연비만 수백만 원을 쓰죠. 하지만 나를 위한 투자라고 생각해요. 영어공부도 열심히 해서 외국친구도 많이 사귀었고요."

녀석의 얘기를 듣고 있으니, 오토바이 세계일주 한다고 으쓱했던 내 모습이 부끄러워졌다. 약관 23살인 세주가 이러고 있는데, 32살인 난 지금 뭘 하고 있는 건가.

"그래, 넌 반드시 성공할 거다. 열심히 살아가는 모습이 정말 보기 좋구나."

여학생들과 함께 한국인 파티에 갔는데 대부분 교포2세들이었다.

옷차림도 꾀죄죄한지라 머쓱해서 앉아 있는데, 웬 아가씨가 아는 체를 한다.

"어머나 혹시 그분 아니세요? 오토바이로 세계일주 하시는?", "네. 맞는데, 누구시죠?", "블로그 잘 보고 있어요. 정말 고생 많으시죠? 한국인의 기상을 널리 알려주세요. 오빠, 땡-겨!"

세주 녀석. 알고 있는 사람한테 내 블로그 주소를 모두 알려줬나 보군. 암튼 기분 정말 좋은걸. 마치 유명인사라도 된 기분이다.

새벽에 세주의 자취방으로 돌아와 뻗어버렸는데 다음날 일어나보니 녀석은 벌써 학교 가고 없었다. 컴퓨터를 켠 뒤 바탕화면에 크게 써놓고 집을 나섰다.

"세 주 야, 정 말 고 맙 다…!"

Episode 44

# 전 테러범이 아니에요! 워싱턴 D.C. Washington D.C.

캐나다 오타와에서 우연히 만나 연락처를 받았던 마이클을 기억하는가? 워싱턴D.C. 바로 옆 켄싱턴에 살고 있었는데, 연락하자 반갑게 맞아주었다. 끊임없이 사람들 신세를 지게 되니, 나도 참 운이 좋은 녀석인 것 같다. 누구 말처럼, 여행신이 강림하셔서 도와주나 보다.

마이클은 제3세계 해방운동을 하고 있었는데 덕분에 모든 살림을 여자친구가 도맡아 하고 있었다. 여친은 워싱턴에서 공무원으로 일하고 있는데, 녀석은 하루 종일 집에서 책만 보는 듯했다. *"짜식, 여자친구 한번 잘 뒀군."*

그 유명한 백악관을 드디어 가보게 되는구나. 911테러 이후 보안이 강화됐다고 들었는데 워싱턴시내에 도착하자 곳곳에 경찰차가 깔려 있었다. "우와, 미국 와서 이렇게 짭새 많은 건 처음 보네." 주차된 차들 틈새에 바이크를 몰래 끼워넣은 뒤(?) 백악관을 향해 걸어갔는데, 내 바이크는 호주번호판이라 주차위반딱지를 끊을 수 없다는 얘길 들었기 때문이다. 백악관 정문에 도착해 위치 좋은 곳에 삼각대를 설치하고 있는데, 경찰이 다가와 막는다. "여기에 삼각대를 놓으면 안됩니다. 그냥 카메라 들고 찍으세요." 엥? 누가 총이라도 쏜답니까? 참나, 별걸 가지고 다 시비네. 헌데 경찰의 시비는 여기서 끝나질 않았다.

오토바이를 타고 유명한 건물을 돌면서 구경하고 있는데, 갑자기 두 대의 경찰차가 길을 막았다. "실례합니다. 가방 좀 열어보시겠어요?", "아니 왜요?", "테러

방지 차원에서 검색하는 것이니 양해 바랍니다. 잠시 두 손을 경찰차 위에 대고 돌아서주시기 바랍니다." 3명이서 달려들더니, 바이크 구석구석을 들여다보고 가방에 있는 짐을 모두 꺼낸 뒤 일일이 살펴본다. 무려 두 시간이 걸렸는데, 지나가던 사람들이 테러범이라도 잡은 줄 알고 수군수군 거린다.

"이런, 니기미. 괜히 경찰에 대들었다간 국물도 없겠지? 빨리 끝나길 바라는 수밖에."

"이상 없군요. 실례했습니다. 선생님." 경례를 하고 사라지는 녀석들을 보니 분통이 터졌지만 참아야지 어쩌겠는가. 더이상 구경하는 걸 그만두고 집으로 돌아왔다.

아니나 다를까, 내 얘길 듣더니 마이클이 열을 내며 목소리를 높인다.

"참나, 요즘 미국은 정말 문제야. 부시가 테러를 핑계로 국민들의 권리를 침해하고 있다니까?"

"그건 그렇고, 마이클. 한국에서 전화가 오기로 했는데, 잠깐 방에서 나가줄래?",

"왜? 무슨 안 좋은 일이라도?", "아, 한국 라디오방송에서 인터뷰전화가 오기로 했어."

뉴욕의 이상범 님 여자친구 인맥이 한국의 라디오 피디까지 연결된 것이다.

FM 97.3 〈시사플러스〉의 '전문가에게 듣는다' 라는 프로그램과 인터뷰 했는데, 끝난 뒤 어머니께 전화를 드렸다.

"저예요, 아버지가 지금 라디오 들으셨어요?", "그래, 듣긴 들었는데 도중에 꺼버리시더라. 어디 아픈 곳은 없지?", "예, 전 괜찮아요. 아버진 뭐라고 하세요?", "아무 말씀 없으셔. 화나셨나 보더라."

암투병중인 아버지가 걱정하실까봐 오토바이 타고 다니는 걸 비밀로 했었는데, 오늘 라디오를 들어보시라고 한 것이다. '난 아버지가 좋아하실 줄 알았는데. 괜히 말씀 드렸나?

**암튼, 아버지. 힘내세요!**

Episode 45

# 3일간의 코너링
스카이라인 드라이브 투 블루리지 파크웨이 Skyline drive to Blue ridge parkway

미국 지도에서 워싱턴D.C 남서쪽을 보면 기다란 산맥이 아래로 쭉 뻗어 있는데, 이 능선을 따라서 굽이굽이 도로가 펼쳐져 있다. 약 850킬로미터에 달하는 이 도로를 스카이라인 드라이브 투 블루리지 파크웨이라고 부른다. 캐나다의 목수 라이더 케이스가 알려준 곳인데, 동부에선 최고로 유명한 드라이브 코스다.
3일에 걸쳐서 내려왔는데, 기대가 커서 그런지 생각보단 별로였다. 마치 백두대간 산줄기를 오토바이 타고 달리는 기분이라고 할까? 코너링이 하루 종일 반복되다 보니 막판엔 지겨워 죽는 줄 알았다. 아, 그 동안 너무 좋은 곳을 달렸더니, 이런 곳이 시시하게 느껴지는구나.
이제부턴 고속도로를 따라 쾌속 전진한다!

Episode 46
# 동부의 천사들 이즐리 Easley  찰스턴 Charleston  잭슨빌 Jacksonville

3일간 산속에서 캠핑을 했더니 으슬으슬한 게 감기가 들려고 했다.
BMW 오너북에서 이즐리(Easley)의 달라스를 찾아내 이틀간 신세를 지며 몸조리를 할 수 있었다.
동부액센트를 심하게 쓰셨는데, 처음엔 웽웽거리는 것처럼 들려 알아듣기가 힘들었다. "잘 안 들리지? 미국에서도 동부액센트는 유명하지. 아무리 똑똑한 사람이라도 우리처럼 말하면 무식한 놈 취급 받거든. 크크." 환갑이 한참 넘으셨는데도 오토바이를 즐기셨는데, 젊었을 적부터 공사장에서 노가다로 잔뼈가 굵은 분이었다. 아드님은 바이크 레이싱 선수였다는데 직접 사냥한 사슴고기 훈제한 걸 싸주셨다. "아이고, 이거 너무 맵고 짠 거 아니에요?", "예전부터 인디언들이 즐겨 먹던 거야. 추울 때 먹으면 열량이 높아서 딱이라구."

하이웨이를 따라 남동쪽으로 쾌속전진했는데, 찰스턴(Charleston)에서 2차 세계대전에 출전했던 항공모함과 잠수함을 직접 들어가 볼 수 있었다. BMW오너북에서 존과 연결됐는데, 7년간 핵잠수

함에서 근무한 뒤 치킨호프집을 운영하고 있었다.

덕분에 매콤한 닭다리를 배가 터지도록 먹을 수 있었고.

샤워를 마친 뒤 잠자리에 들려고 하는데, 옆방에서 대화 소리가 들렸다.

"아니, 여보. 갑자기 집으로 데려오면 어떡해요? 방도 지저분해서 치우지도 못했는데."

"그럼 어떡해. 전화 왔는데 그냥 가라고 할 순 없잖아. 하룻밤만 참으라고, 내일 간다니까."

기분이 씁쓸해졌다. 지금까지 이런 적은 한 번도 없었는데. 마지못해 오라고 하는 사람도 있구나. 내일 당장 떠나야겠다.

오토바이로 직접 바래다준 존을 뒤로 하고 플로리다를 향해 열심히 땡겼다. 생각 외로 텐트 칠 만한 곳이 나타나질 않아, 다시 BMW오너북을 뒤적거렸는데 크리스가 반겨주었다.

"갑자기 전화드려서 놀라셨죠? 오늘 하룻밤만 신세지고 내일 바로 떠날게요."

한번 안 좋은 일을 겪고 나니 눈치를 보게 된다. "그런 소리 하지 말고, 얼마든지 있다 가라구.", "그래요, 집에 빈방도 많으니까 푹 쉬었다 가요. 저희도 차를 타고 몇 달씩 여행을 다녀서 세환 씨의 심정을 잘 알죠." 부인의 말을 듣고 나서야 마음이 놓였다.

하지만 남의 집에 신세질 땐 불문율이 있다. 아무리 오래 있다 가라고 해도, 3일을 넘기면 안 되는 것이다. 공짜라고 해서 무턱대고 눌러앉아 있으면, 상대방도 부담을 느끼게 되므로 다음번에 다른 여행자가 연락했을 때 초대하기 싫어지게 되는 것이다.

3일이 서로 기분 좋게 헤어질 수 있는 마지노선이다.

**명심하라. 3일을 넘기면 안 된다는 것을…!**

Episode 47
# 아이 러브 플로리다! 키웨스트 key west  마이애미 Miami  올란도 Orlando

드디어 플—로—리—다에 도착했다. 생각보다 덥고 습도가 높았는데, 미국 북쪽에서 눈이 내리고 있는 모습을 TV로 보니 정말 신기하다. 역시 미국이 크긴 크구나.^^

동해안을 따라 그 유명한 데이토나 비치에 도착했는데, 날씨가 쌀쌀해서 그런지 해변은 물론이고 거리가 무지하게 썰렁했다. "뭐야, 이거. 도대체 비키니는 왜 안 보이는 거야?"

허탈한 기분에 우체국에서 엽서를 부치고 나왔는데, 사이드카가 달린 하레이를 몰고 온 아저씨가 기다리고 있었다. 나를 보더니 활짝 웃으며, "라운드 더 월드! 너 세계일주 하는 거 맞지? 이야, 정말 대단하다!" 가방 밑에 스티커로 적어둔

영어를 본 것이다. 라운드 더 월드(Round the world)는 세계일주를 뜻한다. 역시 적어둔 보람이 있군, 이렇게 안하면 내가 뭘 하고 있는지 아무도 모르잖아?

"오늘밤 잘 데는 있니? 근데 저 오토바이는 BMW F650GS인가? 우와, 평생 보아온 F650 중에 최고로 커 보이는군. 어휴, 저 가방하고 짐들 좀 보라지. 세환, 우리 집에 가자구!" 프랭크의 집은 외관은 허름했지만 수영장이 딸린 저택이었다. 디스코바의 매니저로 일한다고 하는데, 역시 인테리어도 아주 훌륭했다. "프랭크, 저 사람은 누구야?" 식당에서 부인이 나왔는데, 보는 순간 '깜짝' 놀랐다. 40대 중반으로 보였는데, 얼굴을 비롯해 온몸이 삐쩍 말라서 완전히 걸어다니는 해골바가지였다. "아, 오늘 슈퍼마켓에 가는데 이 친구 오토바이가 보이더라구. 세계일주한대, 세-계-일-주! 당분간 우리 집에서 지낼 거야." 저녁식사 후 부인이 자러 가자 궁금했던 걸 물어봤다.

"저, 부인 건강이 안 좋은가요? 왜 저렇게 마른 거죠?", "응. 몇 년 전부터 부쩍 피곤해하더니 날이 갈수록 마르더군. 하지만 난 저 사람밖에 없어. 뼈가죽밖에 없어도 내겐 너무 이쁜 당신이야. 내가 일하는 가게엔 젊고 예쁜 애들이 얼마든지 있지만 지금까지 한 번도 바람핀 적이 없지.", "이야, 미국에도 프랭크 같은 남자가 있었군요?", "실은 나도 젊었을 땐 많이 놀았지. 저 사람 속도 많이 썩혔고. 그러다 4년 전에 오토바이 사고를 크게 당했는데, 1년 동안 혼수상태로 입원해 있었어. 깨어나보니 저 사람이 날 보살피며 밤낮으로 대소변을 받느라 비쩍 말라

있더라구, 아마 그때부터 마르기 시작한 거 같애. 그녀의 지극한 보살핌으로 퇴원을 할 수 있었고, 지금은 이렇게 건강하게 오토바이도 탈 수 있지. 하지만 사고의 후유증은 엄청났어. 지금도 매일 밤 온몸이 쑤셔대는 바람에, 마리화나를 피우지 않으면 잠이 안 와.

너도 조심해야 돼, 세환. 한번 사고 나면 평생을 고생한다구." 난 잎담배를 피우는 줄로만 알았는데, 그게 마리화나였구나. 앞으론 좀더 조심해서 달려야겠다.

이후 남쪽으로 내려가 나스카(NASCA) 카레이싱 구경을 했는데, 먹고 마시는 축제 분위기였고 엄청난 인파와 함께 굉음을 뿜어내는 레이싱의 열기에 경기장이 후끈 달아올랐다. 저녁엔 프랭크가 소개해준 피터의 집을 찾아갔는데 놀라운 얘기를 들려주었다.

"하나뿐인 아들이 지체장애아 판정을 받자 하늘이 무너지는 것 같았지. 도시 생활을 청산하고 따뜻하고 바다가 보이는 이곳에 이사를 왔는데 그게 벌써 10년 전 일이야. 녀석이 돌고래를 좋아해서 근처 수족관에 매일 들렀는데, 어느 순간엔가 돌고래와 대화를 하더라구. 전엔 말도 제대로 못했거든. 의사와 상담을 하니 돌고래를 이용해 치료를 해보자고 했고, 놀랍게도 아들의 상태가 빠르게 좋아지기 시작했어. 지금은 아르바이트도 하고 정상적인 생활 하는 데 아무런 지장이 없지. 그래서 아예 수족관의 돌고래를 모두 사버린 뒤 거기에 돌고래 치료센터를 만들었어. 내 아들이 성공했다면, 다른 아이들도 치료할 수 있다고 생각한 거야. 예상대로 치료 프로그램은 대성공을 거뒀고 지금은 전세계에서 치료를 받으러 오고 있지. 돌고래도 14마리로 늘었는데 아예 공익재단을 만들어 모든 시설을 기부해버렸어. 이젠 나도 월급을 받으며 일하고 있지."

얘기를 마치는데 양손에 물고기로 가득 찬 양동이를 들고 아들이 들어왔다.

"돌고래 줄 물고기를 잡아왔나보군. 서로 인사하지."

정말 내가 봐도 전혀 몰라볼 정도로 상태가 좋아진 것 같았다. '정말 대단한 부모님이다. 나는 결혼하면 자식한테 이 정도로 할 수 있을까? 오토바이로 여행하는 덕분에 이런 분도 알게 된 것이다.

 피터의 집에 짐을 풀어놓은 뒤, 미국 최남단 키웨스트를 다녀오기로 했다. 영화에서 자주 나오는 곳인데, 섬들을 엄청나게 긴 다리가 끝없이 연결하고 있어 300킬로미터를 달려서야 마지막 섬에 도착할 수 있었다. 타이머로 셀프 샷을 찍으려고 다리 위에 카메라를 올려놓고 바이크로 달려갔다.
 헌데 돌아보니 카메라가 없는 게 아닌가! 이런 된장, 강한 바람에 카메라가 바다 속으로 떨어진 것이다! 아이고, 저 안에 사진들이 엄청 많았는데.
 마이애미에선 같은 방을 쓰고 있던 호주친구와 돌아다니며 그의 카메라로 사진을 찍을 수 있었지만, 올란도의 디즈니랜드, NASA센터, 유니버설스튜디오에선 단 한 장의 사진도 남길 수 없었다. 앞으로가 걱정이다. 카메라가 없어서 어쩐다?

# Episode 48
## 걸프해변의 천사들

걸프해변 Gulf coast (탤러해시 Tallahassee 펜서콜라 Pensacola) 뉴올리언스 New Orleans

　플로리다의 올란도를 떠난 뒤 걸프해변을 따라 서쪽으로 계속 달렸는데, 새하얀 백사장의 모래가 정말 인상적이었다. 시애틀 단과 조니 부부의 친구인 로버트 집에서 신세를 졌는데, 농장이 딸린 대저택이었다. "우리 형이 하버드대학을 졸업한 변호사거든. 그래서 돈을 잘 버는 편이지." 밤늦게 로버트의 형이 돌아왔는데, 날 보더니 못마땅한 눈빛으로 대충 인사를 하고 방으로 들어가버렸다. "뭐 저런 놈을 집안에 끌어들였어?" 마치 그런 표정이다.
　"흠. 이 집에서 빨리 나가야겠군."
　내가 카메라를 잃어버렸다는 걸 블로그에 올리자, 한 분이 후원금 모집을 제안하셨다.
　"세환님 덕분에 좋은 여행기와 사진을 볼 수 있었는데, 이번엔 우리들이 한번 도와줍시다."
　순식간에 50만원이 넘는 거금이 모였고, 다음날 이 돈으로 카메라를 새로 장만할 수 있었다.
　이젠 한국에도 많은 엔젤이 생겼구나. 정말 온 우주가 도와주는 기분이군.
　주차장에 돌아와보니 웬 녀석들이 바이크를 구경하고 있었다.
　"우와, 세계일주 하는 거 맞죠? 어제 이완 맥그리거가 세계일주 하는 **DVD**를 보고 흥분했는데, 이렇게 실제로 여행하는 분을 만나게 되니 정말 반갑네요. 저희 집으로 초대해도 될까요?"

안 그래도, 로버트 집에 있는 게 불편했는데 잘됐네. 로버트에게 미안하다고 전화한 뒤, 워커형제의 집으로 따라 갔다. 자취를 하는지라 집안이 지저분했지만, 날 위해 방을 비워주느라 형제가 다른 방에서 함께 자야 했다. "아니, 그럴 필요까진 없는데. 내가 거실의 소파에서 잘게요.", "괜찮아요, 저희 집에서 머물러주는 것만으로 영광이죠. 여행하면서 재밌었던 얘기나 들려주세요." 난 이럴 때마다 한국에서 죽어라 영어공부 한 보람을 느낀다.

외국 사람과 얘기할 기회도 없는 당신들. 도대체 영어공부는 왜 하세요? 네? 나중에 해외여행할 때 쓰려고 그런다구요? 웃기지 마세요, 그럴 시간 있으면 돈이나 열심히 버시라구요. 4박 5일짜리 해외관광 하는데 영어가 필요하다고 생각하세요?

워커형제와 헤어진 뒤 얼마 전 허리케인으로 온 도시가 물에 잠겼던 뉴올리언스에 도착했다.

피해는 생각보다 엄청 심각했는데, 시내를 제외하곤 도시 전체가 부서진 채로 방치돼 있었고 대형마트나 주유소 대부분 문을 닫은 상태였다. 태풍을 맞은 뒤 많은 주민이 떠났다고 한다. 거리에 사람도 없어서 영화 〈트위스터〉를 직접 보는 듯한 기분이 들었다.

이해가 안 가는 점은, 우리나라 같으면 군바리를 동원해 신속하게 복구했을 텐데 아무런 대책 없이 방치되어 있는 점이다. "부시야, 쓸데없이 이라크에 군대 보내지 말고 여기나 청소 시켜, 임마!" 도저히 그냥 지나칠 수 없어, 사흘간 지역주민들을 도와 자원봉사를 했다.

# Episode 49
## 이번엔 빌라 한 채를 공짜로! 라피엣 Lafayette

고속도로를 타고 라피엣(**Lafayette**)에 도착했는데, 배가 너무 고파서 대형마트의 푸드코너에 들어가 점심을 해결했다. 가장 값싸고 알차게(?) 한 끼를 해결할 수 있는 방법이다. 먹을거리를 산 뒤 주차장에 돌아와보니, 바이크 옆에 웬 아주머니가 기다리고 있었다.

"학생, 어디서 왔어?", "네? 한국에서 왔는데요?", "어쩐지. 오토바이가 예사롭지 않더라구. 미국일주하는 중인가 봐?", "아뇨, 세계일주 하는 중이에요.", "뭐? 세계일주? 와, 젊은 사람이 엄청 부자인가 보네?", "에이. 아니에요, 가끔 그렇게 오해하는 분이 있는데 돈 아끼려고 반 년 동안 텐트에서 잤어요.", "아니, 그 고생을 왜 한담? 내 아들도 자전거여행 한다고 유럽으로 떠났는데 걱정돼 죽겠어. 자, 이거 얼마 안 되지만 경비에 보태라구." 태국에서 이민 오셨다는데, 20불을 손에 쥐어준 뒤 활짝 웃으신다. 도대체, 왜? 생면부지의 태국 아줌마가 돈을 주고 간 것일까? 저 아줌마는 오토바이도 안 타잖아? 암튼, 기분은 정말 좋았다. 이럴 때마다 힘이 솟는단 말이쥐!

날씨가 추워지고 있는데 고속으로 달렸더니 몸살이 날 것 같았다. 오늘은, 정말 텐트치기 싫군……. **BMW** 오너북의 번호를 누르자 한방에 데이비드와 연결이 됐다.

"어쩌지? 지금 우리집이 수리중이라서 말야. 한 10분 뒤에 다시 전화주면 안 될까?"

쳇, 싫으면 싫다고 할 것이지 뻔한 핑계는……. 수화기를 내려놓고 다른 번호를 시도해봤는데, 모두 초대를 거절했다. "할 수 없지, 밑져야 본전인데 다시 전화해보자." 데이비드에게 다시 전화했다.

"기뻐하라구, 더 좋은 수가 생겼으니까. 내 여자친구가 빌라촌의 매니저로 일하고 있거든? 고객전시용으로 사용하는 빈집이 있는데 네가 쓸 수 있게 해놨어. 빨리 오라구."

처음엔 무슨 소린지 이해가 안 돼서, 일단 빌라촌에 찾아가보기로 했다.

입구에 데이비드와 여자친구가 기다리고 있었는데, 문을 열더니 집 앞으로 안내한다.

"바로 이 집이야 세환." 안으로 들어가보니 모든 가구가 갖춰진, 그야말로 최고급 호텔수준이었다. "자 여기 열쇠를 줄게. 오늘부터 네 집이니까 편하게 쉬었다 가라구. 필요한 게 있으면 내 여자친구한테 연락하구." 파티에 가야 된다며 여자친구와 차를 몰고 사라진다.

와, 이게 꿈이냐 생시냐? 안 그래도 쉬고 싶은 맘이 간절했는데, 어쩜 이렇게 타이밍이 기막힐 수가. 아무리 생각해도 정말 신기한 일이다.

반신욕을 하며 긴장된 근육도 풀어주고, 여행가이드 『론리플래닛』을 구입해 멕시코 여행계획도 세우면서 재충전의 시간을 가질 수 있었다.

# Episode 50
## 엔젤의 도가니탕을 먹다 휴스턴 Houston 오스틴 Austin

빌라에서 더 쉬고 싶었지만, 겨울이 다가오기 때문에 지체할 수가 없었다. 만약 눈이라도 내리면 발이 묶이기 때문이다. 휴스턴에서 BMW오너북을 이용해 또 다른 데이비드의 집에서 신세를 진 뒤 오스틴으로 내려갔다. 하지만 엄청난 사건(?)이 터지고 말았으니.

이번에도, BMW 오너북으로 전화를 해봤는데, 로버트 부부가 초대해주었다.

멕시코 식당에서 저녁을 사주셨는데,

"그래, 오토바이는 별 문제 없고?", "아, 비상등 스위치가 망가졌고, 리어쇽이 별로 안 좋은 거 같아요. 앞타이어도 교체해야 하고, 중남미 내려가기 전에 예비 부품도 사야 되고요. 그래서 오스토에 있는 BMW딜러에 가는 중이었어요. 혹시 어딘지 아세요?"

"호호호, 세환. 바로 우리 남편이 그 BMW딜러에 가는 중이었어요. 혹시 어딘지 아세요?"

"그래, 내가 사장이네. 내일 나하고 가게에 같이 가자구."

다음날, 비상등 스위치는 물론이고 80만 원짜리 리어쇽을 무상 교체해주셨고, 앞타이어도 원가만 받고 갈아주셨다. 물론 필요한 부품도 모두 구입할 수 있었고. 여기서, 스튜어트부부를 만났는데, 로버트의 친구라며 날 집으로 초대해주었다. 부인이 멕시코인이라 부모님 연락처를 알려주며 꼭 찾아가보라고 하셨는

데, 이분에게 멕시코 현지 정보를 실컷 물어볼 수 있었다.

"근데 두 분은 어떻게 만나셨어요?", "응, 남편이 우리학교 연구실에 파견을 나왔는데 서로 한눈에 반한 거 같아. 처음엔 서로 말이 안 통해서 고생이 많았는데, 사랑하니까 언어가 금방 늘더라고. 지금은 남편이 스페인어를 잘하는데, 나도 영어를 웬만큼 하게 되어 남편을 따라와 살게 된 거지. 지금도 같은 연구실에서 박사과정을 함께 준비중이야.", "와, 국경과 언어를 초월한 사랑이군요. 러브스토리가 따로 없네요. 정말 부러워요. 두 분." 멕시코에 내려가려고 짐을 싸고 있는데, 친구 석규가 메일을 보내왔다.

"오스틴에 우리 학교 선배가 살고 있으니 한번 연락해봐라. 내가 대학원 다닐 때 같은 연구실에서 공부하던 형인데, 아마 잘해주실거다."

"아냐, 하나도 안 바빠. 저번주에 박사논문 최종시험을 통과해서 한숨 놓고 있었는데, 마침 잘 왔다." 아직 학생신분이라 작은 아파트에서 살고 계셨는데, 나 때문에 안방을 내주시고 선배님은 마루에서 잠을 잤다. "내 침대에 온돌매트가 깔려 있으니까 푹 자렴. 추울 땐 뜨끈뜨끈하게 지지는 게 최고야. 그리고 내일은 나랑 같이 학교에 가보자."

다음날, 한국학생회 회장을 불러내더니 "야, 내 후배가 오토바이 타고 세계일주 한다는데 뭐 도와줄 게 없을까?", "아, 그럼 학생회비를 조금 떼어 후원금을 드리면 어떨까요, 형님?"

"자식, 내가 이래서 널 좋아한다니까. 어쩜, 내 생각하고 그리 똑같냐?"

학생회에서 20만원의 후원금(?)을 지원해주셨고, 선배님이 친구들을 집으로 초청해 삼겹살 파티도 해주셨다. "자, 우리 사랑하는 후배의 완주를 위해 거국적으로 건배 한번 합시다. 다 같이, 건배!", "위하여!"

"네, 정말 고맙습니다. 다들 성공하신 모습을 보니 저도 뿌듯하네요." 선배님

을 비롯해 오늘 모인 5명의 형님들은 모두 미국 유학와서 박사학위를 딴 엘리트였던 것이다.

가장 도움이 필요할 때, 하늘에서 엔젤을 내려주시는 사건은 이번에도 어김없이 일어났다.

### 이제 멕시코 가는 게 하나도 두렵지 않다!

스튜어트와 아넬리아에게
정말 즐거웠어요!
알래스카의 데날리 국립공원에서
발견한 이 돌을 너무나 아름다운 커플인
두 분에게 드리고 싶습니다.
언제나 사랑이 함께 하기를!
세환 올림.

# 중미

멕시코 Mexico | 벨리즈 Belize |
과테말라 Guatemala | 엘살바도르 El Salvador |
온두라스 Honduras | 니카라과 Nicaragua |
코스타리카 Costa Rica | 파나마 Panama |

3개월 2005. 12. 18. ~ 2006. 3. 29.

# Episode 51
# 하늘에서 내려온 과외선생, 론
치와와 Chihuahua  카퍼캐니언 Copper Canyon

멕시코 국경에 도착하니 밤 10시였는데, 일요일 밤이라 사람이 없어서 직원들이 친절하게 안내해주었다. 국경 통과 후 첫 도시인 치와와(Chihuahua)에 도착해 론리플래닛을 꺼내 들었는데, 웬 오토바이가 옆에 선다.

"헤이, 어디서 왔소? 난 캐나다 밴쿠버에서 오는 길인데."

"전 한국에서 왔어요. 세계일주 중이죠."

"뭐? 세계일주라고? 이야, 정말 반갑네. 친구."

"이 근처에 싼 모텔이 있다는데 아무리 둘러봐도 안 보여서 말이지"

"그래요? 저도 숙소를 찾는 중인데 잘됐네요. 여기 바이크를 지키고 있어봐요, 내가 찾아볼 테니." 이젠 뭔가를 찾아가는 데는 정말 자신 있었다. 침대 두 개짜리 방을 함께 쓰기로 하고 숙박비를 반씩 부담했는데, 일인당 8천 원이었다. 그도 나처럼 짠돌이(?)인지라, 멕시코시티까지 같이 달리기로 즉석에서 의견일치를 보았다.

"난 멕시코가 이번이 두번째인데, 스페인어는 할 줄 아나?"

"아뇨, 전 아직 1부터 10까지 말할 줄도 몰라요. 손바닥에 동전을 올려놓으면 사람들이 필요한 만큼 가져가죠."

"뭐라고? 하하하. 잘됐네, 오늘부터 내가 하나씩 가르

쳐주지."

"넷! 잘 부탁드립니다. 선생님!"

그는 겨우 한 달 반 동안 여행할 거라는데, 모든 것이 완벽하게 준비돼 있었다.

"우와! 지금 당장 세계일주해도 되겠어요. 저보다 한수 위인걸요?"

"난 여덟 살 때부터 오토바이를 타기 시작했거든. 나도 10년 뒤엔 너처럼 세계 일주를 떠날 거야. 미리 연습해두는 거지." 역시 베테랑은 다르구먼.

다음날부터, 실전 교육에 들어갔다.

"잘 봐둬, 멕시코엔 두 가지 도로가 있어. 돈을 내는 유료고속도로와 무료국도지. 유료도로는 길상태도 최상에다 차도 없고 직선구간이 많아, 하지만 난 주로 공짜도로를 이용해. 왜냐고? 공짜잖어. 큭큭. 무료국도(Libre)는 각 도시의 중심가를 통과하기 때문에 차가 많이 막혀. 특히 멕시코의 악명 높은 토페(Tope:속도방지턱)가 많이 있어서 멋모르고 땡겼다간 오토바이와 함께 날아가는 수가 있어. 각별히 조심하라구."

크릴(Creel)에 도착 후 그를 따라 계곡 밑에 있는 노천온천에 내려갔는데 우툴두툴한 도로가 엄청나게 가팔랐다.

"론, 전 도저히 못 내려가겠어요. 이러다 절벽으로 떨어질 것만 같아요!"

"괜찮으니까, 빨리 내려와. 어서!"

각고의 노력 끝에 온천에 도착할 수 있었는데, 론이 비디오카메라를 들이대며 소감을 말하라고 했다. 그를 한 번 째려본 뒤 아무 말도 하지 않았다.

"세환, 인상 펴라구. 잘 왔으니 됐잖아."

"하마터면 큰일날 뻔했다구요. 전 초보예요, 초보오…!! 다신 론하고 비포장길 안 갈 거예요."

그런데 숙소에 돌아와보니 더 큰일이 발생했다.

"론, 이것봐요. 노트북이 작동 안 돼요. 망가졌나 봐요."

론도 노트북이 있었는데 LCD가 완전히 박살나 있었다. 아까 내려갈 때 가방 속에서 쿵쾅대며 부딪혀 그런 것 같았다.

"이런, 된장. 숙박비 아끼려다 저 자식 때문에 노트북만 작살났잖아. 어휴, 내가 못 살아."

다음날 일어나보니, 이번엔 시동이 안 걸린다. 아니, 이게 왜 이렇지? 추워서 그런가? 론이 앞바퀴를 끈으로 묶은 뒤 자신의 바이크로 끌어서 시동을 걸어줬는데, 역시 이 과정도 비디오로 촬영을 하고 있었다.

"론, 도대체 직업이 뭐예요?"

"응, 영화소품 담당이야. 그래서 여행갈 때마다 비디오촬영을 하는데, 나중에 DVD로 만들어서 팔아볼려구."

어쩐지, 카메라 들고 설친다 했어.

"세환, 이런 속담 들어봤니? 바토필라스를 못 가본 사람은 멕시코를 보았다고 할 수 없다."

"아뇨? 바토필라스가 어딘데요?"

"여기서 100킬로미터 정도 내려가면 있는데, 카퍼캐니언을 따라 비포장도로를 타야 되지. 아주 위험하지만 재밌을 거야."

'아니 이 사람이 장난하나. 내가 분명히 안 간다고 했잖아. 죽을 뻔한 건 한 번으로 족하단 말야. 혼자 가다 사고 나면 골치 아프니까, 날 데려가려고 하는 거지? 다 알아, 임마.' 속으로 이렇게 생각했다.

하지만 그의 집요한 꼬임(?)에 넘어가 울며 겨자 먹기로 따라갈 수밖에 없었는데, 결론부터 말하자면 바토필라스 가는 계곡길은 내 평생 가장 멋진 추억이 되었다.
**"고마워요, 론. 아니 선생님!"**

# Episode 52
## 론은 못말려! 두랑고 Durango 사카테카스 Zacatecas 과나화토 Guanajuato

"론, 너무 빠른 거 아니에요? 조금만 천천히 가자구요~."
계기판을 보니 시속 140km가 넘어가고 있었다. 여덟 살 때부터 바이크를 몰기 시작했으니 내가 못 따라갈 수밖에.
"우쒸, 나도 더는 못 참어. 오빠, 땡-겨! 부아아앙~!"
론을 가볍게 추월한 뒤 엄청난 속도로 달리기 시작했는데, 평소 같으면 하루 종일 걸릴 거리를 4시간 만에 주파해버렸다.
"휴우. 이번에도 죽을 줄 알았네. 저 친구 따라가다간 제 명에 못 살겠군."
두랑고에서 크리스마스를 맞게 되었는데, 거리가 쥐죽은 듯 조용했다.
"아니, 크리스마스가 뭐 이래? 캐나다는 어때요?"
"캐나다도 비슷해. 다들 집에서 식구하고 보내거든. 맥주나 마시러 가자구."
대부분의 가게가 문을 닫아서, 택시를 타고서 한참을 뒤져서 호프집을 찾아낼 수 있었다. 영업 중인 술집이 여기밖에 없는지 남자들로 가득했는데, 잠시 후 웬 녀석이 맥주병을 깨면서 소란을 피웠다. 잔뜩 겁먹은 론.
"세환, 빨리 나가자구. 이러다 다치겠어."
"뭘 이런 걸 가지고 그래요? 이런 게 진짜 구경거리라구요."
그 동안 당했던 걸 갚아주고 싶었다. 나야, 서울에서 자주 보던 광경인데 뭘. 큭큭!

도시 전체가 폐업상태라 별수 없이 PC방에 가보았다. 론이 멕시코 오토바이 보험을 깜박 잊고 안 들었다며 인터넷으로 보험가입을 하겠다고 했기 때문이다. 짜식, 역시 소심하군.

그런데 숙소에 돌아와보니 아까 내가 샀던 멕시코 도로지도를 PC방에 놓고 와버렸다. 한술 더 떠, 론은 **PDA**를 안 가져왔단다. 서로 망연자실한 두 사람. 아마도 갑자기 두 명이 함께 여행하다 보니 경계가 느슨해지면서 긴장감이 풀렸나 보다. 하여튼, 론이 문제라니깐? 큭큭.

다음날 론의 친구 마누엘을 만나러 사카테카스에 도착했다. 영화촬영장에서 엑스트라로 일하다가 친해졌다는데, 불법체류로 경찰에 걸려 추방됐다고 한다. 밴쿠버에 다시 가고 싶은 눈치가 역력했는데, 론의 도움을 필요로 하는지라 정말 대접을 잘해주었다. 아버지의 모텔을 물려받아 운영하고 있었는데,

"우리 아버지가 올해 88세인데 여기 터줏대감이야. 그래서 내가 뭔 짓을 하고 다니는지 온 동네가 다 알고 있다구. 너무 답답해서 빨리 여길 떠나고 싶을 뿐이야."

보아하니 상당한 고수의 플레이보이였다. 예쁜 아가씨가 지나갈 때마다 침을 닦으며 쳐다보는데, 옆에서 보는 내가 민망할 정도였다.

"우와. 저 아가씨 가슴 좀 보라구. 너무 먹음직하지 않냐? 큭큭."

다음날 아침, 셋이 함께 과나화토에 놀러가기로 한지라 일찍 일어나 기다리고 있었다.

"아니, 론은 왜 이렇게 안 오죠?"

"글쎄다, 어제 호스텔에서 웬 여자하고 같이 나가는 걸 봤는데."

1시간이 지난 뒤 론이 나타났다.

"친구들, 정말 미안한데 둘이서만 가야겠어. 난 어젯밤 함께 보낸 그녀와 여행을 가기로 했거든."

기가 막힌 마누엘과 나. 이걸 축하해줘야 돼, 아님 한 대 쥐어박아야 돼? 암튼 론은 재주도 좋아.

별수 없이, 마누엘과 둘이서 과나화토에 놀러갔다. 누가 플레이보이 아니랄까 봐 밤새도록 디스코바를 전전하고 다녔는데, 덕분에 나까지 잠도 못 자고 피곤해 죽는 줄 알았다.

마누엘, 애 아빠가 그래도 되는 거야? 암튼, 못 말리는 친구들이야!

약 2주 후 오아하카에서 우연히 다시 만난 론과 그의 새 여자친구.

Episode 53

# 새해 복 많이 받으세요!

산루이스데라파스 San Luis de Lapaz

미국 오스틴에서 신세를 졌던 스튜어트 커플을 기억하는가? 마침 새해를 식구들과 함께 보내려 멕시코에 내려와 있었다. 반가운 재회를 했는데, 정말 보통 인연이 아닌 것 같다.

온 가족이 성당에 다녀온 후 새해를 맞이하는 카운트다운을 시작했다. 해가 바뀌자, 펠리스 아뇨스!(Felize Años! 새해 복 많이 받으세요~!)라고 인사하며 서로 포옹을 나눴고, 함께 성대한 저녁식사를 했다. 멕시코 가족들과 새해를 맞이하게 되니 너무 기분이 좋아, 어르신들을 앉혀놓고 한국식으로 큰절을 올렸다.

"새해 복 많이 받으세요!"

Episode 54

# 한밤의 러브 모텔 탁스코 Taxco

탁스코(Taxco)로 가는 길에 산업도시인 톨루카(Toluca)에 늦게 도착했지만, 싼 모텔을 찾기가 너무 어려웠다. 아니 아예 없는 것 같았다. 택시기사에게 물어보니, 뒤쪽으로 한참 가면 저렴한 모텔이 있단다.

"아니, 여긴 일방통행이라 뒤로 가기가 불가능한데."

"그럼 내가 먼저 걸어갈 테니, 인도 위로 천천히 따라와요"

30분을 걸어가더니 몇 군데에 들러 물어보고 나온다.

"저기가 제일 싼 것 같으니 들어가봐요."

"아니, 이거 미안해서 어쩌죠? 다시 걸어서 돌아가셔야 되잖아요? 여기 수고비라도."

"아니 괜찮아요. 피곤할 텐데 편히 쉬었다 가라구요."

걸음도 씩씩한 그의 뒷모습을 보고 있자니, 가난한 자일수록 친절하다는 속담이 떠올랐다. 헌데 방에 들어가보니 뭔가 분위기가 이상했다. 주차장과 방이 하나로 된 구조였는데 12시간 단위로 요금을 결제하는, 이른바 '쉬었다 가는 러브 모텔'이었다.

지금이 밤 10시니까, 내일 아침 10시에 나가면 되겠군. 별로 나쁘지 않네.

한국처럼 천장에 거울이 달려있고, TV에선 포르노방송이 한창이다.

"이런, 젠장. 오늘 잠자긴 다 틀렸군. 크크크."

Episode 55
# 미션 임파서블 1 멕시코시티 Mexico city

전세계 최악이라는 멕시코시티 진입을 앞두고 긴장감이 밀려왔다.
유료 고속도로를 이용했는데 점심시간이라 그런지 차도 별로 없었고, 시내도 생각보단 양호한 편이었다. 덕분에 소칼로(중앙광장)에 금방 도착할 수 있었다.
"도대체 어느 쉐이가 최악이라고 한 거야? 뉴욕보다 훨 낫구만."
주차장이 딸린 모텔을 찾느라 시간이 오래 걸렸는데, 이런 대도시에선 오토바이가 오히려 짐만 되는 것 같다.
"자, 이제 슬슬 구경을 해볼까? 여긴 지하철이 있으니까, 서울처럼 사람들이 많이 몰리는 역이 있을 거야."
말끔하게 차려입은 남자를 잡고 물어봤다.
"저, 오늘이 토요일인데 어느 역이 좋을까요?"
"네? 어느 역이 좋다니, 그게 무슨 소리죠?"
"아이 참, 구경거리가 많은 데 있잖아요."
안 되는 스페인어로 이해시키느라 한 20분은 걸린 것 같다. '가리발디 역'으로 가보란다.
그래? 가보지 뭐. 가이드책을 보는 것보단 이런 식으로 물어보는 게 훨씬 정확하다.

아니나 다를까? 역에 내리자 '마리아치' 라고 불리는 멕시코 전통악단들이 모여 연주를 하고 있었다. 이곳이 바로 연인들을 상대로 돈 받고 연주를 하는 유명한 광장이었다.

"짜식, 제대로 알려주었군. 그라시아스.^^"

땅바닥에 앉아 한참을 보고 있으니, 거지들이 내 옆에 몰려와 말을 걸어왔다. 보아하니 꽤 취한 것 같은데 막 대할 수도 없고 해서, 말도 안 되는 스페인어로 두 시간 동안 씨부렸다. 주위를 둘러보니 다들 날 보고 웃겨죽겠다는 표정이고. 하하하.

저쪽에 인간들이 엄청나게 몰려 있는 것이 보인다.

"세환 가라사대, 쉐이들이 있는 곳에 볼거리가 있느니라."

뭔가 하고 갔더니 극장식 뮤지컬이었다. 1시간을 줄서서 들어갔는데, 대사를 못 알아들어서 남들 웃을 때 혼자서만 멀뚱멀뚱.^^


밤엔 택시를 타고 홍등가를 가보았다. 내리자마자 삐끼(?) 아저씨가 붙었는데,
"헤이, 맨. 어디 찾는 데 있수?" 영어로 말을 한다.
"여기 가장 큰 스트립바가 어디예요?"
"아, '테이블댄스'를 말하는군? 나만 따라오라구."
들어가봤더니 미국과 시스템이 똑같았고 언니들도 별로였다.
"여긴 별론데, 다른 데 없어요?"
"오케이, 그럼 가장 유명한 곳으로 가보자고."

뭐야, 여기도 별거 없구면. 아저씨에게 팁을 찔러준 뒤 실망감으로 맥주만 연달아 마셨는데, 우와 이건 술값이 미국의 3배다. 허걱! 한술 더 떠, 섹쉬댄스를 추는 값이 라스베이거스보다 비싸다. 아이고, 헛다리짚었구나. **내 돈 돌리도!**

이날 엄청 바가지를 쓰고 나온 거 같은데, 망할놈의 웨이터들이 날 못 잡아먹어서 안달했다. 모텔로 돌아오는데 기사가 요금을 따블로 부르길래, 또 바가지 씌우는 줄 알고 한참을 따졌다.

"아니, 내가 무슨 봉인 줄 아나? 더 못 주니까 맘대로 해!" 나중에 알고 보니, 콜

택시라 일반택시보다 안전하다고 해서 요금이 두 배란다.

허걱, 멕시코는 헷갈려……T.T

자, 이제 구경도 다 했으니, 세 가지 임무를 수행해야 한다.

첫째, 영어로 된 『론리플래닛』 중미편을 구하라. '명색이 멕시코시티인데 대형서점이 있겠지.' 라고 생각했지만, 그런 건 없었다. 시내를 3시간 동안 뒤져서 간신히 살 수 있었는데, 완전히 우리나라 동네서점 수준이다. 아이고, 멕시코가 이 정도면 남미편은 도대체 어디서 산담?

둘째, 황열병 백신을 맞아라. 브라질 입국할 때 필요하다고 하는데, 광장에 있는 관광안내소에서 물어보니 동네병원으로 가보란다. 가봤다. 큰 병원에 가도 백신을 맞을 수 없으니 보건소에 가보란다. 가봤다. 여기는 백신이 없다면서 다른 곳에 가보란다.

"오늘은 벌써 문 닫았으니 내일 가보세요." 와, 이렇게 허무하게 하루가 가버리나?

할 수 없지, 셋째 미션, 노트북을 고쳐라.

관광안내소에서 알려준 컴퓨터마트를 찾아갔더니, 여긴 IBM대리점이 없다면서 명함에 주소를 적어준다. 1시간이 걸려 찾아갔는데, 이런 황당할 수가. 알려준 주소가 존재하지 않는다.

"아니, 이 쉐이가 누굴 물 먹이나? 안 그래도 하루 종일 열 받아 죽겠는데."

흠, 포-쓰를 사용해야겠군.

피자헛을 찾아가 주소를 보여주니, 주소 자체를 잘못 적어줬단다.

"그래요? 그럼 이 명함의 전화번호로 전화를 걸어서, 주소를 적어준 아저씨에게 다시 물어봐주시겠어요?"

역쉬 내 '포-쓰' 에 밀려 바로 실행에 옮긴다. 새 주소를 받은 뒤 한참을 뒤졌는데, 그래도 어딘지 찾을 수가 없다.

"아, 열 받는거…! 컴퓨터마트에 다시 찾아갈 수도 없고, 일단 먹고 보자."

그런데 이럴 수가. 500페소짜리 지폐를 내미니 식당에서 잔돈 없다고 거부한다. "그래? 그럼 편의점에서 음료수 사고 바꾸지 뭐." 헌데, 편의점마저 거부한다." 이런 쓰벌, 돈이 있어도 쓸 수가 없다니!" 오늘 미션 완전 실패다. 숙소로 돌아가자.

지하철요금이 2페소인데, 수중에 1페소 동전밖에 없다. 아으, 쓰버릴! 결국 1시간 동안 밤거리를 걸어 모텔에 도착했다.
"나 오늘 완전히 새됐어. T.T"

Episode 56

# 그녀의 이름은 세뇨리따 푸에블라 Puebla

멕시코시티는 빠져나가는 게 더 어려웠다. 숙소에서 나와 한참을 헤맸는데, 결국 소칼로에 돌아와 처음부터 다시 시작하기로 했다.

"처음에 여기로 왔으니, 나가는 길도 찾을 수 있겠지."

외국어를 모를 때는 한 사람에게 처음부터 끝까지 길을 물어보면 안 된다. 그걸 어떻게 다 기억하려고? 대신 방향이 꺾어지는 교차로나 확실히 알아들은 곳까지만 간 다음, 다시 경찰과 택시기사들에게 끊임없이 물어봐야 한다. 언제까지? 그곳에 도착할 때까지!

매일 이 짓을 하다 보니, 이젠 대충 눈빛을 보면 어디로 가라는지 알 수 있다. 포-쓰가 강해진 것이다.

내가 여행지를 선택하는 데는 크게 두 가지 기준이 있다. 유네스코유산 지정지

169

와 각종 여행서적 추천지가 우선이고, 여기에 론리플래닛이 강추하는 곳을 더하는 것이다. 푸에블라는 2가지 모두 해당된 곳이라 기대를 많이 했는데 상당히 실망했다. 어디 가나 비슷비슷한 소칼로와 성당, 그리고 기념품가게로 가득한 거리들. 멕시코여행 한 달이 돼가면서, 처음엔 신기했던 풍경들에 많이 익숙해진 거 같다. 슬슬 멕시코를 떠날 때가 된 것일까? 이제부턴 주요 포인트만 찍고 쾌속전진이다!

하고 외칠 무렵, 웬 아가씨들이 접근(?)했다.

"저기, 사진 좀 찍어도 될까요?"

"아, 두 분을 찍어달라구요? 이리 주세요."

"아뇨, 당신을 찍어도 되냐구요."

"네에? 저를 찍어서 뭐하시게요?"

갑자기 황당해지며 속으로 오만가지 생각이 들었다. '애가 왜 이러지? 내가 맘에 들어서 그런 걸까? 아냐, 외국인이라 신기해서 그럴 거야. 그래도, 여자가 이렇게 적극적으로 나오면 내가 싫은 건 아니잖아?'

찰칵, 고맙습니다, 하고 뒤돌아서는 그녀. 저걸 잡아야 돼, 말아야 돼? 도저히 그녀의 속마음을 알 수 없었다. 에라 모르겠다, 이런 적은 처음인데 절대 놓칠 수 없지.

"저기요, 맥주나 한잔 하실래요?"

"네? 대낮부터 술을 먹자구요?" 두 여자가 킥킥거리며 웃는다.

"아뇨, 맥주가 아니라 차를 한잔 마시자구요. 제가 스페인어를 잘 못해서 그래요."

"죄송한데 지금 갈 데가 있거든요?"

옆에 있는 여자애가 톡 쏜다. 아그야, 너한테 그런 거 아니거든? 하여튼 안 생긴 것들이 꼭 저래요.

"얘, 그럼, 너 먼저 가. 난 이 사람하고 같이 있을게."

앗싸아! 어쩜 하는 말도 저렇게 이쁠까. 역시 내가 맘에 있는 거였어…!

카페에 앉아 서로 몇 마디 건네고 나니 할 말이 없어진 두 사람. 하고 싶어도 스페인어를 모르는 그 사람. 그런 그를 쳐다보고 웃기만 하는 이 사람. 결국 다음날 같은 장소에서 만나기로 한 뒤 헤어졌다.

모텔에 돌아온 뒤 옆방의 배낭여행자를 깨웠다.

"너 스페인어 잘한다고 했지? 지금부터 내가 하는 영어를 스페인어로 번역 좀 해줘라."

그가 말하는 걸 한국어로 종이에 적어둔 뒤 밤새도록 외웠다. 그리고 스페인어 사전을 빌려서 들고 나갔다. "저기요, 제가 스페인어를 잘 못해서 그러는데, 단어를 종이에 적어주시면 제가 사전으로 찾아볼게요."

갑자기 유창한 스페인어로 얘기하자, 그녀의 눈이 똥그래진다.

"아, 이건 제가 외워서 하는 거예요. 저도 제가 지금 무슨 말 하는 건지 전혀 몰라."

"네에? 푸-훗, 푸하하하하하하."

그녀가 배를 잡고 낄낄댄다. 내가 뭘 잘못 말했나? 암튼 웃으니까 기분 좋은걸?

노력이 가상했는지, 그녀는 3일간 나와 함께 지내주었고(물론 낮에만…^^), 떠나는 날 팔찌를 오토바이 핸들에 걸어주었다.

"이건, 행운을 상징한대요. 부디 몸조심하고, 즐거운 여행이 되길 바랄게요."

"저, 이름을 못 물어봤는데, 이름이 뭐예요?"

**"저요? 그냥 하던 대로 '세뇨리따' 라고 불러주세요. 세-뇨-리-따. 호호호."**

웃는 표정이 묘했던 그녀. 과연 날 좋아했던 것일까, 아님 단지 친절을 베푼 것일까?

Episode 57
# 미안하다 소녀야

오아하카 Oaxaca  산크리스토발 데 라스카사스 San Cristobal de Las Casas

도로상태도 나쁘고 산 능선을 따라 코너링을 하다 보니, 하루 종일 걸려 오아하카에 도착했다. 오아하카에서 이틀이 걸려서야 산크리스토발 데 라스카사스에 도착했다. 미국 같았으면 여섯 시간이면 충분한 거리를 날씨가 너무 더워서 속도를 낼 수 없었기 때문이다. 왜냐고? 뒤타이어가 거의 닳은데다(그간의 경험으로 달궈진 도로를 고속으로 달리면 타이어 고무가 빨리 녹는다는 걸 배웠다.), 체인과 스프라켓의 수명도 거의 다 되어서 그렇다. 칸쿤에서 교체해야 되기 때문에 그때까진 버텨야 된다. 아, 길이 좋아도 땡길 수 없는 이 심정, 아실랑가 몰라.

피곤해서 헬멧도 벗지 않고 론리플래닛을 꺼내 모텔을 찾고 있는데, 웬 여자애가 기념품을 팔려고 옆에서 계속 종알거린다.

"아저씨, 하나만 팔아주세요. 이건 어때요? 싫으세요? 깎아드릴테니 한 개만 사주세요. 네? 아저씨이……."

갑자기 확 짜증이 밀려와 대꾸도 하지 않고 바이크에 다시 올랐다. 간신히 숙소를 잡은 뒤 늦은 저녁을 먹고 광장에 앉아 있는데, 기념품 파는 여자애가 또 말을 건다.

"아, 너 아까 그애구나?" 어찌나 미안하던지 5페소짜리를 사고 20페소를 찔러주며 등을 두들겨 줬다. 마음속으로 이렇게 말하면서. '아깐 정말 미안했어. 넌

하루 종일 이거 팔려고 돌아다니는데, 놀러 다니는 내가 조금 피곤했다고 짜증을 냈다니.'

활짝 웃으며 종종걸음으로 사라지는 뒷모습을 보고 있으니, 저애는 오늘밤 과연 어디서 잘 것인지 마음이 아려왔다. 멕시코에 아이들이 많은 이유는 가톨릭에서 낙태를 금지하기 때문이다. 그러고 보니, 대부분의 도시에 장난감 가게가 무척 많았던 것 같다.

'아, 난 아직 멀었구나. 이번 여행으로 내가 얻고자 하는 것은 과연 무엇일까?'

# Episode 58
# 오, 그대는 아름다운 여인!
**팔렝케 Palenque   캄페체 Campeche**

　요사이 장거리 라이딩을 계속했더니 몸 상태가 안 좋아져서 기분이 우울하다. 내가 왜 오토바이를 타고 여행하는지 그 이유를 모를 정도로 말이다.
　북미는 국립공원도 차를 타고 봐야 할 정도로 넓어서 오토바이가 아주 요긴했는데, 멕시코는 장거리 버스도 많고 도시 자체가 걸어서 관광하는 분위기다. 주차장이 딸린 싼 모텔을 찾기도 힘들뿐더러 도난문제까지 신경을 써야 하니, 홀가분하게 다니는 배낭여행자들이 부러워졌다.
　북미를 중고차로 여행한 뒤, 멕시코 내려갈 때 팔아버리는 방법을 사용해야 했나? 무슨 일이 생겨 여행을 중단하고 한국에 돌아가려 해도 오토바이 때문에 갈 수가 없으니. **내가 여행 매너리즘에 빠진 걸까? 암튼 이래저래 심난하다.**

　다행히 팔렝케를 지나며 컨디션이 회복됐다. 날씨도 선선한데다 사방이 울창한 숲으로 덮여있어 숨 쉴 때마다 상쾌한 공기가 폐부를 갈랐다.
　"아, 역시 도시보단 자연이 좋다!"
　헬멧스피커로 음악을 신나게 들었는데, 어찌나 코너링이 잘 먹던지 몇 번이나 부츠바닥을 땅바닥에 긁어가며 깜짝깜짝 놀랬다. 그 동안 서울만큼이나 복잡한 도로를 달리느라 라이딩의 즐거움을 잊었나 보다. 서울에서 출퇴근하다 동해안

7번 국도를 달리는 그런 기분이었다.

'아, 너무 시원해서 지겹기까지 했던 북미의 쭉-빵 도로가 정말 그립다!'

캄페체에 도착 후 라이더에게 길을 물어보니 모텔까지 직접 데려다주었다. 너무나 친절해서 데킬라를 한잔 걸치며 얘기를 나눴는데, 토요일이라 삼촌이 매니저로 일하는 스트립바에 놀러가는 길이었다며 같이 가자고 한다.

"아니 캄페체에도 테이블댄스가 있나? 구경이나 해보지 뭐."

근데 이 삼촌이란 양반이 진짜 화끈했다. 덩치는 강호동만한데 어찌나 살갑게 구시는지, 내가 멕시코시티의 아픈 경험을 얘기하자

"그래? 그럼 내가 이쁜 언니들을 데려올 테니 재밌게 놀다 가도록 해. 물론 내가 쏜다!"

와-우, 우째 이런 일이? 언니들이 번갈아가며 내 무릎 위에 앉아 술을 따라줬는데, 갑자기 불이 꺼지며 무대 위로 은은한 조명이 비치기 시작했다. 그리고 음악에 맞춰 걸어오는 그녀. 뜨아아악…!! 난 입이 턱까지 내려오는 것 같았다. 세상에 저렇게 몸매가 완벽할 수가!

실오라기 하나 걸치지 않고 온몸을 흔드는데, 마치 지상에 내려온 천사의 춤을 보는 듯했다.

"우와, 저렇게 아름다울 수가!"

여자의 벗은 몸을 보고 감동한 건 내 평생 처음이었다. 한마디로, 뻑-이 간 것이다.

"형님, 오늘밤 저 여인과 보낼 수 있다면, 제 오토바이를 팔아도 좋습니다. 어떻게 안 될까요?"

"좋다. 저애는 우리집에서 보살피고 있으니까 이따가 업소 문 닫고 함께 집으로 가자."

에? 그건 내가 바라는 게 좀 아닌 것 같은데? 이날 밤, 그녀와 한 침대에서 자는 건 성공했으나 역사(?)를 이루진 못했다. 바로 옆 침대에 삼촌이 자고 있었던

것이다. 더구나, 피곤했던지 바로 곯아떨어진 얼굴을 보고 있자니 측은지심이 밀려왔다.

"아이구, 불쌍해라. 얼마나 피곤했으면."

하지만 그녀를 품에 안고 있는 것만으로 세상에 부러울 게 없었다. 아, 이런 게 행복일까?

# Episode 59
# 쿠바를 포기하다 칸쿤 Cancun

잠에서 깨어나니, 그녀가 옆에 없었다.
"일어났어? 얼른 아침 먹으라구."
"삼촌, 근데 얘는 어디 간 거죠?"
"널 아무리 깨워도 안 일어난다고 하더니 부모님 만나러 멕시코시티로 갔어. 지금 버스 타고 가는 중일 거야."
"아니, 삼초-온! 절 깨우셨어야죠!! 혹시 부모님 댁 전화번호는 아세요?"

"아니, 부모님은 여기서 일하는 줄 모르거든. 두 분 다 장애자인데, 걔 언니가 처음 여기서 일하다 시집갔고 동생을 소개해줘서 알게 된 거지. 매년 내려와서 두 달쯤 일하다 가는데, 그리 뵈도 참 착한 애야. 아니, 참 불쌍한 애지."

아, 이런 젠장. 말도 제대로 못 해봤는데.

심난해서 아침도 안 먹고 칸쿤으로 향했다. 워낙 유명한 곳이라 아카풀코를 제끼고 이곳으로 왔는데 결론은 대실망이었다. 얼마 전 태풍을 맞아 백사장이 볼품없었고, 날씨까지 우중충했다. BMW딜러에 들러 뒤타이어와 체인, 스프라켓, 연료필터를 교환했는데 비용이 생각보다 너무 비쌌다. 나중에 알고 보니, 관광도시라서 바가지를 씌운 것이다. 원래 계획은 체 게바라의 자취를 느끼러 '쿠바'를 다녀오는 것이었는데, 완전히 물 건너가고 말았다.

이 사연을 블로그에 올리자, 내 친구들을 비롯해 생면부지의 사람들이 후원금을 보태주었는데 덕분에 많은 힘을 얻을 수 있었다. 정말 고맙습니다, 여러분! 지금 이 책 읽고 계시죠?

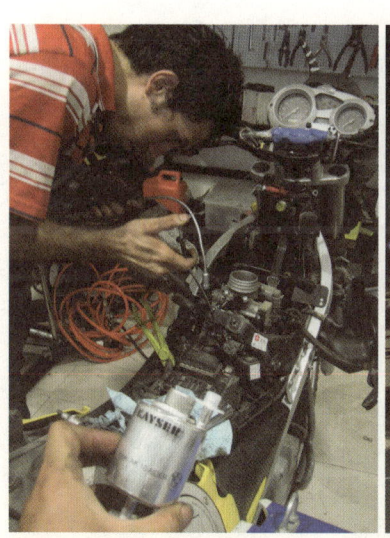

쿠바의 정신적 지주 체 게바라,

그도 오토바이 여행으로 세계를 품었다!

Episode 60

# 아저씨, 도대체 어디 가시는 거예요?
**벨리즈시티** Belize city

　국경에서 한 달짜리 비자를 받는데 무려 10만 원이 들었다. 암튼 국경을 통과할 때마다 얼떨떨한 기분이 드는데, 벨리즈의 첫인상은 상당히 황량하다는 느낌이다. 허물어져가는 집이라 폐가인 줄 알았는데 사람들이 살고 있었고, 도로엔 차선 구분마저 없었다. 하지만 그렇다고 물가가 싼 것도 아니다. 뭐 이런 나라가 다 있어? 도대체 얼마나 내려가야 맘 놓고 푹 쉴 만한 곳이 나타날지 원…….

　벨리즈시티에 도착 후 섬에 가기 위해 경찰서와 관광안내소를 찾아가 오토바이 주차를 부탁해봤지만 거절당했다. 우-쒸, 이 녀석 때문에 맘대로 가지도 못하고. 할 수 없이 모텔을 잡아야겠군. 한 바퀴 돌아보니 이건 시티가 아니라 완전 시골동네다. 특이한 점은 주요 식당과 슈퍼마켓을 모두 중국사람이 운영했고, 흑인들이 영어를 사용하기 때문에 내가 벨리즈가 아니라 뉴욕의 허름한 뒷골목에 있는 착각이 들었다. 사람들이 나보고 "치노!(중국인)"아니면, "하뽄!(일본인)"이라고 놀려댄다. 이 쉐이들아! 난 "꼬레아노야, 꼬레아노!!"

　밤늦게 식당을 찾으려고 골목길을 누비고 있는데, 키 큰 흑인 아저씨가 다가왔다.
　"이봐, 여긴 혼자 돌아다니면 위험해. 내가 좋은 식당을 알려줄 테니 따라오라구."

이야, 그래도 사람들은 친절하군. 헌데, 식당으로 안 가고 구멍가게 앞에 선다.
"이봐, 목이 말라서 그러는데, 맥주 한 병만 사주면 안 될까?"
참나, 안 그래도 한 병 사주려고 그랬는데, 뭐야 이런 거였어? 오랜만에 맥주를 먹는 듯, 단숨에 들이킨다.
"커어, 기분 좋다. 이봐, 고마워서 그러는데 내가 여자 한 명 소개시켜줄까? 진짜 죽이는데." 속이 빤히 보이는 거짓말이었지만, 갑자기 호기심이 발동한다.
"좋아요, 갑시다!" 한참을 따라갔는데, 불빛도 없는 골목길 사이로 계속 들어간다. 양옆으론 쓰러질 듯한 판자집이 늘어서 있다.
"아니, 도대체 어딜 가는 거야? 이거 혹시?"
불안해질 무렵, 아저씨를 따라 허름한 집 안으로 들어갔다.
"여기야, 저 여자 정말 이쁘지?"
뜨아아악! 너저분한 침대 위에 한 40대 후반으로 보이는 삐쩍 마른 여자가 게슴츠레 웃는다.
"오빠아, 어서와요옹… 내가 녹여줄께잉……."
깜짝 놀라서 나가려고 하니, 시커먼 녀석 두 명이 실실 웃으며 길을 막는다. 한 패인가?
"아저씨, 지금 장난하는 거예요? 내가 이래봬도 태권도 블랙벨트예요, 건들면 다칩니다."

기합소리와 함께 태권도 폼을 잡으니 다들 겁먹은 눈치다. 중남미 사람들은 동양인이 다 성룡이나 이소룡인 줄 알고 있다. 큭큭.
"어, 미안해. 실은 내 마누라야. 대신 내가 더 죽이는 애를 데려올게. 어린애를

원하나봐?" 뭐, 마누라? 기가 막혀서 말이 안 나왔다.

이번엔, 머리에 산발을 한 소녀를 데려왔는데, 런닝에 짧은 치마를 입고 배는 뽈록 나와 있었다.

발을 보니 맨발인데 저러고 온 동네를 누빈 것 같았다. 한 마디로, 온몸에 땟국물이 줄줄 흐른다.

"아니, 도대체 애는 어디서 데려온 거예요?"

"응 옆집 친구 딸이야. 이쁘지?" 소녀가 날 무표정하게 바라보더니, 오른손을 내민다. "돈 줘… 돈…줘……." 아무래도 정상이 아닌 것 같았다.

"아저씨, 이걸로 맥주나 한 병 더 사드세요."

돈 몇 불을 쥐어준 뒤 뒤를 돌아 냅다 뛰었다. 뒤에 있던 두 녀석 중 한 명이 주머니에서 칼을 꺼내는 걸 봤기 때문이다.

"어휴, 큰일 날 뻔했네. 망할놈의 벨리즈시티, 내 다신 오나봐라!!"

다음날, 거리를 걷고 있는데 어제 그 소녀가 길에서 구걸을 하고 있었다. 물론 맨발로.

"돈 줘. 돈 줘." 날 알아보는 것 같았다.

'개새끼 같으니라고. 이런 줄 알았으면 어제 한방 먹이고 오는 건데.' 소녀의 손에 10불을 쥐어주니 깜짝 놀란다. 그리곤 내 손을 잡고 구석으로 끌고 가 주저앉더니 바지의 지퍼를 내리려고 한다.

"나, 잘해. 내가 해줄 거야……."

아, 기가 막혀서 말문이 막힌다. 도대체, 무슨 짓을 얼마나 당하고 살길래 얘가 이럴까?

누가 그랬던가? 세상은 아름답고 인간은 평등하다고.

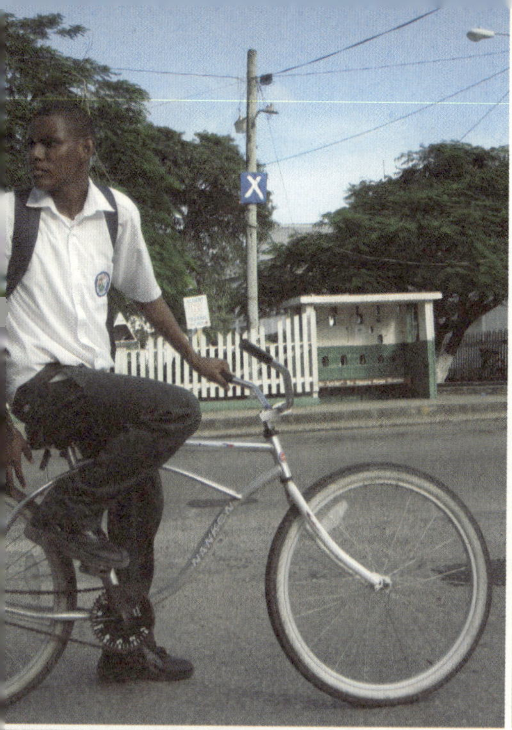

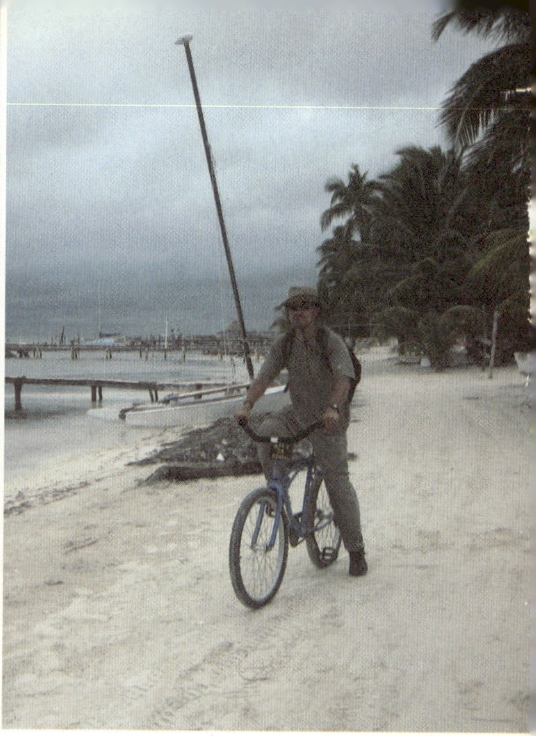

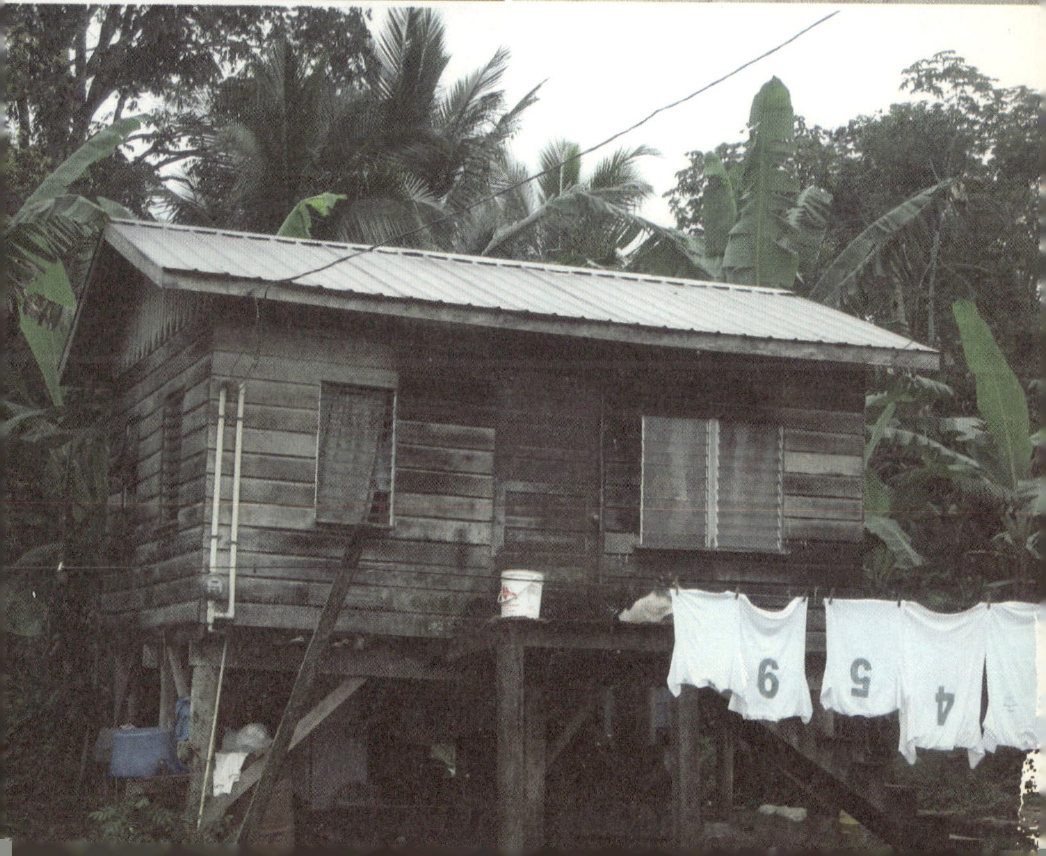

Episode 61

# 일곱 번 넘어지고 얻은 깨달음 랑낀 Lanquin

벨리즈에서 4일밤을 보낸 뒤 과테말라 국경을 통과했다. 티깔에서 께찰테낭고로 내려가는 길이 멀어서 중간에 동굴로 유명한 랑낀(Lanquin)에 들러보기로 했다. 오토바이로 다니면 아무데서나 자면 될 것 같지만, 대도시나 관광지가 아니면 모텔이 없기 때문에 지도를 보고 거리를 계산한 뒤 출발해야 한다.

두 시간이 지나니 비포장도로가 나타났다. 우쒸, 지도엔 분명히 포장도로라고 나와 있는데…….

달리다 날이 저물었는데, 다행히 산중에 허름한 모텔이 있었다. 밤늦게 손님이 나밖에 없는지라, 주인장은 열쇠를 준 뒤 차 타고 어디론가 사라졌다.

'이런 된장, 이거 물도 안 나오고 전기도 없잖어? 양초가 있는데 이걸 켜라는 얘긴가? 허-걸.' 오랜만에 야영 비슷하게 잠을 자니 기분이 새로웠다.

다음날,

"랑낀까지 얼마나 걸려요?" 주유소 직원에게 물어보니 8시간이란다. 아니, 200킬로미터밖에 안되는데 8시간이라고? 얘가 지금 장난하나……. 얼굴도 띨빵한 게 뭘 잘못 알고 있구먼? 왕 무시하고 바이크에 올랐다. 도로 공사중이라 1시간을 기다리고, 표지판이 전혀 없어 길 물어보길 수십 번.

거기다, 멕시코의 바토필라스 뺨치게 도로가 험상궂어 7번이나 넘어졌는데,

경사 있는 곳에서 넘어지면 바이크가 너무 무거워 세울 수가 없다. 할 수 없이, 사람들을 기다리니 또 시간이 훌쩍 지나간다.

결국, 랑낀에 도착하니 밤 8시. 허걱, 그 쉐이 말이 맞았구나! 8시간이 넘게 걸렸잖아!

유명하다는 동굴은 관광객조차 없었다.

"지금 발전기 켜줄 테니까, 딱 40분만 보고 와라잉. 늦게 오면 불 꺼버린다."

입구에서 관리직원이 협박(?)을 한다. 들어가보니 형편없이 초라한 규모였다. 무려 이틀간 이 녀석을 보려고 산속을 달려왔는데. 젠장, 헛수고 했군.

하지만 가만히 생각해보니 외진 곳을 오느라 사람들 사는 모습을 제대로 볼 수 있었던 것 같다.

그렇다, 이건 배낭여행이 아니라 오토바이 일주다. 나의 목적지는 유명한 관광지가 아니라, 그곳을 향하는 길 위에 있는 것이다.

힘내자 세환아, 넌 지금까지 52,000km의 그 '길' 위를 달려왔잖아!

Episode 62

# 제발 살려주세요!! 아티틀란 호수 Lago de Atitlan

사람들 사는 모습을 보면 타임머신을 타고 과거로 돌아가는 것 같다. 정말 희한하게도, 시장에 가보면 80년대에 유행했던 팝송이 흐르고 있고, 식당에 가면 이소룡 영화를 TV에서 볼 수 있었기 때문이다. 소박한 이들의 모습을 볼 때마다 여행 전 '오토바이에 도난경보기를 설치해야 하나?' 하고 걱정했던 내 모습이 우습게 느껴진다. 외진 곳에 주차를 하면, 지나가는 경찰이나 주민들이 다가와 여긴 위험하니 다른 곳으로 가라고 귀띔해주기 때문이다.

아티틀란 호수를 향해 산속을 계속 오르다 내리막길로 접어든 순간, 갑자기 눈앞에 환상적인 비경이 펼쳐졌다. 컴컴한 영화관의 스크린이 환해지는 기분이랄까? 온몸에 소름이 쫙 돋으며, 이-얏-호…! 오-옛-쓰..!! 소리가 절로 나왔다. 다음날, 호수 주변을 따라 크게 한 바퀴 돌고 있는데 비포장도로가 나타났다.

"저, 이쪽으로 가는 게 맞나요?" 이상해서 길을 물어보니 그 길은 '펠리그로'하니까 배를 타고 호수를 건너라고 뜯어말린다. "펠리그로? 그게 뭐예요?" 몸짓을 보니, 얼굴에 복면을 쓰고 총을 겨눈다? 그럼 권총강도 아냐? 이 동네에 그런 게 있었나?

충고를 받아들여 호숫가의 선착장으로 내려갔는데, 이런 뎅장, 배가 너무 작다.

여러 명이 달라붙으면 실을 수 있다고 우기는데, 참나. 그러다 실수로 빠뜨리면 나는 어쩌라고?

배는 글렀고, 그렇다고 반대쪽으로 돌아가긴 너무 멀단 말이쥐. 에라, 모르겠다. 설마 강도가 나오겠어? 그냥 가자!

먼지를 휘날리며 달리는데, 지나가는 사람이 한 명도 없었다.

"그럼, 그렇쥐. 아저씨들이 괜히 겁준 거였구먼."

**그런데! 갑자기!! 써든리!!!**

내리막길을 천천히 가고 있는데 시꺼먼 복면을 쓴 두 놈이 오른쪽에서 달려 내려왔다.

한 놈은 뒤에서 권총을 겨누었고, 다른 한 놈은 칼을 들고 다가와 여기저기 뒤지기 시작한다.

내리막길에 브레이크를 잡았기 때문에 바이크에서 내릴 수도 없는 상황이었는데, '아이고, 왼쪽 핸들 위에 카메라가방이 달려 있는 데, 저걸 어째?'

"노, 깜비오!(돈 없어요!)"라고 외치며, 옷주머니를 열어 보였는데 마침 현금이 하나도 없었다. 쉐이가 주머니 속에 있던 MP3플레이어를 낚아채더니, 바이크 앞에 달린 가방을 열어보라고 한다. '지가 열어봤자 거긴 공구들밖에 없지롱~ 뒤쪽 알루미늄가방을 뒤지면 안 되는데, 여권 속에 현금다발이 있거든. 오 제발……'

지푸라기 잡는 심정으로 가방에 붙어 있는 체게바라 스티커를 가리키며 "쎄뇨르, 체게바라!! 체게바라…!!" 하고 외쳤다. 그때, 내가 왜 그랬는지는 지금도 모르겠다.

쉐이가 잠깐 쳐다보더니 시간이 너무 지체됐는지, 왼쪽 언덕 아래로 황급히 내려갔다.

휴~우, 살았다. 카메라 안 뺏겨서 천만다행이네. 병신 새끼들, 강도질도 제대로 못하냐?
도대체 MP3플레이어는 왜 가져간 거야? 에픽하이 노래가 그렇게 듣고 싶었니?
밑을 내려다보니 오른쪽 다리가 지 혼자 덜덜덜덜 떨고 있다.
'휴우. 내가 쫄긴 쫄았었구나. 하마터면 산속에서 객사할 뻔했네.'

오늘 목숨 걸고 배운 교훈 한 가지,
'절대로 현지인의 충고를 무시하지 말지어다……'

# 우리의 바이크 비바리와

## 함께한 해맑은 중미 아이들

Episode 63

# 아이고, 나 죽네! 안티구아 Antigua  과테말라시티 Guatemala city

"아이고, 나 죽네에……."

안티구아에 도착하자마자 시작된 구토와 설사 때문에 방에서 나갈 수가 없었다. 바늘로 손발가락을 모두 따 봐도 소용이 없고 열까지 펄펄 끓는 것 같아, 병원에 가려고 바이크에 앉았다.

"어라? 얘가 왜 이러지?"

스위치를 누르니 지직지직 소리만 나고 시동이 안 걸린다. 멕시코 바토필라스에서 처음 발생했는데, 이후로 증상이 점점 심해졌던 것이다.

혹시 케이블에 쇼트가 났나? 피복을 벗겨 요리조리 살펴봐도 도통 모르겠다. 바리야, 내가 아프다고 너까지 그러면 어떡하냐? 이 빌어먹을 안티구아에서 너와 내가 따블로 맛이 가는구나. 역쉬 우리는 한 몸인가? 콜록콜록!

일단 한 시간 거리의 과테말라시티에 BMW딜러가 있으니, 거기까지만 가면 되는데. 에이, 차라리 잘됐다. 이렇게 문제가 발생했을 때 그대로 보여줘야 근본적인 해결책이 나올 테니까. 그 동안 상당히 찜찜했거든.

화물차를 불러 바이크를 싣고 BMW딜러에 도착했다. 상황설명을 하니 늦어서 내일 작업을 하겠다며, 근처 호텔을 특별가로 모시겠단다. 물론 택시비와 함께.

"그래, 이렇게 나와야 정상이지. 근데 특별가라는 게 얼마예요?"

"5만 원입니다", "네? 전 어제 4천 원짜리 모텔에서 잤거든요?" 황당해하는 직원들.

할 수 없이, 최후의 보루인 BMW오너북을 꺼내들었다. 과테말라 전체에 딱 한 명이 등록되어 있었는데, 전화해보니 흔쾌히 초대해주셨다.

휴, 다행이다. 그러고 보니 오늘이 내 생일인데 외롭게 보내진 않겠구나.^^
바로 에릭의 집에 찾아갔다.

스페인에서 저널리즘 공부를 한 뒤 귀국했으나 군사정권 때문에 뜻을 못 펴고 광고사진작가로 활동하다 은퇴하신 분이었다. 저택에서 6명의 하인을 거느리며 클래시카 복원을 취미로 하고 계셨다. 한마디로, 과테말라에선 잘나가는 집안인 것이다.

몸이 많이 아프다고 하자, 다음날 날 데리고 사모님의 친구분이라는 의사를 찾아가 진찰을 받게 해주셨다. 덕분에 단 하루 만에 소변과 피검사 결과를 확인한 뒤 약을 탈 수 있었다.

의사 빽이 없었다면 일주일은 걸렸을 일이다. 돌아오는 길에 경찰이 검문을 했다. 에릭과 나, 운전사를 포함해 남자 3명이 타고 있기 때문에 수상하다는 이유였는데, 알고보니 진짜로 원하는 건 뇌물이었다. 에릭의 운전면허 갱신기간이 지났다는 이유로 엄청난 벌금을 매기려 했기 때문이다. 운전사가 나서서 몇십만 원을 찔러주고 무마시켰다.

나 때문에 생긴 일 같아 괜히 미안했는데, "아냐, 세환. 요즘 경찰이 다들 이래. 강도는 날뛰는데 치안은 뒷전이고, 정말 미칠 노릇이지. 1년 전에 마누라가 납치를 당해 이틀간 시달리다 풀려났는데 경찰은 뒷짐지고 구경만 하더라고."

환갑을 바라보는 나이에 손수 아침을 지어주시고, 과테말라 현실에서부터 오토바이, 사진 그리고 인생에 관해 많은 조언을 들려주셨다.

블로그에서 누가 이런 걸 **'빈대붙는다'** 라고 표현한 적이 있는데, **나는 이걸 '기적' 이라 부르고 싶다.** 가장 도움이 필요할 때, 하늘에서 엔젤을 내려주시는 '기적'!

Episode 64

# 한 번 인연은 영원한 인연 산살바도르 SanSalvador

반 년 전 알래스카 올라갈 때 주유소에서 만나 명함을 받았던 카를로스, 그에게 전화를 때려보았다.

"안그래도 내일 안티구아에 갈려고 했었는데, 오는 길에 들를 테니 준비하고 있으라구."

오잉? 그 동안 이메일 답변이 없어 여행 간 줄 알았는데, 이렇게 잘 풀릴 줄이야.

에릭의 집에 바이크 부대를 이끌고 온 카를로스, 주말이라 친구들과 투어를 다녀오는 길이었다.

몸이 아파서 당분간 쉬고 싶다고 하자, 엘살바도르 국경 통과 후 호숫가의 별장에 데려다주었다.

"여긴 할아버지 때부터 사용하던 우리 가족별장이야. 조용해서 몸조리하긴 딱 일거야. 다음주에 데리러 올게."

오, 이럴 수가! 덕분에 꿈 같은 휴식시간을 보낼 수 있었다.

일주일 후, 카를로스가 식구들을 데리고 별장에 놀러 왔다. 라이딩을 가자고 해서 따라가보니 엘살바도르의 BMW클럽 멤버들이 나를 위해 깜짝 파티를 열어주었다. 정말 몸 둘 바를 모를 정도로 황송했다.

저녁엔 산살바도르에 있는 그의 집으로 이동했다. 미국에서 해병대로 10년간 복무 후 은퇴한 뒤 고향에 내려왔다고 했는데, 그의 남다른 영어실력엔 이유가 있었던 것이다. 그의 바이크숍에서 오토바이 점검도 하고, 병원에서 재검을 받았는데 다행히도 아무 이상 없었다. 역시 일주일간 쉰 보람이 있구나. 당신 덕분에 여행을 다시 시작할 수 있게 되었습니다. 고마워요, 카를로스!

# Episode 65
# 세상에서 가장 행복한 고민
우틸라섬 Isla de Vtila  테구시갈파 Tegucigalpa

온두라스 국경을 통과하는 데 2시간이 넘게 걸렸는데, 담당직원이 딴 데서 놀고 있어서 그 쉐이 찾느라고 한참을 기다렸기 때문이다. 도로엔 커다란 구멍이 파여 있고, 어찌나 운전을 험하게 하는지 반대편 차가 갑자기 추월을 해올 때는 머리가 쭈뼛 설 정도였다.

코빤유적지를 갈까 말까 한참을 망설였다. 이미 수많은 유적지를 보았기에 실망할까봐 그런 것도 있고, 이걸 보려면 몇 시간을 갔다가 다시 원위치로 돌아와야 하기 때문이다.

달리다보면 이런 순간이 많이 있는데, 참 결정하기가 힘들다.
"이건 세계일주야, 모든 것을 볼 순 없다구. 통과!"
"내가 또 언제 여길 오겠어. 나중에 후회 말고 보고 가자!"
시간과 비용 때문에, 이 두 가지 사이에서 고민하는 것이다.

이런 게 바로 세상에서 가장 행복한 고민이 아닐까?

이번엔 '보고 가자'는 쪽으로 결론이 났는데, 생각보다 괜찮아서 다행이었다.^^

세계 최저 스쿠버다이빙으로 유명

우틸라섬에 바이크를 싣고 가는 영국인 커플

한 우틸라섬도 마찬가지였다. 몸상태가 안 좋았기 때문이다.

"다이빙도 안 할 건데 갈필요가 있을까? 이미 벨리즈에서 비슷한 섬을 다녀왔잖아?"

하지만 또 '가고 보자' 는 쪽으로 결론이 났다.^^

카약을 잠깐 탄 뒤 이틀 동안 앓아누웠는데, 몸이 무겁고 피곤해서 만사가 귀찮았다.

그 동안 선선한 산악지대를 달려온지라, 무덥고 햇빛 쨍쨍한 해안지역에서 더위를 먹은 것 같았다. 이게 바로 오토바이 여행의 최대 '쥐약' 인데, 더위와 추위에 속수무책이라는 점이다.

이래서야, 어찌 아프리카 횡단을 한단 말인가? 정말 걱정된다.

그 나라의 수도는 꼭 가보기로 했기 때문에, 테구시갈파에 이틀간 머물렀는데, 사람들에게 큰 실망을 느껴 미련 없이 떠날 수 있었다.

택시기사에게 바가지요금을 당한 것은 괜찮았다. 식당에서 친해진 현지인과 같이 호프집에 갔는데, "여긴, 양주를 사가지고 와서 마셔도 되거든. 내가 사올테니 돈 좀 줘바라." 이왕이면 좋은 걸로 사주고 싶어서 돈을 넉넉히 줬는데, 아무리 기다려도 오질 않았다. 내가 당한 것이다.

여행시작 후 이런 적은 처음이라 큰 충격을 받았다. 자슥이 돈이 없으면 달라고 할 것이지, 치사하게 사람을 속이냐. 더구나 오토바이를 타는 사람이라서 믿었는데.

지금까지 수많은 엔젤의 도움을 받으며 '서울에서 찌들었던 영혼이 순수하게 정화되고 세상이 마냥 아름답게만 보이는' 기분이었는데. 왜 사람들은 도시에 살면 그렇게 변하는 걸까?

난 정말 도시가 싫다.

# Episode 66
# 한여름의 감기는 개도 안 걸린다는데…
마나구아 Managua

　온두라스를 떠나자마자 엄청난 무더위가 시작되었는데, 미국의 데스밸리 국립공원을 맞먹을 정도였다. 후끈 달아오른 아스팔트 지열 때문에 온몸에 헤어드라이기 바람을 맞는 기분이었는데 1시간도 못가서 휴식모드에 들어갔다.
　"아, 헬멧도 벗어던지고 싶다. 왜 이렇게 더운 거야? 정말 돌아가시겠군."
　열대야 때문에 밤새도록 선풍기를 틀었더니, 다음날 감기에 걸려버렸다.
　"이런, 간신히 컨디션을 회복했는데 또 이러다니. 아이고, 할머니."
　캐나다에선 비 맞고 추위에 떨면서 달려도 멀쩡했는데, 이런 무더위에 감기가 걸리다니,
　'이거 혹시 말라리아 아냐? 아냐, 말라리아는 독감처럼 고열증상이 나타난다고 했으니까 아닐 거야.' 난 말라리아 예방약을 먹고 있지 않았다. 왜냐고? 그냥.^^
　**오토바이 세계일주. 시간이 지날수록 너무 힘겹게 느껴진다.**
　오토바이 관리하랴, 내 몸뚱아리 챙기랴. 둘 중에 하나라도 문제가 생기면 전진이 불가능하기 때문이다. 여행 준비할 때 오토바이에 문제가 생길까봐 걱정을 했었는데, 요즘 느끼는 점은 오토바이는 끄떡없이 잘 달리는데 내 몸뚱아리가 견디지 못한다는 점이다.
　이젠 바이크보단 몸 관리에 신경을 더욱 써야겠다.^^

컨디션이 좋아질 때까지 마나구아에서 3일간 쉬었는데, 볼 것 없는 이 도시도 옆방에 묵고 있던 미국친구 브라이언과 같이 다니니 지루한 줄 몰랐다.
왜 오토바이 여행을 하는 사람들이, 대부분 애인이나 친구와 같이 하는지 알 것 같다.

혼자는 너무 외롭거든…….T.T

Episode 67

# 삼일야화. 오빠, 땡겨! 산호세 san jose

지도를 가만히 보니, 중미는 빠르게 통과해야겠다는 생각이 들었다. 덩치 크고 볼 것 많은 남미에서 시간이 많이 필요하기 때문이다. 더구나 베네수엘라는 우기가 다가오고 있어서 그전에 빨리 통과해야 한다. 해서, 산호세를 찍고 팬암하이웨이를 따라 파나마로 곧장 넘어갔다. 딱 3일 만에 코스타리카를 통과한 것이다.

# Episode 68
# 노병은 죽지 않았다 파나마시티 panama city

멕시코를 떠난 지 한 달 보름 만에 중미의 마지막 나라 파나마에 입성했다. 멕시코보다도 작은 중미를 통과하는데 이렇게 오래 걸릴 줄이야.

파나마에서 콜롬비아로 바이크를 운송하는 방법엔 두 가지가 있다.(두 나라 사이는 '다리엔 갭'이라는 정글지대로 도로가 끊겨 있다.) 일주일간 요트를 타는 것 그리고 비행기로 하루 만에 가는 것. 배멀미가 너무 심한지라, 후자를 택했다.

운송회사에 바이크를 맡긴 뒤, 숙소로 돌아왔는데 웬 할아버지가 길을 막는다.

"혹시 911테러를 부시정부가 뒤에서 조정했다는 걸 알고 있나요? 어째서, 그 커다란 항공기가 미국의 최첨단 레이더망에 안 잡혔을까요? 뭔가 이상하지 않아요? 진실을 밝히기 위해선 당신의 도움이 필요합니다. 한푼만 적선해주세요."

알고보니, 평생을 반정부주의자로 일해온 분이었다.

"근데, 식사는 하셨어요? 제가 밥 사드릴게요."

할아버지의 얘기를 끝까지 들어준 뒤 헤어졌는데, 다음날 식당에서 다시 만났다.

"어? 또 보게 됐네요? 점심은 드셨어요? 제가 밥 사드릴게요."

연이은 호의에 궁금했던지 물어보신다.

"근데, 넌 왜 나한테 친절하게 대하는 거지? 내가 이상해 보이지 않니? 다들 미친 노인네라고 수군대는 거 안 보여?"

한국에선 조상을 기리기 위해 1년에 한 번씩 온 친척이 모여 제사를 지내요. 많이 없어지긴 했지만, 그래도 저희 나라에선 노인 공경사상이 남아 있거든요. 그리고 젊게 사시는 모습이 참 보기 좋아요."

"그래, 세계일주를 한다고 했지? 내가 도와줄 건 없나?"

"혹시 물감하고 붓을 어디서 파는지 아세요? 가방에 여행지도를 그려넣을려구요."

"그래? 지금 기다리고 있는 내 친구가 거리의 화가거든? 내가 지도를 직접 그려달라고 부탁해보지."

"정말요? 와, 고맙습니다!"

두 분의 도움으로 알루미늄 가방 한쪽에 멋진 세계지도와 그림을 넣을 수 있었다.

| 콜롬비아 Colombia | 베네수엘라 Venezuela |
| 에콰도르 Ecuador | 페루 Peru |
| 볼리비아 Bolivia | 칠레 Chile |
| 아르헨티나 Argentina |

9개월 2006. 3. 30. ~ 2006. 12. 22.

# 남미

Episode 69
# 글래머의 천국, 이곳에 뼈를 묻고 싶다!
보고타 Bogota

파나마시티에서 비행기로 한 시간 만에 보고타에 도착했다.

헌데, 이-런 어쩜 오토바이가 아직 파나마에 있단다. "뭐라구요? 모레 온다구요? 참 나, 기가 막혀서." 할 수 없지, 일단 시내로 가서 하룻밤 자자.

다음날 아침, 밖으로 나왔더니 길가에 사람들이 꽉 차 있고 경찰이 차량 통행을 막고 있었다. 잠시 후 퍼레이드 행렬이 지나가는데, 오늘부터 1주일간 보고타의 축제기간이란다. 어제 오토바이 찾았으면 이 좋은 걸 못 볼 뻔했네, 이런 걸 새옹지마라고 한다지? 좋았어, 이왕 늦은 거 실컷 구경하고 다음주에 오토바이를 찾자.

길을 걸어가는데 언니들이 생글생글 웃어준다. "올-라(안녕)?" 하고 인사도 하면서. 동양인이 없다보니 호기심에서 그런 것 같다. 언니들이 표정도 밝고 상냥할 뿐만 아니라, 몸매도 볼륨 있는 아담사이즈가 많아서 내 맘에 쏙 들었다. 여기를 봐도 이쁘고, 저기를 봐도 이쁘니 이를 어째쓰까잉~^^ 뭐랄까, 전체적인 미모수준이 상당한 지경에 이른 것 같다.

시간이 지날수록 세계일주고 나발이고 이곳에 뼈를 묻고 싶은 생각이 마구마구 들었다. 머리털 나고 처음으로 사진 찍는다는 핑계로 길거리 헌팅을 해봤는데, 이런 어쩜 내 혀짧은 스페인어로는 어림도 없었다. 이럴 줄 알았으면, 공부나 열심히 해두는 건데.

숙소에 돌아와보니, 주머니 속에 있던 현금이 보이질 않는다. 이야, 어쩜 호텔 열쇠는 그대로 있는데 현금만 쏙- 빼갔을까? 정말 귀신같은 솜씨군. 그래, 그 정도 실력이면 내가 인정해준다. 까짓거 불우이웃돕기 한 셈 치지, 뭐.

도대체, 어느 종간나쉐이가 그랬던가. '콜롬비아는 여행하기 위험하다. 특히 수도 보고타는 갈 생각도 하지 마라.' 놀고들 있네. 이곳 사람들은 장난 아니게 친절한데, 한 명에게 길을 물으면 옆에서 듣고 있던 사람들이 한 마디씩 거들다가 마침내는 "바모스!(같이 가자우!)" 그리곤 헤어지면서, "웰컴 투 콜롬비아!"

아마도 관광객이 적다보니 그런 것 같은데, 나중에 남미에서 만난 한국여행자들도 같은 생각이었다. **"콜롬비아 사람들은 남미최고다!"**

어떤 친구는 3개월간 남미 종주를 하려고 콜롬비아에 처음 왔다가, 사람들한테 반해서 세 달을 꼬박 머물고 그냥 돌아갔다고 한다. 다른 나라들은 가보지도 못하고. 큭큭. 이 정도니 더 말해서 무엇하랴. 궁금하면 직접 와보길 바란다.

# Episode 70
# 쉘 위 댄스? 상힐 San Gill

난 콜롬비아가 정말 맘에 든다. 산악지대를 달리며 바라보는 풍경이 아름다울 뿐만 아니라 도로상태도 아주 좋고, 마을에 들르면 사람들이 먼저 다가와 도와주려 했다. 콜롬비아 사람들이 호기심이 많아서 그렇단다. **오히려 위험하다는 이미지가 계속 유지됐으면 한다.** 관광객이 많아지면 안 좋게 변해버리기 때문이다.

상힐에 도착해 마을 입구에서 사진을 찍고 있는데, 웬 커플이 다가왔다.

"저, 어디서 왔어요?" 아가씨가 활짝 웃으며 물어본다. 오토바이에 앉아 있는 지라, 그녀의 가슴계곡이 아찔하게 들어왔다. 침을 꿀꺽 삼키고는 "아, 한국에서 왔어요. 세계일주 하는 중이죠.", "어머나. 그래요? 오늘 잘 데는 있어요? 저희랑 같이 가요." 택시를 잡아타더니 마을로 향했다. 휴, 정말 이쁜 아가씨네. 옆에 있는 녀석이 정말 부럽군.

자신들이 묵고 있는 모텔로 데려갔는데, 바이크 주차가 문제였다. "잠깐만 기다려봐요." 오토바이 경찰에게 다가가 미인계(?)로 녹이더니, "이 사람들에게 주차장이 딸린 모텔로 데려다 달라고 했어요. 따라가보시구요, 이따 밤에 놀러 오세요." 따라가니 경찰들이 숙소를 찾아주는 게 아닌가.

대충 짐을 풀고 한숨 잔 뒤, 비교적 깨끗한 옷을 찾아봤으나 그런 건 없었다. 짐을 줄이기 위해 몇 벌 안 되는 옷을 입고 또 입었더니 모두 지저분해진 것이다. 모텔로 찾아가니, 둘이서 방에 앉아 뭔가를 정리하고 있었다.

"아니, 저것들은 다 뭐예요?", "비누, 치약, 칫솔 뭐 이런 생활용품을 예쁘게 포장한 거예요. 저희는 학생인데 여기서 여섯 시간 거리의 큰 도시에 살거든요. 방학이면 여기 와서 한 달씩 머물며, 이걸 들고 팔러 다녀요. 아깐 다 팔고 숙소에 돌아오는 길이었어요.", "보기 좋네요. 커플로 이렇게 아르바이트도 하시고." 아가씨가 손사래를 친다.

"아니에요! 오빤 결혼한 유부남이라 제가 안심하고 따라온 거예요. 돈을 절약하려면 이렇게 한 방에서 잘 수밖에 없다구요." 앗싸아! 난 속으로 쾌재를 불렀다. 함께 저녁을 먹은 뒤 택시를 타고 살사바로 향했다. "콜롬비아에선 살사를 못 추는 남잔 여자를 사귈 수가 없어요. 제가 가르쳐드릴 테니 일루 와보세요." 이제 열아홉 살 됐다는 그녀의 손에 이끌려 스텝을 밟고 있는데 내 목 위로 손을 두르며, "살사는 세상에서 가장 섹시한 춤이에요. 자, 제 허벅지 사이에 한쪽 다리를 집어넣구요. 손은 제 허리를 잡으세요. 자, 이렇게. 좋아요?"

온몸이 완전히 밀착되다 보니 움직일 때마다 그녀의 뭉클한 가슴이 느껴졌다. 술도 한잔 먹었겠지, 뭔 향수를 뿌렸는지 냄새도 죽이겠다. 아랫도리가 금방 묵직해졌다. '아이고, 쪽팔려라. 얘가 이상하게 생각하면 어쩌지?' 속으로 걱정을 하고 있는데, 더 힘껏 안으며 몸을 흔들어댄다. "오빠, 콜롬비아 어때요? 좋아요? 정말로?" 어지간히 취했나보다.

헌데, 이자식이 계속 그녀에게 술을 먹이며 몸을 더듬는다. 미국에 공부하러 갔다는 남자친구가 있으니, 녀석과 사귈 리도 없었고, 경계가 느슨해진 틈을 타 오늘밤 어떻게 해보려고 하는 것 같았다. 그들의 사생활에 끼어들 수도 없고 해서 택시를 타고 숙소에 돌아왔는데, 다음날 그들의 방에 찾아가 보니 이미 떠나고 없었다. 부디 별일 없었길 바랄 뿐이다.

Episode 71
# 나, 콜롬비아로 돌아갈래! 1
메리다 Merida

베네수엘라 국경을 통과하니 비는 억수같이 내리는데 차가 엄청나게 막혔다. 얼마나 막히는지 추석귀향길을 방불케 한다. 알고 보니, 지금이 부활절휴가기간이라 그렇단다.

반 나절이면 충분한 거리를 이틀간 달리느라 스트레스를 엄청나게 받았다. 주 경계를 넘을 때마다, 망할 놈의 군바리들이 날 잡아 세운 뒤 서류를 비롯해서 짐을 이것저것 검사한다. "갈 길이 먼데 관광객인 나를 도대체 왜 잡는 겁니까?" 하도 열 받아서 알루미늄 가방 속의 짐들을 마구 꺼내 바닥에 던져 버렸다. 그리곤, 한참 동안 분을 삭이고 있는데 자식들이 실실 쪼갠다. "니가 그래봤자 어쩔건대?" 하는 표정들이다.

니가 그래봤자 어쩔건대?

지금 생각해보면 그렇게까지 할 필요는 없었는데, 달리면서 받은 스트레스가 폭발한 것 같다. 다시 짐을 주섬주섬 챙겼는데, 내 행동이 괘씸했던지 서류를 한 시간이 지나도 되돌려주지 않았다. 이러다 날 새겠다. 어쩌겠는가? 미안하다고 말할 수밖에. 이후부턴, 군바리들이 검사를 할 때마다 사진을 찍어주며 친한 척을 했다. 반항해봐야 나만 손해란 걸 깨달았기 때문이다. 이렇게 하니, 금방 보내주었다. 진작 이럴걸. 역시 난 한-참 멀었다. 이렇게 마음을 다스리지 못하다니. 쯧쯧.

베네수엘라는 물가가 비쌌는데, 가장 맘에 안 드는 건 사람들의 차가운 태도였다. 먹고살 만해서 그런가? 어쩜 콜롬비아와 이렇게 다를 수가 있을까? 그나마 날 위로해주는 건, 엄청나게 싼 기름값이었다. 산유국이라 그런지 만땅을 채웠는데도 천 원이 안 나온다. 물보다 기름이 싼 것 같다.

도로는 쭉 뻗어서 지루하기만 했는데, 엄청 더운 날씨 때문에 눈 상태가 다시 악화됐다. 뜨거운 직사광선이 헬멧 안의 얼굴을 달궈서 눈이 시뻘게진 것이다.
　이래저래, 베네수엘라의 첫인상이 아주 좋지 않다. 나 콜롬비아로 돌아갈래!

# Episode 72
# 세계 최고 높이의 앙헬폭포

시우다드 볼리바르 Ciudad Bolivar

시우다드 볼리바르에 도착한 뒤 세계 최고 높이라는 앙헬폭포(앙헬 : 천사라는 뜻)를 보기 위해 투어에 참석했다. 일단 밀림 속의 마을까지 가야 했는데, 허름한 티셔츠에 청바지를 입은 아저씨가 오더니 비행기 운전석에 앉는다. "뭐야, 저분이 기장이었어? 난 택시기사인 줄 알았는데."

6인용 소형비행기였는데, 어찌나 낡았는지 오른쪽 문이 잘 잠기지 않는다. 앞자리엔 생필품과 커다란 가지 부대가 있었는데 뒤로 넘어오려고 해서 왼손으로 붙잡고 있어야 했다. 오른손은 이미 흔들리는 문을 잡고 있는 상태였다. 비행기가 뜨긴 뜨는 거야? 와, 이거 완전히 공포분위기구만.

두 시간 동안 하늘 위에서 빌고 또 빌었다. "제발, 무사히 땅에 내릴 수 있게 해주세요. 오-지쟈쓰…!!" 다행히, 마을에 무사히(?) 도착했는데 이번엔 배를 타고 1박 2일간 강을 거슬러 폭포까지 올라가야 했다. 문제는 지금이 건기라는 것이다. 강에 물이 없어서 내려서 배를 끌고, 내려서 또 끌고 이 짓을 수없이 반복해야 했다. 그래도 갈 수 있다는 게 신기할 정도다. 역시 돈이 무섭긴 무섭구나. 크크.

산 위를 한참 올라가서야 폭포를 볼 수 있었는데, 건기라 물이 없어서 폭포가 아니라 누가 위에서 쭈그리고 앉아 오줌 싸는 걸 구경하는 것 같다. "뭐야, 이거 보려고 그 생고생을 한 거란 말야?"

하지만 오는 과정이 재밌지 않았는가. 그러고 보니, 오토바이 여행과 닮아 있다.

다시 배를 끌고(?) 마을에 돌아오니, 여자 두 명이 폭포에 가려고 대기중이었다.

"하이, 어디서 왔어요?", "한국에서 왔구요, 오토바이 세계일주중이에요.", "아, 그래요? 정말 멋지네요."

한 분은 스튜어디스로 매년 두 달씩 휴가를 받는데, 10년간 전세계를 여행했다고 한다.

공항 근처에 아파트가 있다고 했는데, 평소엔 남편집에서 살기 때문에 나중에 오면 맘대로 쓰라고 초대해주었다. 다른 분은 독일인으로 길거리에서 자신의 그림을 팔면서 여행하고 있었다. 말로만 듣던 오리지널 히피인 것이다. "난 아파트가 없으니, 공짜로 먹고 잘 수 있는 공동체 주소를 알려주지. 대신 일은 해야 돼." 암튼 재미난 여자들이다.

217

Episode 73

# 아프리카 트윈 클럽    카라카스 Caracas

카라카스에 도착해 숙소 찾기 작업에 들어갔다. 대도시답게 모텔비가 비싼데다 오토바이를 주차할 수도 없었는데, 심지어는 유료주차장도 주차를 거부했다. 이런, 니기미.

자, 그럼 2차 작업에 들어가볼까나. 그게 뭐냐고? 같은 오토바이 라이더에게 물어보는거다. 예상대로 바모스!(나를 따르라!)가 나온다. 역시 믿을 건 라이더밖에 없구먼. 큭큭.

하지만 몇 번의 시도에도 불구하고 그들도 마땅한 숙소를 찾지 못했다. 와, 카라카스 정말 강적인걸? 여긴 그냥 통과해버릴까? 하는 순간, 바로 옆에 한 대의 바이크가 멈췄다. 쨔-잔. 그것은 바로 BMW였다. '이제 게임 끝났군. 앗

싸아!' 난 속으로 이렇게 외쳤다. 그 동안의 경험으로 BMW라이더간의 끈적끈적한 그 무엇을 알고 있었던 것이다. 아니나 다를까? 혼자 살고 있다면서 자신의 아파트로 끌고 가 소파에서 잘 수 있도록 해주었다.

그런데 진짜 사건은 이틀 뒤에 발생했다. 마침 이분이 혼다 '아프리카 트윈' 바이크클럽 회원이라 미팅에 따라갔는데, 사람들이 대환영을 해주었다. 내가 '코로'에 갈 거라고 하자, 회원 중 한 명이 코로 북쪽의 작은 반도에 자기 별장이 있다면서 같이 놀러 가자고 특별제안을 했다. 마침 내일부터 이곳 연휴가 시작된 것이다.

"오잉? 지금 말한 그곳이 진짜 내가 가고 싶은 곳이었는데. 이야, 이렇게 일이 잘 풀릴 줄이야……." 같이 가기로 한 회원분의 아파트에서 하룻밤 머문 뒤, 다음날 코로를 향해 출발했다.

들뜬 마음에 아파트 지하주차장을 나오는데 갑자기 철문이 닫히는 바람에 넘어지고 말았다. 일어나보니 알루미늄가방의 프레임이 완전히 휘어져서, 한쪽 가방을 떼어내야 했다. 차에 가방을 실은 뒤 한쪽 가방만 달고 달렸는데, 오토바이가 어찌나 가볍던지 시속 140킬로미터로 땡겨버렸다.

가는 길에 주유소에 들러 햄버거를 먹었는데, 갑자기 호세의 부인이 소리를 질렀다. "내 핸드백이 없어졌어요!" 소란한 틈을 타 누군가 가방을 슬쩍 한 것이

다. 역시 남미는 좀도둑이 극성인 듯했다. 카드와 수표회사에 전화를 걸어 정지 신청을 하는데 한참이 걸렸지만, 일단 일정대로 진행하기로 했다. 괜히 나 때문에 잃어먹은 것 같아 미안했다.

이분들과 3일간 바닷가의 별장에서 먹고 자며, 아니 극진한 대접을 받으며 정이 많이 들었다. 마지막날 저녁, 일행들이 카라카스로 돌아가기 위해 7시간의 야간 라이딩을 준비하고 있었다. 낮엔 너무 덥기 때문에 일부러 밤에 달리는 것이다. 가는 길에 근처 모텔까지 안내를 해주었다.
"시간이 너무 늦었으니, 넌 여기서 자고 내일 가도록 해." 알고 보니 모텔비도 벌써 지불한 것이었다. 가는 걸 보려고 서 있는데, 갑자기 일행들이 한 줄로 나란히 내 앞에 선다.
"일동, 차렷! 경롓…!" 허리 숙여 다 같이 인사를 하는데, 목이 메어올 정도로 감동을 받았다.

너무나 고맙고 멋진 사람들. 이분들을 못 만났다면, 베네수엘라의 인상이 나쁘게만 기억될 뻔했다.

난 그저 오토바이 타고 여행을 할 뿐인데 왜 사람들은 이렇게나 잘해주는 것일까? 이럴 땐 정말 너무너무 황송할 따름이다.

호주의 알렉이 그랬었지, 오토바이는 일반여행자들이 가질 수 없는 특별한 경

힘을 하게 해준다고. 그래, 바로 이게 오토바이 여행의 진정한 매력이야!

Episode 74

# 아저씨, 권총 얼마예요? 카르타헤나 Cartagena

베네수엘라를 떠난 뒤 콜롬비아 최고의 관광도시 카르타헤나에 도착했다. 바닷가의 요새를 돌아보고 있는데, 구멍난 반바지를 입은 아저씨가 졸졸 따라온다.

"내가 가이드 해줄까? 요즘 일자리가 없어서 심심해서 그래. 돈은 필요 없고, 아이스크림 하나만 사주라, 응?"

결국, 아이스크림을 사준 뒤 아저씨를 가이드로 고용(?)했다. 한참을 돌아다니며 점심도 사주고, 맥주도 같이 마셨는데 신이 났는지 갑자기 엉뚱한 제안을 한다.

"너, 과테말라에서 권총강도를 당했다고 했지? 또 그런 일이 생기면 어떡하니. 내가 권총을 몰래 파는 곳을 알고 있는데, 관심 있냐?" 뭐? 권총이라고? 갑자기 호기심이 발동한다. "관심 있으니까, 앞장서세요." 근데 이 아저씨 하는 행동이 정말 웃긴다. 골목길의 이 가게 저 가게를 쑤시고 다니며, 가게 주인장한테 권총 파는 데를 아냐고 계속 물어봤기 때문이다.

'짜식, 내가 스페인어를 하나도 모르는 줄 아나보지? 나도 눈칫밥이 벌써 반 년이야, 임마.'

이번엔 내가 아저씨를 놀려주기로 했다. 일단 사람들이 많이 모이는 소칼로(중앙광장)에 갔는데, 불법CD를 팔고 있는 사람들이 보였다. 자고로, 이런 일을 하는 사람들이 그쪽 계통에 빠삭한 법인데, 대뜸 물어봤다. "저, 권총이 필요해서 그러는데, 구할 수 있겠어요?" 잠시 주위를 둘러보더니, "얼마를 원하쇼? 가격만 맞으면 내 당장 가져오지. 친구가 군대 있을 때 빼돌린 게 있거든."

"그래요? 그럼 친구네 집으로 당장 갑시다." 택시를 잡아타는데, 이 모든 과정을 옆에서 멍하니 보고 있던 아저씨 왈 "그럼, 나도 같이 가야쥐이!" "아저씨는 좀 빠지세요. 알긴 뭘 알아요. 저보다도 모르시는구만. 아저씨, 안녕." 속으로 큭큭 웃으며 손을 흔들었다.

"형씨, 근데 권총이 얼마나 하나요?" 택시 안에서 녀석에게 물어봤다. "싼 건 40만 원, 매그넘은 80만 원 정도 주셔야 돼요. 총알은 12발을 기본으로 드리구요, 더 필요하면 며칠 기다려야 돼요."

"아, 그래요? 생각보다 너무 비싸군요. 죄송한데 그 정도 돈은 없거든요." 녀석이 황당한 표정을 하더니, 이번엔 새로운 제안을 한다. "그럼 이건 어때요? 아는 여자애가 통신회사에서 일하고 있는데, 완전 글래머라 가슴도 크고 얼굴도 진짜 이쁘거든요? 낮엔 관광가이드하고, 밤엔 같이 자주는 조건으로 하루에 15만 원, 어때요?" 이건 또 뭐야. 또 호기심이 발동했다.

"그래요? 일단 얼굴이나 봅시다." 방향을 틀어 이번엔 바닷가 쪽으로 향했다.

"여기예요, 얘가 그 여자예요." 완전 글래머는 맞는데 살이 쪘는데도 살들이 히프와 가슴에만 몰려 있고, 팔다리는 날씬한 정말 희한한 체형이었다. 얼굴은 까무잡잡해서 예쁘장한 편이었는데, 날 보더니 씨-익 웃는다. '난 니가 왜 왔는지 알어.' 그런 표정이다.

가만 보니, 길가에 핸드폰을 몇 대 놓고 앉아서는, 지나가는 사람들에게 핸드폰을 빌려주고 통화료를 받고 있었다.

'참나, 기가 막혀서. 이게 네가 말하던 통신회사냐? 크크크.'
"저기 저 커플 보이죠? 저 사람들도 비슷한 경우인데, 제가 어제 소개시켜줬죠."

쳐다보니 나이든 서양남자가 진짜 글래머를 데리고 바닷가를 산책하고 있었다. 마치, 연인처럼.

역시 유명한 관광지답구만. 내가 돈이 튀냐? 이런 데 돈을 쓰게. 암튼 구경 한 번 잘했네.

녀석에게 너무 비싸다는 핑계를 대고 숙소에 돌아왔다. 권총과 여자를 돈 주고 살 수 있는 나라. 그것이 콜롬비아의 가난한 현실이었다.

Episode 75

# 가방이 무거워요! 메데인 Medellin

베네수엘라에서 알루미늄가방을 수리한 뒤 내내 생각했었다.

'아무래도 가방이 너무 큰 것 같아. 무거울 뿐만 아니라, 바람의 저항도 심하잖아. 특히 비포장도로에선 가방 밑 부분이 오토바이에 계속 부딪쳐서 안 되겠어. 이젠 야영을 안 하니까 짐도 많이 줄은 상태고.'

한 달 전 보고타에서 사무실에 오토바이를 주차하도록 도와준 친구가, 메데인에 동생이 살고 있으니 도움이 필요하면 연락하라고 했었다. 동생에게 전화하니 한걸음에 달려왔는데, 마침 이 친구가 오토바이 정비소에서 일을 하는 게 아닌가. 이곳에 바이크를 들여놓은 뒤 정비소 직원들의 도움으로 가방 줄이기 작업을 쉽게 할 수 있었다. 기분까지 홀가분한 게 정말 좋군. 알래스카에서 내가 멋도 모르고 크게 만들어버린 게 실수였어. 가방은 작을수록 좋은 건데, 무조건 크면

많이 들어가니까 좋은 줄 알고. 큭큭.

**콜롬비아 최고의 미녀도시 깔리.**
　하지만 부푼 가슴을 안고 도착한 날 기다리고 있는 것은 엄청난 교통량이었다. 아니 이 동네는 왜 이렇게 차가 많은 거지? 난 아담하고 예쁜 도시인 줄 알았는데. 어찌나 거리가 좁고 복잡한지, 일방통행이 많아서 론리플래닛에 나온 숙소를 찾는데 무려 두 시간이 넘게 걸렸다. 마지막에 길을 가르쳐준 녀석이 잘못 알려주는 바람에, 숙소를 코앞에 두고 짜증이 확 밀려왔다. 지도를 내팽개치며 외쳤다. "이런, 쓰벌. 미녀고 나발이고 이런 복잡한 도시는 정말 싫다. 여긴 건너뛴다!"

　해서 어둠을 뚫고 쾌속전진해서 뽀빠얀에 도착했다. 이쁘긴 한데, 이런 스페인 식민도시들은 그 동안 하도 많이 봐서 질린다. 내가 깔리를 괜히 지나친 걸까? 단조로운 관광도시보단 복잡하고 역동적인 곳이 더 볼거리가 많고 진짜 사람 사는 모습을 볼 수 있는 건데. 다시 가, 말어? 갈까, 말까?
　―지금까지 한 번 지나간 길을 다시 돌아간 적은 없잖아?
　―그래도, 여기까지 와서 미녀들과 살사 한번 안 춘다는 건 의미가 없잖아? 한참을 고민하다가, 결국 앞으로 전진하기로 했다.

난 글을 쓰는 지금까지도,
이날의 선택을 얼마나
후회하는지 모른다.
**갔어야 했다. 미녀를 보러…….**

"오빠, 땡겨!"

## 남미의 미녀 특집

# Episode 76
# 나 콜롬비아로 돌아갈래! 2

이바라 Ibarra  오타발로 Otavalo

에콰도르 국경을 통과하자마자 콜롬비아로, 아니 정확히 말하면 깔리로 돌아가고 싶었다. 망가진(?) 몸매의 까무잡잡한 언니들을 보고 있자니, '내가 미쳤지, 뭐가 급하다고 이쁜 언니도 못 보고 온 걸까?' 이런 후회뿐이었다.

어쩜, 선을 하나 넘었을 뿐인데 사람들 얼굴과 사는 모습이 이렇게 다른 걸까? 정말 신기하다. 그래도 변하지 않은 건 도로에 차가 없다는 것인데, 먹고 살기도 빠듯하기 때문에 차 굴릴 여유가 없는 것이다. 그러고 보면, 우리나라는 먹고살 만한가 보다. 지금까지 한국에서의 삶을 돌아보면 참으로 무미건조하기 그지없는 인생이었다.

학창시절엔 대학입시를 통과하기 위해, 졸업한 뒤엔 직장을 잡기 위해, 그 뒤엔 남들에게 뒤처지지 않기 위해 무언가에 쫓기듯 살아왔다. 무엇을 위해 사는지, 무엇을 해야 되는지, 어디로 가고 있는지 아무것도 모른 채 하루하루 반복되는 생활……

TV에서 특이하게 사는 사람들을 볼 때면 마냥 부러워했는데, 그땐 내가 오토바이로 세계일주 할 줄은 꿈에도 몰랐다. 과연 내가 지금 잘하고 있는 걸까?

　인생을 제대로 즐기지도 못하고 열심히 일만 하는 한국남자들. 나도 그중에 하나였지만, 이젠 인생에서 소중한 것이 무엇인지 알고 있다. 그것은 바로 '시간'이다. 한 번 지나간 학창시절은 다시 돌아오지 않는 것처럼, 지금 이 순간은 영원히 돌이킬 수 없다.

　이 세상에 죽음을 피할 수 있는 인간이 있을까? 운이 좋아서 80살까지 살 수 있다고 치자. 하지만 당신이 건강하게 활동할 수 있는 기간은 과연 얼마나 될까? **오직 돈을 모으기 위해 젊은 시절을 소비하면 늙어서 돈은 있을지 몰라도 '추억'이 없게 된다.** 내가 전 재산을 털어 이번 여행을 떠난 것도 바로 이 '추억'을 만들기 위함이며, 아름다운 추억은 수십 억을 줘도 살 수 없다. **추억이 없는 인생, 그것은 실패한 인생이다.**

Episode 77

# 미션 임파서블 2 키토 Quito

키토에 도착했지만, 구경하기 전에 할 일이 있었다.
-앞타이어를 오프로드 타이어로 교체하기
-엄청 기스난 헬멧쉴드를 새 것으로 교체하기
-눈의 보호를 위해 햇빛가리개를 헬멧에 부착하기

일단, 전화번호부에 나와 있는 오토바이가게를 10군데 정도 골랐다. 이중에 한 곳만 찾아가면 다른 곳들은 계속 물어물어 갈 수 있겠지. 이런 걸 '꼬리잡기' 작전이라 부르는데 꼬리만 잡으면 머리까지 쭈-욱 연결되기 때문이다.
헌데, 키토가 생각보다 엄청나게 넓을 뿐만 아니라 길을 물어봐도 시큰둥한 반응이고 사람마다 말하는 게 서로 달랐다. 거의 다 온 것 같은데 아무리 헤매도 찾을 수가 없었다.
"이런 쓰벌, 모르면 모른다고 할 것이지 왜 자꾸 사람 헷갈리게 하는 거야?"

자, 그럼 2차 작전에 들어간다. 뭔지 알죠? 오토바이 라이더를 잡아라!
주변을 살펴보니 마침 택배회사 오토바이가 눈에 띄었다.
"바모스!(나를 따르라!)"가 나올 줄 알았는데, 고개를 절레절레 흔들며 거부한다. 콜롬비아 같았으면 벌써 찾았을 텐데. "그럼 얼마면 같이 가줄거유?"

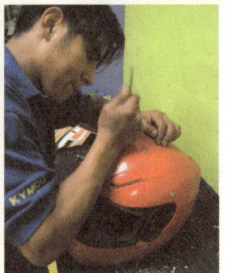

마지못해 앞장섰는데, 가게는 이미 문이 잠겨 있었고, 이 아저씨가 다른 오토바이 가게를 알려주었다. 휴, 살았다. 역시 죽으라는 법은 없구먼.

이곳에서 타이어를 구입한 뒤 오토바이가게에 들러 교체작업을 부탁했는데, 바로 여기에 '엔젤'이 기다리고 있었다.

주인장이 바이크를 살펴보더니 브레이크 패드가 닳아서 교체를 해야 한다며, 나를 데리고 BMW딜러로 데리고 갔다. 이곳에서 패드를 구입한 뒤, 브레이크패드뿐만 아니라 앞타이어까지 무료로 교체작업을 해주셨다. 작업을 마친 뒤엔 직원들과 함께 클럽에 가서 한잔 했는데, 미국에선 훌러덩 댄스를 한번 하려면 2만 원이 들었지만, 여기선 그 돈이면 4명의 남자가 한꺼번에 훌러덩 댄스를 즐길 수 있었다. 아예 방을 하나 잡더니, 언니가 남자들 무릎 위를 옮겨다니며 춤을 추었다. "와, 이건 타이어 바꾸러 갔다가 '접대'를 받는구만? 이게 웬일이니?"

자기 집에서 묵고 가라는 걸 사양하고, 모텔로 돌아오는데 짠-한 감동이 밀려왔다.

다음날, 헬멧의 쉴드를 사려고 끼토에 있는 오토바이 가게를 모두 뒤졌지만 살 수가 없었다. 신용카드가 없기 때문에 인터넷쇼핑도 불가능하다. 할 수 없지. 두 번째 미션은 실패다.

마지막 미션인 햇빛가리개를 달기 위해 키토에서 가장 크다는 바이크 가게를 찾아갔다.

마침, 오프로드 헬멧용 햇빛가리개를 팔고 있었다.

"하지만 님의 헬멧에 이걸 부착하는 건 불가능합니다. 님은 온로드용 헬멧이 잖아요. 그리고 우리 직원들은 다들 바빠요."

뭐시라고라? "세뇨르, 전 세계일주를 하고 있어요. 페루나 볼리비아는 바이크 용품점도 마땅치 않대요. 이곳이 유일한 희망입니다. 제발 도와주세요. 그리고 불가능하다는 말은 하지 마세요. 불가능한 것은 없습니다." (이걸 스페인어로 소화해냈다.^^)

이렇게 말하며 강한 '포쓰'를 쏘아주자, 즉각 실행에 옮긴다.

휴, 그나마 다행이구먼, 근데 헬멧쉴드는 어디서 구하지? 스크래치가 너무 많이 나 눈 아파 죽겠는데. 문득, 외국 라이더가 한 말이 떠올랐다,

"오토바이로 세계일주를 한다는 건, 끊임없는 문제해결의 연속이다!"

위도 0°0'0'의 분기선을 통과!

Episode 78

# 해발 6천 미터급 화산을 오르다

코토팍시 화산 Volcan Cotopoxi  침보라소 화산 Volcan Chimborazo

에콰도르엔 유명한 화산이 두 곳 있는데, 코토팍시와 침보라소 화산이다.

론리플래닛을 읽어보니 5천 미터 고지의 산장까지 차로 갈 수 있다고 나와 있었다.

공원 입구에 도착하니 차량만 출입 가능하며 오토바이는 허가해줄 수 없단다. 옆에서 지켜보던 관광가이드는 이곳에 주차를 시켜둔 뒤 자신의 차로 가야 한다며 한술 더 뜨고. 못 들은 척하며 속으로 생각했다, '짜식들, 니들이 아무리 그래도 난 꼭 들어갈 거다.'

한참 동안 매표소 앞에 서 있다가, 헬멧을 쓴 채로 직원에게 다시 접근했다.

"선생님, 전 오토바이 세계일주를 하고 있습니다. 때문에 에콰도르에서 가장 유명한 이곳에서 오토바이와 함께 사진을 꼭 찍어야 합니다. 부디 도와주십시오."

그리곤, 강한 '포-쓰'를 날려주자, 즉각 실행에 옮긴다.

"하지만 시속 35킬로미터 이하로 천천

커어~, 니들이 이 맛을 알어?ㅋㅋ

235

히 달려야 됩니다."

"알겠습니다. 땡큐! 아니, 그라시아스!!"

아마도 사고 나면 골치 아프니까 그런 것 같았다.

주변이 황량하면서도 아름다웠는데, 힘들게 올라간 산장에서 바라본 풍경은 정말 최고였다!

이럴 땐 정말 여행하는 '보람'을 느낀다. 그래 떠나길 정말 잘했어, 안 그랬으면 내가 죽기 전에 이런 비경을 볼 수 있을까? 헌데 머리가 깨질 듯이 아파와서 뜬눈으로 밤을 새웠다. 고산증세가 나타난 것이다. 비몽사몽간에 마을로 내려간 뒤 하루 종일 앓아누웠다.

# Episode 79
## 나는 배터리 충전중

킬로토아 루프 Quilotoa loop  암바토 Ambato  알라우시 Alausi  바뇨스 Banos

　해발 4천 미터의 킬로토아 화산호수 주변을 따라 이틀간 천천히 달렸다. 역시 에콰도르에서 가장 아름답다는 명성에 걸맞게 커브를 돌 때마다, 고개를 넘어갈 때마다, "이-야!" 하는 탄성이 나왔다. 역시 평야보다는 높은 능선을 따라 달릴 때 제 맛이 나는군.

　어릴 적에 이런 상상을 한 적이 있다.

　'죽을 때까지 계속 이동하며 나라마다 6개월씩 살아보면 어떨까? 하루하루가 정말 새롭지 않을까?'

　요즘 우연히도 이런 삶을 살고 있지만, 생각처럼 마냥 즐겁진 않다. 끊임없이 바뀌는 기후와 음식이 스트레스로 느껴지고, 매일 숙소를 찾아다니기도 피곤하며, 잠을 푹 자지 못해 요즘엔 한곳에 머물며 푹 쉬는 게 소원이 되었다.

　북미에서 비를 맞고 추위에 떨 때마다 이런 생각을 했었다.

　'빌어먹을, 이게 뭔 짓이람? 물가 싼 남미에 가면 실컷 쉬면서 가야지. 아, 정말 따끈한 온천에 푹 담그고 싶다.'

　마침 눈 상태도 안 좋은데 미국 세크라멘토에서 신세졌던 데이브가 헬멧쉴드를 보내준다고 한다. 소포가 올 때까지 한 곳에서 기다려야 하므로, 조용한 온천마을인 '바뇨스'에서 일주일간 푹 쉬었다. 난 정말 몰랐었다. 여행할 때도 휴가가 필요할 줄은……. 이런 걸, 라이더들은 배터리를 충전한다고 말한다. ^^

## 언제나 유쾌한

# 남미 사람들

Episode 80
# 바이크속이 작살나다 치클라요 Chiclayo 셀렌딩 Celendin

첫 번째 도시인 치클라요에 도착하자, 거리가 온통 노란색 티코의 물결이었다. 페루에서 이런 뜻밖의 장면을 보게 되니 웃음이 절로 나왔다. 아마도 우리나라에서 없어진 티코가 모두 여기 와 있나 보다. 장하다, 티코야!

바로 내려가려 했으나 북쪽 안데스지역은 여행자들이 잘 안 가는 곳이라는 설명에 갑자기 가고 싶어졌다. 이런 곳일수록 볼 것이 많기 때문이다.

예상과 달리 200킬로미터 지점부터 비포장도로가 시작되었다. 중미부턴 특별한 지도 없이 론리플래닛을 이용해서 길을 찾았는데, 이 책은 포장과 비포장 도로를 구분해놓지 않았기 때문이다.

이런, 된장. 이제 와서 되돌아갈 수도 없고. 그래도 경치가 좋으니까 달릴 맛 나는걸?

깎아지른 절벽을 따라 능선을 오르내리며 쿠앨랍 유적지를 볼 수 있었다. 사

람들이 거의 없었는데, 도로 상태가 너무 안 좋아서 그런 것 같다. 수백 개의 구멍이 패여 있는데, 너무 깊어서 지나갈 때마다 바이크가 심하게 출렁거렸다. 날씨가 어두워져서, 구멍이고 나발이고 완전 무시하고 엄청난 속

도로 땡기기 시작했다. 바이크가 미친 듯이 날뛰는데, 마치 투우 위에 올라탄 기분이 들 정도였다. 한참을 내려가는데, 갑자기 온몸이 위아래로 심하게 요동을 쳤다.

"아니, 여긴 평평한 도로인데 얘가 왜 이렇지?"

바이크를 세우고 가만히 살펴보니, 뒷쇽의 오일이 새고 있었다. 오 마이 갓뜨! 6개월 전 텍사스에서 새 것으로 바꿨는데, 이 산중에서 고장 나버리면 난 어쩌란 말인가. 깊은 도랑을 빠르게 달리면서 심한 충격을 받아 쇽이 맛이 간 것이었다. '이건 정말 최악이군. 아직 갈 길이 먼데 비포장도로를 이 상태로 계속 달려야 하다니.' 헌데 자세히 살펴보니 알루미늄가방의 한쪽 프레임이 부러져서 너덜거리고 있었다. 베네수엘라에서 프레임이 휘었을 때 펴준 부분이었다. 역시 한 번 휘었다 피면 강도가 약해지는군. 또 한 수 배웠네. 그리고 엔진과 프레임을 연결하는 기다란 볼트가 진동으로 날아가버렸다. "와, 이거 '꾸알랩' 한번 보려다가 바이크 작살내는구먼."

으-휴. 한숨이 절로 나왔다. 바이크는 작살나버렸지만 주위에 아무것도 없는 깊은 산골짜기라서 계속 전진할 수밖에 없었다. 달릴 때마다 위아래로 미친 듯이 요동치는 것은 기본이고, 뒤쪽에선 뭔가 부딪히는지 '드드드득~ 따다다닥~' 하는 소리가 들렸다. 심한 도랑을 지날 때면 쇽이 완전히 눌리며,

'쿵' 하고 밑쪽의 뭔가에 부딪히는데 식은땀이 절로 나왔다. 오일이 없기 때문에 오직 스프링의 탄성으로 버티고 있는 것이다. 이러다가 뭔가 크게 고장날 거 같은데, 왜 이렇게 마을이 안 나오는 거여? 시속 **20**킬로미터로 천천히 달려 마을에 밤늦게 도착했다.

"아저씨, 여기가 어디예요?" 뭐? 셀렌 디옹? 그건 가수이름인데. 아항, 셀렌딩이라고! 암튼 첨 들어보는 마을인 건 확실하군.^^

하루 종일 온몸으로 진동을 받아냈더니 허리와 목상태가 안 좋아서 완전히 뻗어버렸다.

다음날 오토바이 정비소를 찾아갔는데, 쇽을 수리하려는 게 아니라 체인과 부

덮치는 센터스탠드를 떼어내기 위해서다. 헌데 이 아저씨 왈,

"뭐 그럴 필요 있겠어요? 속에 오일을 새로 넣으면 될 텐데."

"네? 여기서 속을 수리할 수 있다구요?" 순간 내 귀를 의심했다. 이 허접한 정비소에서 BMW속을 수리한다? 말이 끝나기가 무섭게 바이크를 분해하기 시작하는데 불안한 마음에 계속 물어봤다

"아저씨, 정말 수리할 수 있는 거죠? 못할 거 같으면 지금 말해요. 괜히 바이크 고장내지 말고."

"걱정말라고. 장사 한두 번 해?"

정비공 셋이서 달라붙더니 생전 처음보는 BMW의 속을 꺼내, 완전분해한 뒤 엔진오일을 채워넣고 재조립을 거뜬히 해내는 게 아닌가. 오, 역시 그대는 위대한 잉카의 후손일세!

작업을 하는데 하루쯤일 걸렸지만, 바이크에 앉아보니 뭐 쓸만한 것 같았다.

"휴- 정말 다행이다. BMW딜러가 있는 칠레 산티아고까지만 버텨다오."

페루와 볼리비아엔 BMW딜러가 없다. 먹고 살기도 빠듯한데 BMW를 살 수 있겠수?

구사일생으로 살아난 기분이랄까? 역쉬, 난 운이 좋단 말야.

"근데 얼마예요?" 속으로 각오를 한 뒤 조심스럽게 물어봤다.

"얼마긴? 공짜지. 세계일주 하느라 이 산속까지 들어왔는데 내가 돈을 받을 거라고 생각하니? 문닫을 시간도 됐으니, 우리 집에 가서 저녁 먹고 자고 가라구."

"네에?" 순간 할 말을 잃고 말았다. 이번 여행하면서 가장 감동했던 순간이 바로 이때인 것 같다.

한국에선 BMW로 여행했다고 하면, "돈 많으신가 봐요?" 이딴 소리나 하고 앉아 있는데, 이 사람들은 내가 BMW를 타든 말든 그게 중요한 게 아닌 것이다. 그들은 사람을 본 것이지 오토바이를 본 게 아니기 때문이다.

다음날 아침 가뿐한 마음으로 일어나 바이크를 살펴보니, 어라? 새로 넣은 쇽의 오일이 모두 새어버렸다. 앉아보니, 이전과 똑같이 위아래로 심하게 휘청거리고. "허걸, 도로아미타불이구먼. 어쩐지 일이 잘풀린다 싶더라니." 하지만 덕분에 좋은 사람들을 만나 좋은 경험을 할 수 있었으니 아무래도 괜찮았다.

여행 이후 또 한 번의 위기가 찾아왔다. 이걸 도대체 어떻게 해결한다?

우선순위로 살펴보면, 미국에서 도와주었던 BMW딜러에 새 쇽을 워런티로 보내달라고 부탁한다. 불가능할 경우, 쇽을 떼 가지고 에콰도르의 BMW딜러에 버스를 타고 가서 새 걸로 받아온 뒤 설치한다. 이도저도 안 되면, 쇽을 아르헨티나의 기술자에게 소포로 보낸 뒤 이걸 받아 설치한다. 만약 이 비용이 비싸다면 미국에서 새로운 쇽을 사버린 뒤 페루 리마로 보내서 설치한다.

아우, 골치 아파 죽겠네, 갈수록 태산이군!

호수처럼 맑고

## 순수한 안데스 사람들

Episode 81

# 부서진 쇽으로 안데스를 넘다

카하마르카 Cajamarca  트루히요 Trujillo  침보테 Chimbote  와라즈 Huaraz

　　일단 비포장도로지역을 벗어나야 하므로 포장도로가 시작되는 도시인 '카하마르카' 까지 이동 후 저녁마다 이메일을 확인했다. 콜롬비아, 에콰도르, 칠레의 BMW딜러엔 현재 재고가 없어 최소 3주가 걸린다는 답변이었고, 아르헨티나의 쇽 수리업체는 "외국에서 쇽을 받게 되면 세금이 엄청나기 때문에, 제일 가까운 아르헨티나의 도시로 들어온 뒤 거기서 쇽을 우리한테 보내야 합니다."라는 다소 황당한 답변을 보내왔다.

　　미국의 기네스 보유자 크리스는, "세환아, 시중에 판매되는 바이크들은 우리처럼 많은 짐을 싣고 오프로드를 장시간 달릴 수 있도록 설계된 것이 아니야. 세계일주를 하면서 쇽이 망가지는 경우는 아주 흔해. 어떤 경우는 아예 두 동강으로 부러지는 경우도 있거든. 비싼 사제 쇽을 단다고 해도 마찬가진데 고장날 확률이 적을 뿐 100% 완벽한 쇽이나 바이크는 세상에 존재하지 않는단다. 그러니 너무 속상해하지 말고 여행하면서 생기는 또 하나의 어드벤처라고 생각을 하렴. 문제가 전혀 없는 바이크여행이 오히려 문제가 있는 거란다."

　　심난한 나날을 보내고 있는데 로버트가 메일을 보내왔다. 바로 BMW딜러의 사장님이자 6개월 전 미국 오스틴에서 쇽을 무상교환해 주신 엔젤인데, 마우스를 클릭하는 순간, 대학입시결과를 확인할 때처럼 떨려왔다. 과연?

"내가 워런티로 보내줄 테니 주소나 불러봐······."
오---예…!!! 아이구 살았네…. 이렇게나 좋을 수가.^^
며칠 밤을 뜬눈으로 지새우며 걱정했던 것이 한방에 해결되는 순간이었다.
"역쉬 한번 엔젤은 영원한 엔젤이로구먼!! 오빠, 멋줴이!! 오빠, 사랑해요!"
새 쇽을 리마의 엔젤한테 보내달라고 부탁했다. 일단 문제는 해결됐으니 천천히 내려가면 되겠구나. 휴, 정말 다행이다!

페루의 스위스 '와라즈'에 가기 위해선 선택을 해야 한다. 첫 번째는 비포장도로를 따라 산맥을 넘어 가는 것이고, 두 번째는 해변의 포장도로를 따라 한참 돌아가는 길인데, 나중에 이 길로 다시 내려와야 했다. 쇽이 망가진 데다가 허리통증도 점점 심해졌지만 첫 번째 루트를 선택했다.
바이커는 같은 길을 돌아서 두 번 달리지 않기 때문이다.
부서진 쇽 때문에 비포장길을 올라가는데 바이크가 쿵쾅 우드득 하며 난리가 난다. 오냐, 오늘 바이크 한번 작살내보자. 오빠, 땡겨!!

산중이라 숙소도 없어서 주유소직원에게 부탁해 건물 2층에 묵을 수 있었는데, 춥고 배고파서 잠을 제대로 잘 수가 없었다.

다음날 고개를 넘자마자 눈앞에 와라즈를 휘감고 있는 해발 6천미터의 산들이 병풍처럼 펼쳐져 있었다. 이야! 역시 이쪽으로 오길 정말 잘했군.
마을에 내려간 뒤 근처를 투어를 이용해서 구경했는데, 버스를 타니 어찌나 갑갑하던지 막판엔 멀미가 나고 머리가 뽀개질 듯이 아파왔다. 더구나 맘에 드는 풍경을 발견해도 멈춰서 구경하거나 사진을 찍을 수 없으니 완전히 돌아가실 지경이었다. "어, 저긴 오토바이 세워놓고 사진 찍으면 딱인데. 어이구 미치것네, 누가 차 좀 세워줘유." 떼거지로 이동하며 미리 정해진 식당이나 관광기념품점에 들르는 것도 맘에 안 들었고.

해서, 망가진 쇽과 너덜거리는 체인 및 스프라켓 그리고 언제 터질지 모르는 뒷타이어를 끌고 전날 버스투어로 다녀왔던 호수를 다시 가보았다. **역시 오토바이가 짱—이야!**

Episode 82
# 대한민국 라이더는 걱정할 게 없다고요!
리마 Lima

멕시코부터 날 짜증나게 하는 것이 있는데, 그건 바로 '똥개들의 추격' 이다. 마을을 지날 때면 이 녀석들이 가만히 지켜보고 있다가 미친 듯이 짖으면서 쫓아오는데 한두 번도 아니고 매번 그러다보니 여간 스트레스 받는 게 아니다. 근데 희한한 건 달리는 것을 갑자기 멈추면 녀석들이 꼬리를 내리고 조용해진다는 것이고.

또 하나 황당한 건, 돈을 낼 때마다 이게 위조지폐인지 아닌지 손톱으로 긁어보고, 빳빳하게 땡겨보고 별짓을 다해가며 확인을 한다는 점이다. 심지어는 동전을 줘도 똑같은 짓을 반복하는데 속으로 웃음이 나올 지경이었다.

"아니, 그게 얼마나 된다고 가짜를 만들겠수? 만드는 데 돈이 더 들겠네 그려. 참나……."

글고 보면, 한국은 복잡하고 빈부격차도 상당하지만 믿을 수 없을 만큼 '안전한 나라' 인 것 같다. 식당이나 가게 앞에 총으로 무장한 경비원도 없고, 편의점에서 쇠창살 틈으로 돈을 주고받는 모습도 볼 수 없으며 야심한 밤에도 마음놓고 돌아다닐 수 있으니 말이다. 단 하나, 이 나라들을 압도하는 게 있다면 그건 바로 '살인적인 교통사고율' 인데, 내가 1년이 넘도록 단 한 번의 접촉사고도 나지 않은 것은 바로 '서울' 에서 엄청나게 단련됐기 때문이다. 당신은 우리나라에서 1년에 몇 명씩 교통사고로 죽는지 알고 계신지? 대한민국 라이더는 세계 어디를 가도 걱정할 게 없다고요!

리마에 도착 후 엔젤인 이반과 함께 오토바이 정비소로 향했는데 재밌는 얘기를 들려주었다. 비슷한 경험이 있는 세계일주 라이더들의 충고대로, 미국의 로버트에게 "페루의 관세가 비싸니 25불짜리 가짜 영수증을 만들어서 속과 같이 보내라"고 했는데, 페루의 세관직원이 이걸 믿어주지 않은 것이다. 딱 보아하니 새것인데다, BMW스티커도 붙어 있기 때문이었다. 하지만 원래 가격을 알 수가 없어 이반에게 전화를 걸었단다.

"이게 도대체 얼마짜리요? 비싼 거 맞지?"

"아, 그건 오토바이용이 아니라, 자전거 속이에요. 자전거……."

"자전거라고? 알겠수다. 땡큐."

결국 직원이 인터넷으로 37만 원이라는 가격을 찾아냈고, 여기에 40퍼센트의 관세와 부가세를 추가해서 16만 원의 추징요금을 만들어낸 것이다. "아니, 웬 자전거속 가격이 그렇게 비싼거래요?", "생각해봐라. 자전거에 달린 것치곤 너무 크잖아. 그래서 최고로 비싼 자전거속을 찾아낸 거야." 하지만 BMW속 원래가격이 80만 원이 넘으니까 싸게 먹힌 거야. 나 잘했쥐?" 으이구, 어쩐지 일이 술술 풀린다 싶더니. 역시 공짜는 없는 법인가?

야채 배달 아저씨

고추 말리는 풍경

속을 싣고 온 이반

Episode 83

# 아 유 코리언? 오빠, 땡겨…!!

리마 Lima ▶ 피스코 Pisco ▶ 나스카 Nazca

3일간 바이크작업을 마친 뒤 시내구경에 나섰다. 플라자(중앙광장)에서 한창 사진을 찍고 있는데 웬 여자 두 명이 다가오더니, "아 유 코리언?" 하는 게 아닌가.

"네, 한국인 맞아요. 한국분이세요? 와, 정말 반갑습니다!"

멕시코 이후 한국사람을 만난 건 처음이라 어찌나 반갑던지 원. 한 분은 나보다 한참 위인 누님이었고 다른 분은 동생뻘 됐는데, 이틀 전 길에서 우연히 만나 같이 구경을 나온 것이었다.

같이 시내구경을 한 뒤 두 분의 숙소에서 '닭백숙'을 해 먹었는데, 한국사람과 한국말을 하면서 한국음식을 먹으니 이곳이 한국인지 페루인지 모를 정도로 너무 좋았다.

해서, 다음 목적지인 피스코까지 함께 여행하기로 했다. 어제 구입한 앞타이어와 영이의 가방을 분이누님이 버스에 싣고 먼저 떠난 뒤, 영이를 오토바이에 태우고 신나게 달렸다.

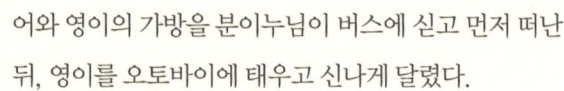

오빠, 땡겨………!

난 블로그를 통해 분명히 말했었다.

"언제든지 와라, 태워줄 테니."

무거운 짐 때문에 속이 망가져서 간신히 고쳐놨지만, 이렇게 한국인을 반갑게 만났으니 속이 다시 망가지는 한이 있더라도 즐거운 마음으로 달릴 수 있었다. 그 동안 내가 받은 도움이 워낙 크기 때문에, 이렇게라도 뭔가 보답을 하고 싶었기 때문이다.

피스코에서 분이누님을 다시 만난 뒤 함께 투어를 하기로 했는데, 한 달 전 영이와 같이 콜롬비아를 여행했던 친구를 우연히 같은 투어 버스에서 만나 총 네 명이 함께 구경을 했다. 멋진 바다를 보며, 해산물요리와 와인으로 건배를 하며, 한국말로 떠드니 혼자서 썰-렁하게 다닐 때보다 훨씬 행복했다. 숙소도 한 방으로 잡아서 숙식을 함께하니 마음이 편안한 것이 마치 한국을 여행하는 듯한 착각이 들 정도였다. 지금은 좋은데, 며칠 뒤 혼자 될 일이 걱정되는군.

"영이야, 오토바이 타보니까 어때? 힘들지?"

"아뇨, 춥긴 하지만 생각보다 재밌는데요?"

"그래? 그럼 우리 한번 같이 여행해볼까? 너 한국으로 돌아갈 때까지만 말야."

"정말요? 저야 좋죠, 색다른 경험도 되구요. 근데, 힘들지 않겠어요?"

"아냐, 괜찮어. 나도 이젠 포-쓰가 강해져서 두 명 정도는 문제없지. 하-하-하!" 하지만 속으론 엄청 걱정됐다. ㅎㅎ

분이누님과 헤어진 뒤, 앞타이어와 영이의 배낭을 버스 편으로 부치고 나서, 시속 70킬로미터로 천천히 달렸는데 생각보다 영이가 빠르게 적응하는 것 같아 다행이었다. 나도 말동무가 생기니 좋았는데, 더이상 밥을 혼자먹지 않아도 되서 너무 기뻤다. 잘 땐 한 방에서 잤지만 침대는 따로 썼다. 쓸데없는 상상 하지 말자.

# Episode 84
# 예상치 못한 여행의 순간

나스카 Nazca 쿠스코 Cuzco 푸노 Puno

　나스카에서 쿠스코까지 660킬로미터의 산길을 넘어가는데 무려 3일이 소요되었다. 4천 미터 고지라서 헬멧도 쓰지 않은 영이가 추울까봐 빨리 달릴 수 없기 때문이다. 낮엔 자가용은 물론이고 버스도 거의 없었는데, 알고 보니 사람들이 야간버스를 이용하기 때문이란다. 참나, 밤에 가면 이 좋은 경치를 못 볼 텐데. 쯧쯧쯧.
　쿠스코는 너무나 유명한 도시라 뭔가 다를 줄 알았는데, 다른 스페인 식민도시들과 크게 다르지 않았다. 관광객들이 너무 많아서 물가만 비쌌는데, 도시 전체가 거대한 기념품가게 같다.
　마추픽추에 가려면 기차를 이용해야 하는데, 차로 갈 수 있는 마지막 마을인 오얀따이땀보까지 오토바이를 타고 간 뒤 이곳에서 기차를 타기로 했다. 헌데 가는 길에 아주 환상적인 구경을 할 수 있었는데 바로 '마라스 염전'이었다. 전혀 뜻밖인 곳에서 비경을 만나는 것, 이것이 바로 여행의 진정한 기쁨인 것이다.
　세계 7대 불가사의이며, 남미에서 가장 유명한 관광지인 마추픽추. 기대가 너무 커서였을까? 사진 속 모습을 직접 본다는 것이 신기할 뿐, 별로 감흥이 없었다. 왜 이곳이 그렇게나 유명한 것일까? 난 잘 모르겠다.
　쿠스코로 돌아온 뒤, 아무 생각 없이 골목 사이를 오토바이를 타고 누볐는데,

갑자기 괴상한 옷을 입은 사람들이 나타났다. 따라가보니, 한 집에서 결혼축하 파티를 하고 있었다. 얼떨결에 술도 얻어먹고 구경 잘하고 나왔는데, 이번엔 저쪽에서 괴상한 무리들이 또 어디론가 가고 있었다. 또 따라가보니, 사람들이 모여 민속공연을 하고 있어 한참을 구경했다. 주위를 둘러보니 외국인은 아무도 없었다. 돈 주고도 볼 수 없는, 날이면 날마다 오는 게 아닌 좋은 구경을 한 것 같다. 역시 오토바이 여행이 최고다.

한비야 씨가 소녀의 머리를 따주었다는 '우로스 갈대섬'. 마치 디즈니랜드의 테마파크를 구경한 듯한 기분이었다. 사람들이 섬으로 출퇴근하면서 기념품만 팔고 있단다.

세계 최고 높이라는 '티티카카 호수' 또한 별로였는데, 권총강도를 당했던 과테말라의 '아띠뜰란 호수'가 훨씬 예쁜 것 같다. 갈수록 실망의 연속이다.

마침 페루의 독립기념일이었는데, 마을 주민들이 떼거지로 모여서 퍼레이드 축제하는 걸 구경하며, 밤늦도록 같이 먹고 마셨다. 유명 관광지보단 이렇게 현지인과 어울리는 것이 진짜 여행인 것 같다.

Episode 85
# 대 추격전 아레키파 Arequipa 콜카캐니언 Colca Canyon

가끔씩 경찰이 멈추라고 수신호를 보냈는데, 영이가 헬멧을 안 썼기 때문에 멈추는 척하다가 손만 흔들어주고 그냥 지나갔다. 다행히 멀거니 쳐다보기만 하고 따라오진 않는다. 만약 경찰이 시키는 대로 멈췄다면 벌금 내지는 뇌물을 먹여야지 풀려날 수 있었을 것이다. 역시 어딜 가나 짭새들은 인생에 도움이 안 된다.

아레키파를 향해 안데스산맥을 넘는데 어찌나 바람이 세게 부는지, 영이가 온몸을 덜덜 떨며 춥다고 난리였다. 하지만 도중엔 마을이 없어서, 무려 시속 100킬로미터의 엄청난(?) 속도로 달려야 했다. 만약 해라도 지면 온도가 급격하게 내려가므로 큰일 나는 것이다. 더구나 잘 데도 없기 때문에 가방의 옷이란 옷은 모두 꺼내서 영이에게 입혀주고 참으라는 말밖에 할 수가 없었다.

"오빠, 난 괜찮아. 추운데 많이 힘들지? 나 때문에." 자식, 미안하면서도 고맙다.

아레키파에 도착하니 날씨가 따뜻해서 정말 좋았다. 고도가 낮아서 그런가 보다.

하루는, 바이크를 몰고 마을 뒷산에 무작정 올라가는데, 갑자기 경찰이 세우라고 손짓을 한다. 습관대로 무시하고 계속 달렸는데, 어라? 이번엔 경찰이 차를

몰고 쫓아온다. 이때 바로 세웠어야 했는데, 웬일인지 엉뚱한 오기(?)가 발동해서 골목길을 누비며 30분이 넘게 쫓고 쫓기는 추격전을 벌였다. 결국은 잡히고 말았는데, 경찰의 표정이 심상치 않다.

"두 분 다 헬멧 착용을 안하셨습니다. 면허증 내놓으세요."
"여기 라이더들은 헬멧 안 쓰고 다니던데요?"
"그렇게 하려면, 면허증과 서류를 지참해야 합니다."
"저, 면허증은 호텔에 있거든요?"
"그럼, 경찰서에 바이크를 세워놓고 호텔까지 같이 갑시다."
"그러죠, 뭐."

이-런, 젓됐군. 도대체 벌금을 얼마나 때리려나? 내가 미쳤지. 처음에 바로 세울 걸.

떨리는 가슴을 안고 경찰차를 따라갔는데, 어느 건물 앞에 멈추더니 주차장을 열려고 몇 번 시도하다 열쇠가 맞질 않는지 포기하고 다시 말한다.

"아니, 도대체 왜 도망을 친 거요?"
"네. 그건, 리마에서 여기까지 무려 네 번이나 경찰한테 잡혀서 뇌물을 뜯겼기 때문이에요." 물론, 그런 적은 없었다. "아, 그랬군요. 하지만 아레키파는 그런 경찰 없으니까 다음부터 조심하세요. **헬멧 착용 꼭 하고.**"

**"넷! 충-성!"**

휴, 살았다. 정말 운이 좋았군. 처음부터 멈췄으면 보내줬을 텐데, 괘씸죄에 걸린 것이다.

페루의 마지막 기대주, 콜카캐니언을 따라 비포장도로를 한 바퀴 돌았는데, 피곤해서 계곡 밑으로 내려가는 트래킹투어는 포기해야 했다. 오토바이 여행은 이동하는 자체만으로 엄청난 에너지가 소모된다. 날씨도 추워서 이틀간 온천에서 피로를 풀었다.

Episode 86
# 페루 엔젤 이반과의 재회 푸노 Puno 코파카바나 Copacabana

  푸노로 다시 돌아온 뒤, 무거운 짐들을 볼리비아의 라파즈로 보내기 위해 버스터미널을 찾아갔는데, 국경을 통과하는 경우엔 짐만 부치는 것이 불가능하단다. 할 수 없지, 오토바이 타고 국경을 넘는다고 신나하던 영이에겐 미안하지만 버스를 태워 보낼 수밖에. 숙소로 돌아오는데 어디서 "세-환!! 세-환!!" 하는 소리가 들렸다. 웬일인가 하고 뒤를 돌아보니, 세상에 이럴 수가. 리마에서 날 도와주었던 엔젤 '이반' 이 활짝 웃고 있는 게 아닌가!

  "아니, 여긴 어쩐 일이래?"

  "친구들과 오토바이 여행 중인데, 아레키파 가기 전에 잠시 들렀어."

  "이야, 그랬구먼. 어쨌든 무쟈게 반갑다 야… 이게 웬일이니?"

  "그러게, 택시를 타고 가는데, 옆에 있는 녀석이 니 오토바이를 알아보길래 얼른 내렸지."

  옆에 있는 녀석 : "번호판을 보니 맥스 BMW라고 써 있던데?"

  "아, 그거? 미국 뉴햄프셔에서 날 많이 도와준 BMW딜러거든."

  옆에 있는 녀석 : "그래? 거참 세상 좁구먼. 나도 맥스 BMW에서 일하고 있거

든, 뉴햄프셔 말고 뉴욕지점에서."

"오 마이 갓뜨. 우째 이런 일이!"

역시 나를 도와준 엔젤과는 뭔가 특별한 인연이 있는 것 같다. 리마를 떠날 때 못 보고 와서 미안했었는데 한 달 뒤에 이렇게 우연히 만나다니. 암튼 고마우이, 친구…!

고도가 높아서일까? 건조한 날씨와 강한 자외선으로 인해 눈상태가 심하게 악화되어 볼리비아로 넘어가지 못하고 하루 더 쉬었다. 이놈의 눈은 왜 이리 약한지 정말 걱정된다.

영이를 버스에 태워보낸 다음, 코파카바나의 플라자(중앙광장)에서 만나기로 했다. 버스보다 빨리 가면 안 되니까, 사진도 찍으면서 여유 있게 국경에 도착했다.

볼리비아로 막 넘어가려는데, 웬 녀석이 국경통과 하려면 돈을 내야 된단다.

"미안한데, 지금 돈이 한푼도 없거든? 내 친구랑 코파카바나에서 만나기로 했는데 그 친구가 돈을 갖고 있어서 말이쥐."

"아니, 여긴 라파즈 가는 길인데 왜 일루 왔수? 코파카바나 갈려면 다른 쪽 국경을 넘어야 된다네."

오-잉? 이 국경이 아니라구?

반납했던 오토바이 허가증을 다시 받은 뒤, 영이가 기다릴까봐 '광속'으로 땡겨서 30분 만에 다른 쪽 국경에 도착했다. 볼리비아는 허가증을 받으려면 세관신고 후 경찰서에서 도장을 받아와야 했는데, 내가 세계일주를 한다고 하자 "오, 부자인가 보네요?" 하더니 수수료를 요구했다. 얼마 안 되는 금액이었지만 영수증도 주지 않고, 왠지 느낌이 이상해서 세관직원에게 다시 물어보니 '완전공짜'란다. 그럼 그렇지. 이 쉐이가 누굴 호구로 아나. 돈은 다시 돌려받았지만, 볼리비아의 첫인상이 안 좋았다. 이 느낌이 적중하는 사건이 며칠 뒤 발생하고 말았으니.

## 오토바이 세계일주 일 년만

하면 초능력자가 된다!

Episode 87

# 오빠, 배낭이 없어졌어요! 라파즈 La paz

라파즈는 도시 전체가 거대한 '도떼기시장' 인지라 정신이 하나도 없었는데, 그렇다고 특별히 볼 것도 없었다. 우리의 목적은 '한국 음식 실컷 먹기' 였는데, 이곳 한국식당이 맛있기로 소문이 났기 때문이다. 사장님께서 한인교회에 초청해주셔서 점심을 얻어먹고, '달의 계곡' 에 놀러 갔는데, 갑자기 가방이 없어진 걸 발견했다.

늦잠을 자는 바람에 예배시간 맞추느라 엄청 서둘렀는데, 모텔 앞에 세워둔 바이크 위에 있던 가방을 누가 슬쩍 한 것이다. 서로 챙긴 줄 알고 이때까지 모르고 있었다.

이런, 가만있자, 배낭 안에 뭐가 있었더라? 영이모자하고 스웨터, 내 모자하고 오리털조끼 그리고, 선글라스가 있었구나! 그거 엄청 비싼 건데……T.T

다음날 하루 종일 시장을 뒤져 잊어버린 것을 새로 장만해야 했다.

세환 가라사대 "장기간 여행할 땐 음식값이나 숙박비를 절약하는 것보다 귀중품을 분실하지 않는 것이 더 중요한 일이다. 그것보다 중요한 것은 아프지 않는 일이고."

난 아직도 먼 것 같다.

떠나기 전날, 우리가 묶고 있는 숙소에 한국사람이 들어왔는데 사연이 기가 막혔다. "얼마 전 브라질 상파울로 공항에 내렸는데, 어떤 자식이 내 가방을 들고 튀는 거야. 쫓아가려다가 큰 가방마저 잃어버릴까봐 따라가질 못했지. 기분도 안 좋고 해서, 그날 저녁 밤거리를 걷고 있는데 소나기가 내리더라구. 비를 피하려고 건물 밑에 있는데, 내 쪽으로 남자 세 명이 오더군. 난 스페인어를 한 마디도 못하기 때문에 아무 생각 없었는데, 이중에 한 명이 느닷없이 칼을 꺼내 찔러 오더라고. 순간적으로 손으로 막은 뒤 녀석의 어깨를 밀고 턱을 한방 갈겼지. 그리곤 냅다 뛰었어. 뛰다보니, 갑자기 열 받대? 그래서 몽둥이를 들고 다시 쫓아 갔는데 아무도 없더군. 내가 합기도를 좀 해서 본능적으로 손이 나간 것 같애. 여기 손 베인 거 보이지?"

"이야아, 역시 운동을 한 분이라 다르군요."

"오빠도 내가 당하면 저렇게 할 수 있어요?" 영이가 대뜸 물어본다. "절대 안돼. 자기가 완전히 제압할 수 있다는 확신이 없으면, 절대로 맞붙으면 안 된다구. 그땐 무조건 도망가야 돼." 지성오빠가 충고한다. "들었지? 그럴 땐 같이 손 잡고 줄행랑을 치는 거야. 하하!"

Episode 88
# 세계 최고 위험한 도로 코로이코 Coroico

라파즈에서 코로이코까진 약 100킬로미터인데, 이 짧은 거리가 해발 3천 미터를 내려꽂히게 된다. 이중에 40킬로미터가 비포장길인데 세계에서 가장 위험한 도로라고 한다. 한국식당 사장님께서 "한 달 전에 일본관광객을 실은 버스가 굴러 떨어져서 모두 죽었는데, 낭떠러지가 깊어서 시신도 못 찾았대."라고 겁을 주신다. 지성오빠와 함께 영이를 버스에 태워 보내고는 설레는(?) 마음으로 달리기 시작했다.

버스가 다니기엔 빠듯할지 몰라도, 오토바이로 달리기엔 충분한데다 도로상

태도 그리 나쁘지 않았다. 얼마 전 바이크가 작살났던 페루 쿠앨랍의 산길에 비하면 새 발의 피였고, 지금까지 달려봤던 수많은 도로와 비교해도 양호한 편이었다. 물론 간발의 차이로 트럭과 부딪칠 뻔한 순간이 있었는데, 내려가는 차가 무조건 왼쪽으로 붙어서 가야 하는 이곳의 룰을 몰랐기 때문이다. "뭐야 이거, 괜히 쫄았잖아. 걱정돼서 잠도 제대로 못 잤는데."

그 동안 라이딩 실력이 엄청나게 향상되었구나, 호주 멜번에서 알렉과 비포장 도로를 달렸을 때만 해도 엄청나게 떨렸었는데.

살다보면 스스로 대견하게 느껴질 때가 있는데, 바로 이날 그런 기분이 들었다.

Episode 89

# 천당에서 지옥으로 루레나바케 Rurrenabaque

비가 심하게 오는 바람에, 버스를 타고 16시간이 걸려 루레나바께에 도착했다. 한국인 할아버지가 운영하는 호스텔에 도착하니, 한국여자애가 일주일째 묵고 있다고 한다.

"혹시 집이 인천이라고 안 그래요? 안경 쓰고 좀 통통하구요."

"맞아, 근데 그걸 어떻게 알았어?"

"이리용--!!!" 영이녀석이 소리를 지르며 옥상으로 달려갔다.

"어머, 언니-잇!"

영이녀석과 과테말라에서 처음 만났다가 페루 푸노에서도 다시 마주쳤던 '일영' 양이 투어를 끝낸 뒤 이곳에서 쉬고 있었던 것이다.

다음날, 오토바이를 두 대 빌려 여자들을 뒤에 태우고 정글 속으로 신나게 달렸다. 도중에 오토바이 키가 빠져버려서 이걸 찾느라고 구경도 제대로 못했는데, 결국 열쇠값을 물어줘야 했다.

며칠 뒤엔 일영이와 함께 투어를 같이했던 '창희' 군도 라파즈에서 먹거리를 바리바리 싸 가지고 와 합류했는데 우연하게 세 명 모두 인천에 살고 있었

다. 덕분에, 나와 영이 그리고 지성오빠를 포함해 총 다섯 명이 함께 재미난 시간을 보냈는데 시골 할아버지 댁에 놀러 온 것 같은 기분이었다. 한국음식을 실컷 해먹으며, 밤마다 한국영화도 감상했는데, 날씨가 어찌나 선선한지 실로 오랜만에 여유를 즐길 수 있었다.

"난 정글이라고 해서 무지하게 덥고 모기도 많을 줄 알았는데, 너무 좋은걸?"

모두 함께 정글투어를 떠나기로 했다. 3시간 동안 배를 타고 강 상류의 숙소에 도착했는데, 밥 먹은 뒤 할일이 없어 무료하던 차에 지성오빠가 나무줄기를 타고 올라가기 시작했다. 같이 투어를 온 스페인친구는 대단하다며 한껏 분위기를 돋우었다. 헌데, 갑자기 나뭇가지가 우두둑 소리를 내며 부서지더니 등을 땅쪽으로 향한 채 허공에 손을 휘저으며 그대로 떨어지고 말았다. 너무 놀라서 달려가 보니, 왼쪽 손목이 완전히 뒤로 꺾여서 따로 놀고 있는 게 아닌가!

"지성, 괜찮아? 머리도 심하게 부딪친 것 같던데."

"아무래도, 손목이 부러진 거 같아요. 부목 좀 대주세요." 주위의 나무를 꺾어 팔에 두른 뒤, 가이드에게 언제 배를 탈 수 있는지 물어보았다.

"이곳은 여행객들이 투어를 오지 않으면 배가 다니지 않는 곳입니다. 저도 뭐라 말할 수 없네요."

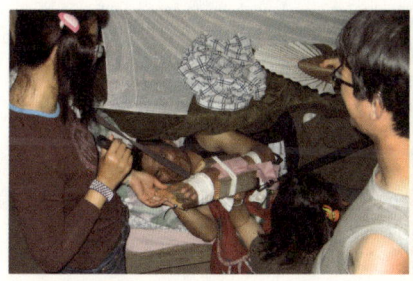 

이런 꼼짝없이 갇히고 말았구먼. 하필이면 통신수단조차 없는 이런 곳에서 사고가 나다니. 혹시라도 지나가는 배가 있을까봐 모두들 강가에서 하염없이 기다렸는데, 해가 넘어갈 때까지 결국 배는 오지 않았다. 그리고 피할 수 없는 고통의 시간이 찾아왔다.

진통제가 없어 아스피린 몇 알로 버티다보니 고열과 함께 온몸을 덜덜 떨 정도의 극심한 고통에 시달렸다. 이 상태로 밤을 꼬박 새워야 한다는 것과 내일도 배가 올지 확실하지 않다는 사실이 분위기를 더욱 무겁게 했다.

"아이고, 미치겠네. MP3좀 귀에 꽂아줘요. 볼륨 최대로 올리고. 아으윽, 여기 좀 살짝 들어줘. 거기, 똑바로 잡으라고 했지!" 지성오빠가 아파서 소리를 지른다.

모두들 달라붙어서 물도 먹여주고, 부채질도 하고, 우스운 얘기도 하면서 도와줬지만 본인의 고통은 아무도 대신 해줄 수 없는 법.

내 인생 최고로 길게 느껴졌던 하룻밤을 보낸 뒤, 다시 강가에서 배를 기다리기 시작했는데 전날보다는 고통이 덜한 듯했다. 천만 다행히도 전날 우리가 타고 왔던 배가 관광객을 싣고 다시 들어와서 그 배를 타고 병원까지 갈 수 있었다. 엑스레이를 찍어보니 팔목의 뼈 두 개가 모두 부러진 상태였는데, 마취 후 뼈를 잘 맞춘 뒤 깁스를 했다.

다음날 비행기에 태워서 라파즈로 보냈는데, 다행히도 수술할 필요 없이 안정만 취하라는 의사의 진단을 받았고, 한국식당 주인아저씨께서 잘 돌봐주셨다. 나중에 들어보니, 깁스를 한 상태로 콜롬비아까지 여행한 뒤 한국으로 돌아갔단다. 하여튼, 지성오빠 독한 건 알아줘야 돼. 먹고살 걱정은 안 해도 되겠네, 그 정도 정신력이면.

Episode 90
# 다이너마이트를 구입하다 오루로 Oruro 포토시 Potosi

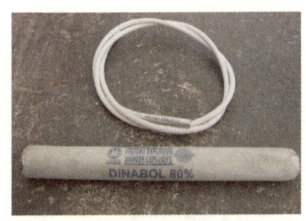

볼리비아 전체가 파업시위를 하는 바람에 한국식당에 밥을 먹으러 갔더니 다른 한국분들이 여러 분 계셨다. "아, 글쎄 봉고버스를 타고 가는데 사람들이 돌덩이를 막 던지더라고. 깜짝 놀라서 이리 도망왔지. 오늘 가긴 틀렸어."

라파즈 전체가 택시, 버스, 비행기 운행이 중지되어 도로엔 차도 안 다녔는데, 사람들이 데모를 하느라 웅성거려서 도시 분위기가 난장판이었다. 불현듯 루레나바께의 할아버지 말씀이 떠올랐다.

"볼리비아를 빨리 떠나라, 파업하면 오도가도 못한다."

며칠 더 쉬고 나서, '오루로'를 향해 출발했다. 그런데 식당이 어찌나 맛도 없고 비싸기만 한지 라파즈의 저렴하고 환상적인(?) 음식점들이 그리워졌다. 수도와 지방도시의 차이가 이렇게나 엄청날 줄이야. "나 라파즈로 돌아갈래…!"

세계 최고 높이의 도시라는 포토시도 오루로처럼 별 볼일 없었지만, 이곳엔 그 유명한 은광산투어가 있었다. 광산에 들어가기 전에 가게에 들러 광부들에게 선물해줄 꼬까잎과 청량음료를 사야 했는데, 내가 사고 싶은 건 따로 있었다. 바로 다이너마이트였다.

"다이너마이트 두 개만 주세요.", "아니, 그건 사서 뭐하게요?" 가이드가 놀라서 물어본다.

"한 개는 투어가 끝난 뒤 우리들을 위해 직접 터뜨려주시구요, 한 개는 친구한테 선물하려고요." 갖고 다니면 위험하다는 경고를 무시하고, 한 개에 2천 원씩 주고 사버렸다.

세 시간 동안 광산터널을 누비고 다니며 구경한 뒤, 가이드에게 다이너마이트 폭파를 부탁했다. 광부의 딸답게 노련한 솜씨로 주물럭거리더니, 멀리 떨어진 곳에 설치 후 심지에 불을 붙이고 왔다. 한 5분 정도 기다렸을까? 엄청난 굉음과 함께 사방으로 모래가 튀며 폭발을 했다.

"우와, 정말 엄청난걸? 나중에 우유니에서 한번 터트려봐야지. 크크!"

Episode 91

# 와-우! 과달루페 축제 수크레 Sucre

체인과 스프라켓이 거의 닳은 상태라, 마지막 관광도시 수크레는 영이와 함께 버스를 타고 도착했다. 마침 1년에 한 번 열리는 '과달루페' 축제가 있다고 해서, 일주일간 머물며 기다리기로 했다. 문제는, 포토시의 모텔에 바이크와 짐을 맡겨놓은 뒤 이틀 동안 쓸 만큼만 돈을 가져왔기 때문에, 다시 버스를 타고 포토시에 가서 돈을 더 찾아와야 했다.

"참나, 여행하다보니 별짓을 다하는구먼, 누가 수크레에 이렇게 오래 있게 될 줄 알았나."

대전에서 놀러 오신 부부를 공룡박물관에서 우연히 만나 점심초대를 받았는데, 수크레의 전 교민과 함께(총 4가구^^) 대통령이 찾는다는 최고의 식당에서 함께 식사를 했다. 총 4가구 중, 두 분은 사진현상소를 운영하셨고 나머지 두 분은 목사님이셨다. 업종이 같다보니 마을이 작은데도 사이가 썩 좋아 보이진 않았다.

과달루페 축제는 아침 8시에 시작해서 새벽 2시까지 계속되었는데, 이틀 동안 이걸 구경하느라 완전히 진이 빠지고 말았다. 전국에서 모여든 80개 팀이 동네 한 바퀴를 돌면서 춤을 추는데, 이걸 한번 출려면 3년 전에 예약을 해야 될 정도로 '소원성취'를 이루려는 사람들의 간절한 마음을 느낄 수 있었다.

특히 이쁜 언니들이 어찌나 쭉-하고 빵-한지, 그 동안 봐왔던 볼리비아 언니들과는 '유전자구조' 자체가 틀린 듯하다.

Episode 92

# 2박 3일간의 사투 우유니 Uyuni 투어

세계일주를 마친 라이더들이 입을 모아 하는 말이 있는데,
"그 동안 내가 달려본 곳 중에 우유니 소금사막이 최고였다!"
달려도 달려도 끝이 안 보인다는 새하얀 소금사막.
이를 보기 위해선, 일단 투어회사가 있는 우유니마을까지 가야 한다.
수크레에서 만나 같이 투어를 가기로 한 '경영' 언니와 영이를 버스에 태워보내곤, 아침 일찍 출발했다.
우유니에서 출발해 소금사막을 지나 칠레국경으로 내려가는 코스는 약 700 킬로미터의 비포장험로에다 도로표지판이 전혀 없기 때문에 길을 잃을 경우 4천 미터 고지에서 추위에 시달리다 목숨을 잃을 수 있다. 이런 이유로 베테랑 라이더들도 혼자 올 경우엔 우유니에 바이크를 주차해놓고 투어에 참가하는 것이다.

보통 지프차에 여섯 명의 관광객이 타고, 운전사 겸 가이드와 요리사가 동행하는데, 나는 차를 타지 않고 숙소와 음식만 제공받으므로 투어비용의 절반만 냈다. 대신 30리터의 연료를 차에 실어달라고 부탁했다.

휴, 드디어 출발하는구만. 과연 내가 해낼 수 있을까?
우유니 마을에서 1시간 정도 지나자, 멀리서 희뿌연 것이 보이더니 드디어 소금사막 위를 달리기 시작했다. 바닥이 단단해서 가뿐하게 시속 120킬로미터로 땡길 수 있었는데, 시간이 지나자 점점 자신감이 붙어 지프차를 따라 달리며 좌우로 신나게 밟아보았다.
그리고 풀 쓰로틀… 계기판에 시속 140킬로미터가 표시된 것을 마지막으로 확인하곤, 쓰로틀을 끝까지 당긴 상태로 눈을 감았다. 헬멧을 휘감는 바람소리와 온몸으로 느껴지는 진동감.

1초, 2초, 3초… 마치 1시간같이 느껴지던 20초가 흐른 뒤 더이상 버틸 수 없어 눈을 떴는데, 새하얀 소금이 끝없이 펼쳐져 있었다.
"크어… 지금 이 순간만큼은 세상 그 누구도 부럽지 않아…!!"

소금사막을 지나자 모래가 깔린 비포장길이 나타났는데, 지프차가 어찌나 빨리 가는지 뒤처져서 길을 잃고 말았다.

"이런 도대체 이 아저씨가 어디로 간 거야?"

망연자실하고 있는데, 저 멀리 다른 투어회사의 지프차가 보였다.

그 차를 따라가보니, 가이드가 지프차 지붕에 올라가 망원경으로 날 찾고 있었다.

"제발, 속도 좀 더 내라. 이러다 날 새겠다."

참나, 여긴 완전 모래밭이잖아. 난 모래가 쥐약이란 말이여.

차에 타고 있던 경영언니와 영이 녀석이 걱정스런 시선으로 쳐다본다.

"알았어요, 나도 빨리 가고 싶다구요. 자, 출발!"

하지만 몇 분도 안 되어서 다시 시야에서 사라져버렸다.

어제 만났던 일본인 라이더가 그랬지, 모래 위를 달릴 때는 눈앞을 보지 말고 일어서서 시선을 저 멀리에 둔 뒤 이빠이 땡겨야 한다고. 이게 말은 쉬운데 막상

해보면 겁나게 어렵다.

이대로 가다가는 정말 큰일 나겠는걸, 에라 모르겠다. 오빠, 땡-겨…!

3단 기어를 넣고 시속 70킬로미터로 땡기기 시작했는데, 깊은 모래 때문에 바

이크가 좌우로 휘청거릴 때마다 온몸에 식은땀이 나면서 공포감이 느껴졌다.

"이러다가 넘어지면 X되는데. 그렇다고 천천히 갈수도 없고, 이거 완전 미치겠네. 내가 미쳤지, 그냥 지프차를 타고 같이 가는 건데. 이러다가 사고 나면 어쩌지?"

오감에 육감 그리고 온몸의 모든 신경세포를 총동원해서 간신히 마을에 도착했다. 여행 시작 후, 처음으로 오토바이 여행한 것이 후회됐다. 문득, 친구 석규가 한 말이 떠올랐다. "야, 니 그러다 죽는 수가 있다."

다음날,

"세뇨르, 길이 갈라지는 곳이 나오면 제가 올 때까지 기다려주세요."

어제 하도 고생을 한지라 가이드에게 팁까지 찔러주면서 신신 당부를 했는데,

오늘은 도로상태가 완전히 상상을 초월한다.

넓다란 평야에 모래와 자갈이 쫙- 깔려져 있는데, 그 위로 수많은 지프차 바퀴자국이 미친년 머리마냥 뻗쳐 있었다. 어찌나 암담하던지.

"허이구, 저걸 내가 지나가야 된단 말이야? 그것도 하루 종일? 열나게 달리는 저 차를 좇아가면서?"

이날 총 세 번을 슬라이딩하며 넘어졌는데, 알루미늄 가방을 지탱하는 프레임이 양쪽 다 박살났고, 마지막엔 바이크에 다리가 깔리는 바람에 부츠의 플라스틱 보호대가 작살났다.

허허벌판에서 250킬로미터가 넘는 바이크를 세우려고 낑낑댔는데, 4천 미터 고지라서 한 번 힘쓸 때마다 정말 힘들었다. 저 멀리 휭- 하니 가버린 지프차가 어찌나 야속하던지.

소금 벽돌 격파!

그리고 밀려드는 두려움. 이러다 차를 놓쳐서 길을 잃는 건 아닌지, 이런 곳에서 뼈라도 부러지면 어떡하나, 바이크가 고장 나면 어쩌나…….

"내가 이번 투어를 무사히 마치면, 반드시 아프리카 사막의 모래언덕에 도전해보리라."

한참을 기다린 가이드가, 갑자기 타이어 공기압을 확인해보자고 했다.

"아니, 너 미친 거 아냐? 내 지프차 타이어 공기압이 20이야. 근데, 넌 얼마야. 뒤 타이어 28에다, 앞 타이어 26이잖어. 당장 공기 빼!"

어라? 난 빼느라고 뺀 건데?

그의 충고대로 뒤 타이어 19에다 앞 타이어 15로 공기압을 확 줄여버렸다.

10분 뒤……

난 시속 80킬로미터로 모래 자갈밭을 유유하게 달리고 있었다. 이때부터 자신감을 회복할 수 있었고, 막판엔 이렇게 소리 질렀다. "앗싸아…, 드디어 감 잡았-쓰!!^^"

만화 〈드래곤볼〉을 보면, 주인공이 자신보다 강한 적을 만나 뒤지게 맞을 때 실력이 오히려 향상되는데, 바로 오늘 내가 그런 기분이었다. 가이드 양반, 도와줘서 정말 고맙수!

무사히 칠레 국경에 도착한 뒤, 산페드로 아따까마를 향해 속도를 냈는데 비포장도로가 끝나고 윤이 빤짝빤짝 나는 아스팔트 도로가 시작되었다. 와—우! 이렇게 포장도로가 고맙게 느껴질 줄이야. 땅에 뽀뽀라도 한 번 해주고 싶다.

그래, 마침내 해낸 거야! 나 같은 초짜가 20년 베테랑도 포기한 우유니코스를 무사히 통과하다니. 오빠, 땡-겨…!!!

# Episode 93
## 나는 칠레가 싫어요!!
산페드로데아타카마 San Pedro de Atacama 이키케 Iquique

　우유니 투어의 후유증은 심했다. 핸들을 너무 꽉 잡고 있었더니 손가락 마디마디가 아려왔고, 넘어질 때 부딪친 곳이 온통 멍투성이었다. 게다가 먼지를 계속 뒤집어썼더니 눈이 심하게 충혈되었다. 산페드로데아타카마에서 푹 쉬며 바이크의 소금을 떼어내고 세차를 한 뒤 '달의 계곡' 투어를 다녀왔다. 라파즈의 달의 계곡과는 차원이 다를 정도로 규모가 엄청나다.
　역쉬, 세상은 넓고 볼 곳은 많구나.^^
　오토바이의 체인과 스프라켓이 거의 닳아서 경영 언니, 영이녀석과 함께 버스를 타고 이키케에 다녀왔다. 해안절벽에서 패러글라이딩을 탄 뒤 이틀 동안 해산물요리를 해 먹었는데, 돈 계산을 해보면서 경-악하고 말았다. 볼리비아에서 보름간 놀고먹을 수 있는 돈을 단 사흘 만에 써버렸기 때문이다. 체감물가가 서울과 비슷할 정도로 비쌌다.
　칠레를 떠나 아르헨티나의 '살타'를 향해 출발했다. 버스로 열 시간 걸리는지라, 아침 일찍 나섰다. 영이녀석을 버스로 태워 보낸 뒤, 열나게 땡기는데 갑자기 비포장도로가 나온다.
　"아항, 일부 구간만 포장이 덜 됐나 보구면." 아무 생각 없이 지나갔는데, 아무리 달려도 포장도로는 안 나오고 '우유니 2탄'을 방불케 할 정도로 길상태가 점점 악화되는 게 아닌가. 이상해서 지도를 다시 보니, 살타 가는 길이 두 갈래인데 버스 가는 방향이 포장도로고 내가 지금 가는 길은 70퍼센트가 비포장이었다.

"당분간 비포장도로는 타지 않으려고 했는데 이게 모냐고요."

칠레 국경 쪽엔 이민성 사무실이 없어서 그냥 통과했는데, 아르헨티나 국경에서 문제가 생겼다. 왜냐고? 여권에 칠레 출국도장이 없기 때문이다. 알고 보니, 산페드로데아타카마에서 미리 도장을 받고 왔어야 했다.

'설마 되돌려 보내진 않겠지?'

걱정하며 영이가 싸준 토스트를 먹고 있는데, 한참을 의논하더니 1시간을 기다려서야 입국도장을 찍어주었다. 이때가 오후 2시였는데 결국 살타엔 오후 9시가 넘어서야 도착할 수 있었고, 아까 먹은 토스트가 급체하는 바람에 도중에 아무것도 먹지 못했다. 너무 지쳐서 깜깜한 절벽길을 졸면서 땡기고 있는 날 발견하곤 깜짝 놀랐다. "휴, 정신차리자. 이러다 일내겠다."

살타 시내를 한참 뒤져서 주차장이 딸린 모텔을 찾아냈는데, 시계를 보니 새벽 1시다.

"정말 오늘 같은 날은 오토바이고 나발이고 다 때려치고 버스 타고 여행하고 싶다!"

Episode 94

# 어머나, 귀밑이 부어올라요!! 살타 Salta 멘도사 Mendoza

"난 아르헨티나가 정말 마음에 들어."
대낮부터 노천카페에서 앉아 맥주를 마시는데 이 소리가 절로 나왔다.
넓은 평지에 쭉 뻗은 도로는 마치 미국과 같고, 깨끗한 거리와 분위기 있는 식당은 마치 유럽과 같고, 물을 때마다 친절하게 대답하는 사람들은 마치 콜롬비아 같았는데 저렴한 물가 때문에 이곳이 남미구나 할 정도였다.
유명한 세계일주카페 '5불생활자' 에서 누가 그랬다. '물가대비 최고수준의 서비스' 라고. 나도 이 말에 전적으로 동감하는 바이다.

살타에서 멘도사까지, 700킬로미터를 3일간 나눠서 달렸다.

도로상태는 최상이었지만 날씨가 후덥지근해서, 거의 닳아버린 체인과 스프라켓이 고장날까봐 속도를 못 냈고, 살타에 올 때 무리한 탓인지 몸이 피곤해 매일 늦잠을 잤다.

중간에 들른 마을들은 아담한 것이 사람들도 참 소박해 보였는데, 매일 저녁마다 고급레스토랑에서 아르헨티나의 '아사도(소고기요리)'를 '와인'과 곁들여 먹었다.

"이야, 이런 식당에서 이런 요리를 이런 가격으로 먹을 수 있다니……. 난 아르헨티나가 정말 좋아!"

내려올 때 오른쪽 귀밑과 턱 부근에 볼록한 혹이 생겼는데, 갈수록 커지더니 눈 주변까지 팅팅 붓기 시작했다. 너무 황당한 증상이라 큰 병이 아닌가 걱정돼서, 멘도사에 도착하자마자 대형병원을 찾아갔다.

피검사를 한 뒤에, 뭐가 이상한 건지 다음날 조직검사를 해보자고 했다. 아무래도 믿을 수가 없어서 근처의 이비인후과 전문의를 찾아갔는데, 척 보더니 이마에 깊게 패인 상처에 균이 침투해서 부은 거라며 항생제 처방을 내려주었다.

"휴, 다행이다. 우유니에서 무리한 뒤 살타를 힘들게 넘어오며 카운터펀치를 맞은 거로군. 몸이 너무 피곤하면 잔병이 생기는 구나. 앞으론 조심해야겠다."

덕분에 특별히 볼 것 없는 멘도사에서 4일간 쉬었는데, 이 곳 BMW딜러에 오토바이 점검을 부탁했다. 멕시코를 떠난 지 9개월(24,600Km)만에 체인과 스프라켓 교체를, 여행시작 후 1년 5개월(76,500Km)만에 엔진 점검 작업을 하게 된 것이다. 헬멧과 슈트 그리고 묵직한 짐들도 함께 맡겨뒀는데, 칠레 산티아고에 다녀오기 위해서였다.

## 남미인의 영원한 친구,

# 노란 붕붕이 비바리 여사!

Episode 95
# 할머니 민박집 산티아고 Santiago

칠레의 수도 산티아고는 별로 가고 싶지 않았지만, 그래도 어쩌겠는가? 한 나라의 수도인데 안 가볼 수도 없고.

오토바이와 짐을 BMW딜러에 맡긴 상태라 홀가분하게 버스를 탔는데, 예상과 달리 산티아고는 여유롭고 한가로웠다. 그렇다고, 특별히 볼 게 있는 것도 아니고, 남미 최고 부국인 칠레의 수도가 뭐 이래?

도착하자마자 한인촌에 김치찌개를 먹으러 갔는데, 주인장이 할머니 민박집을 소개해주셨다. 20년 전에 이민을 와서 78세의 고령에도 불구하고, 홀로 민박집 운영과 함께 김치와 김밥 장사까지 하시며 열심히 살고 계셨다. 매주 일요일마다 걸인들을 위해 수백 개의 샌드위치와 커피를 만들어 나누어주시는 모습을 보면서 많은 것을 배울 수 있었다.

할머님 덕분에 4일간 한국음식을 실컷 먹으며 푹 쉴 수 있었는데 마치 고향집에 있는 기분이 들었다.

멘도사에 도착하니 가방이 왠지 가볍게 느껴졌다. 열어보니 노트북충전기와 세면도구가 담긴 봉지가 없어졌다. "아니, 이게 웬일이지?" 가만히 생각해보니, 국경에서 짐 검사할 때 영이가 춥다고 해서 가방에서 옷을 꺼낸 뒤 다시 넣었는데, 가방을 나르는 녀석들이 그걸 본 뒤 "오호, 저 가방은 외국인 것이구먼? 귀중품이 많이 있겠네?" 하고 몰래 꺼낸 것 같았다.
하지만 이건 시작에 불과했다.

Episode 96

# 내 카메라 돌리도!! 부에노스아이레스 Buenos Aires

다음날 15시간 동안 야간버스를 타고 부에노스아이레스에 도착했다. 우유니에서 같이 투어를 했던 경영언니가 묵고 있는 숙소를 찾아갔는데 마침 같이 있던 유학생이 루레나바께에서 팔이 부러진 지성오빠를 도와 볼리비아를 함께 여행했던 친구였다. 참, 세상이 좁기도 하여라……. ^^

네 명이서 함께 한인촌에 몰려가(?) 회초밥도 먹고 라면 사재기(?)를 하며 즐거운 시간을 보냈는데, 문제는 경영언니가 떠난 뒤 발생했다.

저녁 무렵 세 명이 함께 맥도날드에서 햄버거를 먹고 있는데 갑자기 내 옆자리에 둔 카메라가방이 안 보인 것이다. 너무나 순식간의 일이라 앞에 앉아 있던 영이에게 물어보니 웬 아줌마가 잠깐 의자 쪽으로 기댄 것 같았는데 별 신경을 안 썼다는 것이다.

말로만 듣던 '식당 소매치기'를 당한 것이다. 세 명이서 눈 멀쩡하게 뜨고 있는데 바로 옆에 둔 카메라를 잃어버리다니! 이런, 바보 같은!

볼리비아 라파즈에서 산 지 두 달도 안 됐는데, 덕분에 산티아고에서 찍은 사진도 모두 날아가버렸고 이후 부에노스아이레스에서 12일간 머물며 단 한 장의 사진도 남길 수 없었다.

도둑으로 악명 높은 페루와 볼리비아에서도 안 당한 일을, 안전하다는 아르헨티나에서 당하다니……. 역시 사고는 방심할 때 생기나보다.

내 카메라 돌리도…!!!

Episode 97

# 1,500킬로미터의 절대 고독감  바릴로체 Bariloche

영이녀석이 부에노스아이레스에서 새벽 비행기를 타고 한국에 돌아갔다. 3개월 만에 다시 고독한 라이딩의 세계로 돌아온 것이다. 마음이 착-잡…했다.

멘도사에 다시 버스를 타고 돌아온 뒤, BMW딜러에서 바이크를 찾았다.

남쪽으로 내려갈수록 날씨가 쌀쌀해지더니 엄청난 바람이 불기 시작했다.

시속 100킬로미터를 유지하기 힘들 정도로 바이크를 흔들어대는데 헬멧에 부딪치는 바람소리에 정신이 다 멍- 해질 지경이었다.

미국서부와 캐나다북부 지역을 짬뽕해놓은 것 같은 황량하고도 광활한 분위기였는데, 도중에 나타나는 마을은 어찌나 초라한지 하나뿐인 식당마저 시에스타(점심휴식시간) 때문에 문을 닫아버려, 주유소에서 샌드위치로 점심을 해결했다.

"참나, 사람도 없고 차도 안 다니는 이런 곳에 도대체 왜 아스팔트를 깔아놓은 거지?"

멘도사에서 바릴로체까지 약 1,500킬로미터를 4일에 걸쳐서 달렸는데, 만약 버스를 타고 왔다면 15시간이면 충분했을 것이다. 야간버스를 탄 뒤 한숨 자고 나면 도착했겠지.

저 멀리 안데스산맥이 가끔씩 바라보일 뿐 직선구간이 대부분인 지루한 라이딩이었지만, 파도치는 바람과 넘실거리는 구름, 차가운 공기와 매끈한 아스팔트 표면 그리고 간간이 풍기는 소똥 냄새. 이 모든 것을 온몸으로 느낄 수 있었다.

지평선을 바라보며 하염없이 땡기고 있으면 지구 위를 나 홀로 움직이고 있는 듯한, 이른바 '절대 고독감'을 느낄 수가 있었다.

역시 바이크여행은 이렇게 광활한 지대를 끝없이 달릴 때 참맛이 나는 것 같다. 한국에선 죽었다 깨어나도 맛볼 수 없는 그 맛. **"니들이 그 맛을 알어?ㅋㅋ"**

촘촘하게 박힌 기념품가게와 호텔 그리고 엄청 비싼 물가. 바릴로체는 전형적인 관광도시의 모습을 하고 있었다. 부에노스아이레스에서 버스로 부친 뒤 타이어를 찾아 교체한 뒤, 호숫가를 따라 달리며 경치도 감상하고 이틀간 푹 쉬었다. 더 쉬고 싶었지만 모텔비가 너무 비싸서.^^

자, 이젠 칠레로 건너간다!!

# Episode 98
# 동화 속의 나라 칠로에섬

발디비아 Valdivia  푸에르토몬트 Perto Montt  칠로에섬 Chiloe Island

　　칠레 국경을 넘은 뒤 바로 푸에르토몬트로 내려가려 했지만, 론리플래닛이 강력 추천하는 발디비아에 들러보기로 했다.
　　하지만 마을 입구에 들어서자마자, "뭐야, 이거 겁나 썰렁하구먼. 도대체 여기에 뭐 볼 게 있다는 거지? 또 론리한테 속은 거야. 그런 거야……."
　　다음날 강변을 따라 걷는데, 갑자기 웬 시꺼먼 덩어리가 꽥꽥거리며 보도 위로 올라오는 게 아닌가. 아니, 너는…! '바 다 사 자' 아냐!!
　　참나, 동물원에서만 구경하던 바다사자를 이렇게 코앞에서 볼 수 있다니.
　　사진 찍으려고 다가서니 소리를 지르며 공격해 깜짝 놀랐는데, 바다사자한테 쫓기는 기분이 과히 나쁘지 않았다. "역시 오길 잘했군^^"

　　푸에르토몬트는 날씨가 우중충한 게 비가 오다 그치기를 반복했는데, 다른 칠레도시와 마찬가지로 썰-렁한 분위기였다. 오로지 남쪽으로 가는 배를 타기 위해 오는 곳 같다.

정말 칠레의 도시들은 왜 이렇게 재미없는지 모르겠다. 이게 칠레의 특색인가? 그동안 느낀 건데 가난한 나라일수록 볼 것도 많고 더 흥미진진한 것 같다. 그래서 난 요즘 유럽에 완전히 흥미를 잃었다. 하루빨리, 아프리카로 갈 생각뿐이다.

아침에 일어나니, 누가 빨랫줄에 말려놓은 양말 두 짝을 훔쳐갔다. 참나, 기가 막혀서. 이젠 양말이니?

푸에르토몬트의 남쪽에 있는 칠로에섬을 이틀 동안 쑤시고 다녔는데, 칠로에섬보다는 배를 타고 한 번 더 들어가는 옆의 작은 섬이 훨씬 볼 만했다. 마을을 지날 때마다 주민들이 신기한 듯 쳐다본다. 생각해보라, 만약 남해안의 작은 섬에 외국사람이 바이크를 몰고 오면 동네사람이 얼마나 뜨아 하겠는가. 어찌나 쳐다보는지 웬만큼 사람들의 시선에 익숙해진 나조차 부담스런 정도였다.

대부분 농사를 짓거나 물고기를 잡으며 생활해서 그런지, 촌티(?)가 물씬 풍기는 게 소박하고도 정겨워 보였는데, 문득 이렇게 외딴 곳에 가정을 꾸리고 살면 어떨까? 하는 생각이 들었다. 내가 이번 여행을 통해서 크게 깨달은 점은, 진정으로 원하는 것이 있으면 이것저것 따질 것 없이 무조건 시도해봐야 한다는 것이다. 그러면 하나둘씩 방법이 떠오르고, 시행착오를 거치며 조금씩 배우는 것 같다.

이 세상에 확실한 것은 아무것도 없다. 있다면 태어났으니 반드시 죽게 된다는 것. 하고 싶은 건 하면서 살자, 늙어서 후회하면 무엇하리.

Episode 99

# 아메리카대륙 최고의 라이딩!

**카레테라 아우스트랄** Carretera Austral

    칠레 쪽에서 도로가 끝나는 파타고니아 남쪽지역을 '카레테라 아우스트랄' 이라고 부르는데 많은 라이더들이 칠레 최고의 비경을 볼 수 있다고 했다.

    사람도 별로 살지 않는 마을 사이를 비포장도로가 연결하고 있어 교통이 불편한데, 일반여행자는 잘 가지 않는다고 해서 더욱 구미가 당겼다. 바로 이런 곳이 내가 진정 가봐야 할 곳 아닌가. 배낭여행자는 버스가 다녀야 갈 수 있지만 라이더는 길만 나 있으면 되거든.

    칠로에섬에서 페리를 타고 '차이텐' 이란 마을에 도착했는데, 오토바이를 싣고 바다를 건너고 있자니 배에서 내리면 어떤 곳을 달리게 될지 기대감이 부풀면서 마치 미지의 세계로 떠나는 영화 속의 주인공이 된 기분이 들었다.

    여행을 하게 되면 신문이나 뉴스도 안 보고 연예인이 누구와 결혼하든, 로또 당첨금이 얼마든 알 수 없기 때문에, 세상의 모든 일이 나를 중심으로 돌아가는 것 같다. 왜 한국에 있을 땐 다른 사람들의 일에 그렇게 신경을 쓰며 살았었는지. 4천만 대한민국 사람 중에 오토바이로 세계일주를 하고 있는 사람은 오직 나 혼자뿐. 난 '자아의 신화' 를 이루는 중이다. 그것도 온 우주의 도움을 받으며. 요즘은 왠지 인생을 제대로 살고 있다는 기분이 든다. 나만의 착각일까?

    "마치, 알래스카 같군."

차이텐을 떠나 남쪽으로 달리면서 계속 이 말을 중얼거렸는데, 숲을 가로지르다 위를 보면 설산고봉이요 밑을 보면 강과 호수다. 역시 극과 극은 닮아 있는 것인가.

다행히 날씨가 좋았는데, 관광시즌이 아니라 그런지 식당이 문을 닫아 빵과 통조림으로 끼니를 해결했다. 산골이라 모텔비도 훨씬 비쌌는데, 이렇게 한적한 지역은 텐트를 치고 밥을 해먹으며 돌아다녀야 제격일 듯했다.

"이야, 알래스카 떠난 이후 정말 오랜만에 야영 하고 싶어지는군. 강이 바라보이는 언덕에 텐트를 쳐놓고, 하루 종일 책이나 읽으며 쉬었으면 좋겠다."

하지만 캠핑 장비는 멕시코로 내려올 때 모두 처분했는데, 반 년 동안 텐트에서 지낸 뒤라 정말 지긋지긋했기 때문이다. 덕분에 몸무게가 10킬로나 빠졌었다.

일어나보니 비가 내리고 있었다. 비포장길은 비가 오면 달리기 힘들기 때문에 하루 쉬라는 뜻이라 생각하고 슬리핑백 속에 들어가 하루 종일 노트북화면을 쳐다봤다. 블로그 올릴 사진과 글을 정리하는데, 난 이번 여행을 통해서 과연 무엇을 얻고자 하는지 궁금해졌다.

처음엔 세계의 다양한 모습을 한꺼번에 쫘—악 훑어보면, 뭔가 어떤 것이 종합적으로 정리되고 파악되어 인생 후반전을 어떻게 살아야 될지 결론이 나올 줄 알았는데, 이젠 그것이 얼마나 허황된 생각이었는지 느끼고 있다.

한 나라를 수없이 다녀와도, 갈 때마다 보이는 것이 새로운데 나는 4년이라는 짧은 시간에 전 세계를 모두 가려고 하다보니, 어쩔 땐 수박 겉핥기가 아닌가 하는 자괴감마저 드는 것이다. 나처럼 한꺼번에 다 돌고 끝내는 것보단, 앙헬폭포 투어 때 만났던 스위스 스튜어디스처럼 휴가 기간마다 매년 다른 나라를 꾸준히

쉬는 시간엔 아코디언 연주를~

여행하는 것이 훨씬 더 좋지 않을까 하는 생각이 들었다. 물론, 둘 다 쉬운 일은 아니다. 왜냐고? 먹고 살아야 하니까.^^

무려 10년간 세계일주를 한 뒤, 아예 오토바이 투어회사를 차려 아직도 매년 아프리카와 중국 등지를 누비고 다니는 헬기 페더슨. 젊었을 적 영국제 바이크 트라이엄프를 몰고 4년간 세계일주를 한 뒤, 일흔이 넘은 나이로 다시 4년간 한

번 더 여행을 한 영국인 테드 사이먼. 이제야, 두 분의 삶을 조금이나마 이해할 수 있을 것 같다. 4년이든 10년이든 한 번의 여행으론 결코 채워지지 않는 그 갈증을. 과연, 죽을 때까지 달릴 수는 없는 것인가!

Episode 100

# 폭풍 속으로 루타 쿠아렌타 Routa 40

칠레의 카레테라 아우스트랄에서 넘어온 뒤, 우슈아이아로 내려가는 길은 두 가지가 있다. 첫 번째는 아르헨티나의 동쪽 끝까지 간 뒤 밑으로 내려가는 아스팔트 도로이고, 두 번째는 왼쪽으로 바로 내려가는 비포장길이다.

이 비포장도로가 유명한 Routa 40(루타 쿠아렌타)인데, 많은 라이더가 이곳에서 사고를 당해 악명이 높다. 다리가 부러진 사람도 있고, 머리가죽이 찢겨진 경우도 있었는데 주변에 병원은커녕 마을조차 드물기 때문에 사고라도 나면 큰 낭패인 것이다.

첫날은 손가락이 그려진 동굴을 구경한 뒤 하룻밤 묵었는데, 여기서 브라질 라이더 헤지날도를 만나게 되어 함께 내려가기로 했다.

"마침 잘됐구먼, 안 그래도 혼자 가긴 왠지 불안했는데."

앞으로 350킬로미터 구간엔 마을이 없어서, 이곳 주유소에서 만땅을 채운 뒤 2개의 콜라페트병에 기름을 별도로 넣어두었다. 자, 그럼 달려볼까나?

맞은편에서 차가오면 서로 손을 흔들며 반가워하고, 때론 멈춰 서서 얘기를 나누는……. 루타 쿠아렌타의 분위기는 대략 그랬다.

자갈이 많기는 했지만 도로 상태는 매우 양호한 편이었는데, 우유니에서 넘어올 때 가장 쉽게 느껴졌던 부분이 이곳에선 가장 힘든 편에 속했다.

"문제는 바람이었다. 파타고니아의 살인적인 강풍!"

바람이 어찌나 몰아치는지 균형을 잡기 위해 안간힘을 썼는데, 앞에서 달리던 헤지날도는 바람에 밀려 도로 밑으로 미끄러졌다.

〈폭풍 속으로〉, 〈트위스터〉 이런 영화들이 계속 머릿속에 떠올랐다.

중간에 길을 물어봤는데, 어제 두 명의 라이더가 사고를 당했으니 조심하라고 신신당부를 했다. 한 명은 내가 오전에 만났던 3명의 BMW라이더 중 하나로 커브길에서 과속을 하다 미끄러져 병원에 실려 갔고(어쩐지 너무 땡긴다 싶더니만.), 다른 한 명은 독일에서 온 친구인데 마주 오던 차와 충돌해서 역시 어디론가 실려 갔단다.

"가만있자, 독일이면, 혹시 내가 바릴로체 오는 길에 만났던 바로 그 친구?" 왠지 맞을 것 같은 느낌이 들었는데 부디 아니길 바라며 길을 재촉했다.

한참을 달리다보니 왜 이곳에서 사고가 많이 나는지 알 수 있었다.

생각해보라. 350킬로미터 구간을 하루 안에 통과해야 하는 데, 쉬지 않고 시속 50킬로미터로 천천히 달리면 7시간, 시속 80킬로미터로 빨리 달려도 4시간이 넘게 걸린다.

풍경이 황량해서 특별히 볼 것도 없는데다 도로가 직선이기 때문에, 지루함을 참지 못하고 속도를 내는 것이다. 이런 도로는 아무리 폭이 넓어도 차바퀴가 지나간 트랙, 즉 자갈밭 사이로 길게 새겨진 가느다란 '선' 위를 따라 달리게 되는데, 오랜 시간 동안 이 선 위를 끊임없이 달리는 일은 고도의 집중력을 요구한다. 일반지역에서도 시간이 지날수록 피로도가 쌓여 순간적으로 선을 벗어나 자갈이 쌓인 곳과 부딪쳐 넘어지게 되는데, 이 동네는 엄청난 바람이 좌우로 끊임없이 바이크를 흔들어대기 때문에 넘어질 확률이 높은 것이다. 첫 번째 라이더가 커브에서 과속으로 넘어진 것은 바로 그 때문이고.

또한 많은 구간의 절반이 자갈로 뒤덮여 있어서 차와 바이크가 한쪽으로만 몰리게 된다. 시야가 막힌 곳에선 서로 미처 보지 못하고 부딪히는 것이다. 자갈밭에선 미리 속도를 줄이지 않으면 차도 급정지를 할 수 없기 때문에, 어…어…어… 하다가 꽝! 바로 두 번째 라이더가 이 경우에 속한다.

내 경우는 두 명이 함께 라이딩을 해서 지루함이 훨씬 덜했을 뿐만 아니라, 100킬로미터마다 휴식을 취하고 대화를 나눔으로써 페이스 조절을 할 수 있었던 것이다.

온몸을 흔들어대는 바람으로 인한 공포감도 막고 도로 상태에 계속 집중할 수 있도록 지루할 때마다 〈미래소년 코난〉이나 자우림의 〈일탈〉과 같이 신나는 노래를 목이 터져라 계속 부르고 또 불러댔다.

"매일 똑같이 굴러가는 하루. 최후에 난 하품이나 해.
뭐 화끈한 일. 뭐 신나는 일. 없을까-우와우와우와우!
할 일이 쌓였을 땐 훌쩍 여행으-을~
아파트 옥상에서 번지점프르-을~
신도림 역 안에서 스트립쇼르-을~ 야이야이야이야이야!
머리에 꽃을 달고 미친 척 춤으-을~
선보기 하루 전에 홀딱 삭발으-을~
비 오는 겨울밤에 벗고 조깅으-을~ 야이야이야이야이야!"

결국 아침 9시에 출발해서 밤 9시에 엘찰텐에 무사히 도착할 수 있었는데, 약 500킬로미터를 12시간이 넘게 걸린 것이다. 헤지날도와 맥주잔을 부딪치며 건배했다.

"브라보, 루타 쿠아렌타!"

Episode 101

# 바람의 대륙 티에라델푸에고 Tierra del Fuego

　엘찰텐에 도착 후 헤지날도와 바이크를 바꿔 타고, 근처에 있는 호수까지 산책(?)을 다녀왔다. 헤지날도는 10년 경력의 소방관으로 브라질 남쪽에서 일하는데, 매년 한 달씩 유급휴가를 받기 때문에 이렇게 여행을 다닌다고 한다.
　헤지날도와 헤어진 뒤 모레노 빙하에 들렸는데, 가히 충-격-적이라 할 만했다. 오후 내내 굉음을 울리며 바다로 추락하는 얼음덩어리를 계속 지켜보았다. 내가 태어나기 몇만 년 전에도, 내가 죽은 뒤 몇만 년 후에도 저 빙하는 변함없이 흘러내리겠지. 그에 비하면 100년도 못사는 사람의 인생이란 얼마나 짧은 것인가. 한순간 번쩍하고 사라지는 빛과 같은 것. 그 짧은 시간을 살면서 제대로 한번 빛나보지도 못하고 사라지는 그 수많은 사람들. 그래서 우리가 유명인을 '스타' 라고 부르나 보다.
　난 과연 죽는 순간에 무엇을 후회하고 무엇을 아쉬워할 것인가.
　난 과연 지금 잘하고 있는 것일까 아니면 잘못하고 있는 것일까.
　결혼해서 단란한 가정을 꾸리고 직장생활을 열심히 하고 있는 친구들을 보면, 여행이 끝난 뒤 뭐하고 먹고살지도 막막한 자신이 한심스럽게 느껴진다.
　녀석들에게 이렇게 말했다.
　"넌 나를 부러워하지만, 오히려 난 네가 더 부러워 임마."
　엘찰텐을 떠난 뒤 칠레의 마지막 도시인 뿐따 아레나스를 들러보기로 했다. 날씨가 쌀쌀한지라 있는 옷을 모조리 껴입은 뒤 히팅자켓과 히팅그립을 켰는데도 별효과가 없었는데, 여행 시작 후 이렇게 추웠던 적은 알래스카밖에 없었다.
　체인이 느슨한 것 같아, 바이크를 세워놓고 유격을 조절했는데, 볼트를 세게 조이며 마무리하는 순간 뒷바퀴를 지탱하는 스윙암이 덜컥덜컥거리는 게 느껴졌다. 아니, 이건 또 왜 이래? 자세히 살펴보니 쇽과 스윙암을 연결하는 3곳의 너트가 모두 헐거워져 있는 게 아닌가. "휴, 하마터면 십년 감수할 뻔했네. 루타 쿠아렌타에서 진동이 심하긴 심했었나 보군." 연장이 부족해서 카센터에 바이크를 몰고 갔는데, 이번엔 더욱 충격적인 얘기를 듣고 말았다. "쇽이 망가진 것 같습니다. 그래서 진동이 너무 심해 너트가 헐거워진 것이구요." 아니 뭐라구요? 페루 리마에서 새것으로 교체한 지 5개월도 안 됐는데! 도대체 이래서야 어떻게 이 녀석을 끌고 아프리카 사막을 건넌단 말인가?

남미의 최남단 대륙인 티에라델푸에고. 정확히 말하면 이곳은 '섬' 이기 때문에 배를 타고 건너야 한다. 이제 끝이 얼마 남지 않았다는 생각에 상당히 들떠 있었다.

우슈아이아로 내려가기 전 마지막 도시인 리오그란데에 도착한 뒤, 너무 배가 고파서 주유소에서 허겁지겁 먹고 있는데, 갑자기 내 앞으로 한 대의 오토바이가 들어오는 게 보였다.

"아니, 저건? 헤-지-날-도 아냐…!"

일주일 전 엘찰텐에서 헤어진 뒤 이렇게 다시 만나게 될 줄이야! 역시 우린 보통 인연이 아닌가 보군. 서로 너무 반가워서 한참 동안 수다(?)를 떤 뒤에 숙소를 잡았는데, 이곳 역시 예사롭지 않았다. 호스텔 아르헨티노. 수많은 세계일주 라이더들이 묵어간 아주 유명한 곳이었다. 방명록에 있는 사진을 넘기고 있자니, 나도 뭔가 역사의 한 페이지를 장식한 것 같은 기분이 들었다.

Episode 102
# 여기는 세상의 끝! 우슈아이아 Ushaia

오늘은 2006년 11월 23일.

2005년 4월 21일 시드니에서 바이크를 구입한 지 1년 7개월 만에, 전 세계 최남단도시인 우슈아이아에 도착했다. 남쪽으로 20킬로미터를 더 달려 바히아 라파타이아(Bahia Rapataia)라는 진정한 아메리카대륙의 꼭짓점에서 사진을 찍으니 정말 감개가 무량했다.

내가 진정 이곳에 온 것인가. 다른 베테랑 라이더들이 알래스카를 출발해 이곳에 도착 후 찍은 사진을 볼 때마다, "이야, 난 저곳에 언제쯤이면 가게 될까. 과연 어떤 기분일까." 하고 부러워했었는데. 나 같은 놈이 해내다니. 정말 하면 되는구나. 그 동안의 일들이 주마등처럼 뇌리를 스친다.

피곤하기도 하고 뭔가 허전하기도 해서 일주일간 푹 쉬며 영양보충을 했다.

마음 같아선 이곳에서 바로 아프리카로 가고 싶지만, 오토바이도 고쳐야 되고 위쪽엔 아직 못 가본 나라들이 남아 있기 때문에 다시 올라가야 한다.

"휴, 다시 올라가야 돼? 싫어, 싫어~ ㅋㅋ"

내친 김에 남극 부근까지 여행하는 유람선 투어를 알아봤는데 11일에 300만 원을 훌쩍 넘었다.

"근데 오토바이를 싣고 갈수 있나요?"

"너 지금 나랑 장난하냐?"

혹시나 하고 물어본 건데 화내기는. 오토바이 세워놓고 사진 찍으면 죽일 텐데.^^

헤지날도와 함께 소방서에 들렀는데 같은 소방관이라 그런지 자세한 설명도 해주고 1932년 소방차 앞에서 사진을 찍도록 문을 활짝 열어주었다. 세상에 사진 찍으라고 소방서 대문을 열어주다니! 헤지날도가 소방관이 아니었다면 절대 상상할 수 없는 일이다.

자신의 직업에 상당한 자부심을 갖고 있는

이들을 보면서 한국에서 지루한 직장생활을 했던 내가 부끄러워졌다. "단지 돈을 더 벌려고, 하기 싫은 일을 하는 것은 어리석은 일이야. 비록 비싼 오토바이는 살 수 없지만 난 내 직업에 보람과 긍지를 갖고 있어." 헤지날도가 넌지시 말한다.

호주에 돌아가면 나도 소방관을 해보겠다고 농담을 하며 둘이 함께 크게 웃었다. 하하하!

이분이 자신의 소방관 배지를 선물로 주었는데, 바로 이런 것이 돈 주고도 못 사는 진짜 기념품이다. 예전에 알래스카에서 신세진 아저씨가 교도관이라 자신의 유니폼에서 배지를 직접 뜯어줬었는데, 이제 남미 최남단 우슈아이아에서 소방관의 유니폼 배지를 얻게 된 것이다.

지구상에 이 두 가지 배지를 한 팔에 달고 다니는 사람은 아마 나밖에 없을 것이다. 알래스카의 교도관과 우슈아이아의 소방관이

라, 정말 그럴싸하군."

 오토바이로 여행을 하기 때문에 많은 현지인들과 사귈 수 있었는데, 힘들지만 내가 핸들을 놓을 수 없는 가장 중요한 이유다.

 박물관 구경을 마치고 엔진오일을 사기 위해 오토바이가게에 들렀는데, 주차장에 나와 같은 오토바이가 서 있었다. 헌데, 클러치가 왼쪽에 있는 것이 아니라 오른쪽에 달려 있었다. 브레이크레버와 클러치레버가 모두 오른쪽 핸들에 달려 있다는 얘기다.
 "어? 이거 이상한데? 아저씨, 이 오토바이는 왜 이런 거죠?"
 "아, 그거요. 알래스카에서 이곳 우슈아이아까지 한 팔로 운전해서 내려오신 분이 타던 건데, 시내주행을 하다 넘어져서 뒷차에 치였어요. 지금은 병원에 입원중이랍니다. 미국사람이거든요. 왼팔이 없는 장애인이구요."
 "네-에? 뭐라구요? 한 팔로 바이크를 몰고서 여기까지 왔다구요? 세상에- 이럴 수가!"
 순간 놀라움과 함께 얼굴이 빨개졌다. 내 딴엔 죽을 고생하면서 내려왔다는 생각에 상당한 성취감과 뿌듯한 기분이었는데, 세상에 한 팔로 운전해서 이곳까지 온 사람이 있었다니, 정말 인간의 한계는 어디까지인가! 난 아직도 멀었군, 멀었어.

Episode 103

# 너 펭귄 맞어? 푼타톰보 Punta Tombo

우슈아이아를 떠난 뒤 왠지 모를 허전함이 마음을 가득 메웠다.

뭐랄까, 산봉우리 정상에 오른 뒤 집으로 돌아가는 기분이라고 할까?

부에노스아이레스에 도착하면 비행기를 타고 한국으로 돌아갈 것만 같은 그런 기분.

4년간 세계일주 한 사람들의 얘기를 들어보면 어느 시점에서 한 곳에 수개월간 머물며 쉬었다고 했는데, 미국의 기네스보유자 크리스도 뉴질랜드에서 6개월간 있었고 우유니에서 만났던 일본인 라이더도 아프리카의 어느 나라에선가 무려 9개월간 짱박혀 있었다고 했다.

아무래도 나도 그때가 된 것 일까? 요즘 들어 부쩍 피곤하기만 하고 의욕도 많이 줄어든 것 같다. 요즘엔, 반 년간 북미에서 텐트치고 지냈던 생각을 하면 도대체 내가 어떻게 그럴 수 있었는지 못 믿어질 지경이다. 그땐 통조림 안 먹고 모텔에서 쉴 수만 있으면 세상 부러울 게 없었는데. 인간이란 정말 간사한 것일까 아니면 나만 그런 것일까?^^

아, 지겨워 지겨워 지겨워! 볼 것은 아무것도 없는데 바람은 억수로 불고 거기다 도로는 쭉- 뻗은 일직선.

수백 킬로미터를 달리며 단 한 번의 기어변속이나 브레이크도 밟지 않고 오로지 땡기기만 했는데, 한국에선 상상도 못할 일이다.

　예전엔 영화에서 이런 길을 볼 때마다, "이야. 저런 길을 신나게 달리면 얼마나 좋을까." 했었는데 막상 달리고 있으니 오직 지겨울 뿐이다.

　썩어도 준치라고, 비록 속이 고장 나서 위아래로 휘청거리긴 했지만 **F650GS**의 고속주행 성능은 알아줄 만했다. 바람이 많이 불어서, 맞은편의 대형트럭이 지나갈 때마다 바이크가 통째로 흔들리며 〈드래곤볼〉에 나오는 에-네-르-기-파를 한방 맞은 것 같다. 이거, 아프리카도 이런 거 아냐? 싫어 싫어~!^^

　내가 지금까지 여행하면서 못 본 것이 몇 가지 있는데, 그중의 하나가 바로 펭귄 서식지다. 부에노스아이레스로 올라가는 길에 '뿐뚬보' 라는, 극지방을 제외한 세계최대의 펭귄 서식지에 들렀다.

　자연보호구역으로 지정된 곳이라 비포장도로를 따라 들어가는데, 갑자기 길 양옆으로 펭귄들이 보이기 시작했다. 오토바이를 세우니 신기한 듯 모가지를 뒤틀며 쳐다보고, 하나둘씩 도로를 뒤뚱뒤뚱 건너가고 있는 모습이 보인다. 방 안에서 TV를 보다가 화면 속으로 들어온 듯한 기분이 들었다.

　"이…야, 너 펭귄 맞어? 내가 지금 여기 있는 것 맞어? 이거 꿈 아냐?"

　알을 품고 있는 모습. 먹은 걸 토해서 먹이를 주는 모습. 대낮부터 열심히 작업(?)중인 모습. 구경하느라 쪼그리고 앉아 있으니 불량펭귄 몇 마리가 다가와 행패(?)를 부렸다. 바지의 뜯어진 부분을 물더니 세모난 양팔로 탁탁탁탁 하고 사정없이 두들긴다.

　"참나, 펭귄한테 맞아보긴 태어나서 처음이네. 햇빛도 한 줌 안 들어오는 통신회사 장비실에 처박혀, 하루 종일 모니터를 보며 일할 땐 상상도 못했던 일인데. 정말 여행 떠나길 잘했군, 잘했어."

　이럴 때 마다 그 동안 힘들었던 모든 일들이 눈 녹듯이 녹아내린다.

　나같이 가진 것도 없고 별 볼일 없는 녀석이 세계일주 여행을 떠날 수 있었던 것은. 많은 것을 버릴 수 있었기 때문이다. 지금 내가 가진 거라곤 달랑 오토바이 한 대와 그 위에 실려 있는 옷가지가 전부다. 많은 사람들이 세계일주를 못 하는 것도 여행 자체가 어려워서가 아니라, 모든 걸 접어두고 떠나기가 힘들기 때문이리라. 난 모든 걸 버렸다. 하지만 그렇기에 세상을 얻을 수 있었다.

**이 어찌 기쁘지 아니한가!!**

집에 데려가서 키우고 싶다. ㅋㅋ

바람이 너무 불어서 경고 표지판이! 허-걸~

Episode 104
# 세계일주 라이더 모여라! 비에드마 Viedma

　미국의 제다이 마스터인 크리스가 알려준 미구엘이란 친구를 찾아갔는데 날 너무나 반갑게 맞이해주었다. 동네 토박이인지라 해변가에서 마테차를 마시며 얘기도 하고, 저녁엔 바비큐파티를 하며 맥주잔을 기울였는데 발데즈반도에서 실망했던 기분이 모두 날아가버렸다.
　그래, 유명 관광지를 보는 것도 좋지만 이렇게 현지인과 부대끼며 그들의 사는 모습을 직접 보는 것도 빼놓을 수 없는 여행의 즐거움이지. 이게 바로 오토바이 여행의 매력 아니겠어?

www.horizonsunlimited.com

이번 여행을 가능하게 해준 이 사이트를 알게 된 지 2년 만에, 비에드마에서 열리는 바이커 미팅에 참여하게 됐다. 약 30명 정도의 바이커가 모였는데, 대부분 유럽 출신이고 미국과 캐나다 그리고 호주에서 몇 명이 와 있었다. 아시아인으론 내가 유일한데 한국에서 왔다고 하자 모두들 놀라워했다. 이런 게 바로 국위선양 아니겠는가. 남한이냐 북한이냐를 물어볼 정도로 우리나라에 관해 무지한 사람들에게 한국을 알리는 거 말이다.

www.thetimelessride.com의 주인공을 이곳에서 만날 수 있었다. 연세가 60세로 무려 10년간 세계일주를 하실 예정이란다.

"아니, 왜 10년간 세계일주를 하려고 하세요?"

"응, 10년 후엔 돈이 다 떨어지거든.^^"

"1년 예산이 얼마인데요?"

"2500만 원 정도 잡고 있어."

"그럼 바이크 한 대로 전 세계를 모두 도시는 거예요?"

"아니야, 현재 바이크는 오로지 아메리카대륙 일주로만 사용할 거고 아시아나 유럽 또는 호주로 가면 별도의 사이드카를 새로 구입해서 여행할 거야. 여기저기 왔다갔다 하면서 그냥 마음 가는 대로 하려고 그래. 나이가 들어서 그런지 바이크가 무거우면 감당하기 힘들거든 그래서 사이드카가 딱이지."

"무슨 일을 하시는데요?"

"응. 프랑스에서 살다가 미국 뉴욕으로 이주해 왔는데, 디자인계통 일도 하고 자산브로커 일도 하지. 여행 끝나고 돈 떨어지면 식당에서 접시 닦을지도 몰라. 하하하!"

"그런데, 혼자 여행하면 외롭지 않으세요? 전 요즘 너무 외로워요."
"아니, 별로. 생각해봐라, 넌 여행하면서 하루에 몇 명의 사람들을 만난다고 생각하니? 오늘도 그렇고 끊임없이 새로운 사람들을 만나게 되잖아. 힘들 땐 한 곳에서 푹 쉬도록 하렴. 난 식구들이 보고 싶어서 이번 크리스마스엔 고향으로 돌아가서 지낼 거야. 오토바이는 부에노스아이레스에 놔둘 거구."

호주 커플인데 4년을 목표로 세계일주를 하고 있다. 호주에서 바이크를 구입한 뒤 미국으로 건너온 시점이 나와 똑같은데, 1년 전 멕시코의 호프집에서 만나 술 한잔 했었는데, 이곳에서 다시 만나게 된 것이다. 세상이 아무리 넓다 해도 같은 길을 가고 있는 사람들은 이렇게 자주 마주치게 되나보다.

스위스 커플로 여자분이 사막지역을 주행하다 넘어져 왼쪽 쇄골이 부러졌다고 한다. 여행시작 전 유방암수술을 받았으나 강한 정신력으로 완치됐는데, 사막도로도 내가 한번 정복해보마 하는 도전 정신으로 달리다가 사고를 당한 것이라 했다. 이렇게 강하고 터프한 여자친구가 정말 멋지고 사랑스럽다고 했는데, 여자의 진정한 아름다움이 무엇인지 다시 한 번 생각하게 되었다.

미국 텍사스 출신의 할아버지.
"아니 도대체 연세가 얼마나 되세요?"

"올해로 77세인데 은퇴한 뒤 62살 때 오토바이를 처음 타기 시작했어."

"네에? 정말 대단하시네요! 뭐 어려운 점은 없으셨어요?"

"아르헨티나 멘도사에서 불량배들을 만나 흠씬 두들겨맞고 돈을 빼앗겼지. 새벽에 돌아다닌 내 잘못이니까 큰 원망은 없지만, 너도 조심하도록 해라. 세상엔 100% 안전한 곳도 없지만, 주의를 기울이면 100% 위험한 곳도 없는 거야."

"네. 명심하겠습니다. 저도 아버지 완쾌되시면 함께 오토바이 타고 여행하고 싶어요."

영국 출신 커플로, 이 엄청난 괴물을 몰고 세계일주중이다.
**www.beastlyadventure.com** 이다.

"이건 얼마예요? 어떻게 구입하게 된 거예요?"

"76년형 랜드로버인데, 군용 앰뷸런스로 사용되고 있어. 군에서 경매로 싸게 내놔서 약 600만 원을 주고 구입했지."

"유지보수에 어려움은 없나요?"

"이건 구형이라서 엔진구조가 아주 심플한데, 문제는 타이어야."

"디젤인 것 같은데, 연료는 얼마나 먹나요?"

"이건 구형이라 휘발유를 넣어야 되는데 400킬로미터를 가려면 약 100리터가 필요하지."

"네? 100리터요? 와, 휘발유값만 해도 엄청나겠네요. 근데 이 엄청난 괴물을 타고 여행하시는 특별한 이유가 있나요?"

"아, 그거? 그건 내가 정신적으로 심한 문제가 있기 때문이야. 하하."

"제가 괜한 것을 물어봤군요. 정말 우문에 현답이네요. 하하!"

이 사이트의 스티커를 오토바이에 붙이는 순간 마치 오랜 수행이 끝난 뒤 드디어 '제다이'로 임명되는 듯한, 진정한 바이커로서 인정을 받는 듯한 그런 기분이 들었다. 그 동안의 수많은 시행착오를 거치며 참으로 많은 것을 배울 수 있었는데, 이제야 진정한 바이크여행을 위한 준비가 끝난 것 같다.

**나도 이젠 진정한 세계일주 라이더인 것이다!**

만약 이번 여행을 떠나지 않았더라면 남들처럼 이분들 홈페이지를 보는 것으로 만족했을 것이다.

마치 영화 속에서 보았던 배우들을 직접 만나는 기분이랄까?

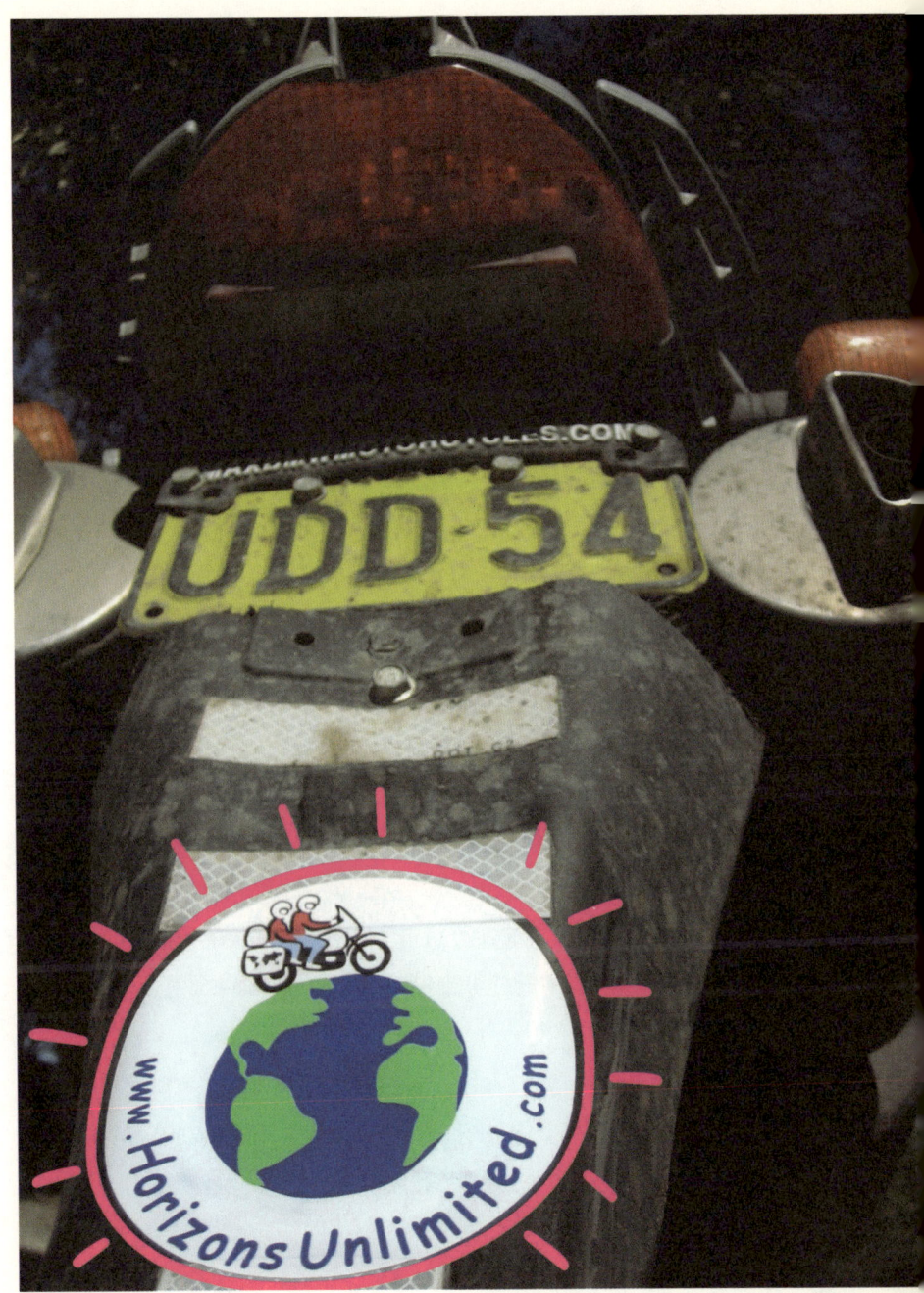

Episode 105
# 라이더의 파라다이스 아술 Azul

올라가는 길에 미구엘이 알려준, 이른바 '오토바이 여행자의 집'이란 곳에 들르기 위해 아술이란 작은 마을에 밤늦게 도착했다.

독일에서 자전거여행을 온 친구가 문을 열어줬는데, 안으로 들어가는 순간 어안이 벙벙해졌다. 전 세계의 수많은 바이크 라이더가 이곳을 거쳐 가면서 남긴 흔적들이 가관이었는데, 가만히 방에 앉아 사방을 둘러보니 엄청난 포-스를 느낄 수 있었다.

3일간 공짜로 머무는 동안 새로운 라이더들이 속속 도착했는데 모두들 경력이 예사롭지 않은 분들이었다. 화장실이 딸린 널찍한 방엔 침대가 세 개뿐이라서 나중에 오신 분들은 뒷마당에 텐트를 치고 지냈는데, 먹는 것은 각자 해먹는 분위기였다.

낮에는 휴식을 취하며 여행얘기를 나누거나 바이크 점검 등을 하고, 저녁엔 돈을 걷어서 소고기 훈제요리에 와인을 곁들이며 화목한 분위기를 연출했고.

주인아저씨는 내가 일본사람인 줄 알고 "곤니찌와" 하며 인사를 했는데, 내가 한국에서 왔다고 하자 한국라이더가 이곳에 들른 것은 이 집이 생긴 이후 처음이라며 무척 반가워했다. 그리고 나를 볼 때마다 "괜찮아? 뭐 필요한 거 없어?" 하며 상당히 챙겨주었는데, 내가 편안하게 잘 쉬고 있는 것이 자신에겐 아주 중요한 일이라고 하여 날 감동시켰다.

"근데, 어떻게 이런 곳을 만들게 되셨어요?"
"아, 내가 어릴 때 우리 동네를 지나가던 세계일주 라이더를 본 적이 있는데, 큰 바이크에 엄청난 짐을 싣고서 여행하는 모습이 너무나 멋져 보이는 거야. 그래서 나도 나중에 꼭 저렇게 해보리라고 결심했지만 먹고살기 바쁘다보니 내가 직접 하진 못하고, 대신 이렇게 바이크로 여행하시는 분들을 위한 쉼터를 만들게 된 거지. 일종의 대리만족이라고나 할까?"
"아, 그러면 언제 만드신 건데요?"
"어디보자. 올해로 15년째인가? 처음엔 오는 사람이 별로 없었는데, 인터넷이 생긴 뒤론 숫자가 폭발적으로 증가했지."
"와, 그러면 오셨던 분도 엄청나게 많았겠군요?"
"그렇지. 내 자랑 같지만, 바이크여행자들을 위한 쉼터는 전세계에서 우리집이 유일할 거야. 그리고 특히 이곳 아술(Azul)은 부에노스아이레스에서 우슈아이아로 내려가는 도로에 자리 잡고 있기 때문에 반드시 한 번은 들르게 되지. 특히 독일과 일본사람들이 많은데, 다녀가신 분들이 후원금을 모아서 비행기티켓을 포함한 여행경비 일체를 지원해주셔서 몇 년 전엔 독일과 일본에도 다녀왔지. 참 고맙기도 하고 보람이 있더구먼. 허허."

**이 얼마나 멋진 사람들인가!!**

평생 야마하 XT만 탔다는 할아버지

창고 벽에 한국의 흔적을 남기고 왔다.
얼마나 뿌듯하던지 ^^

# Episode 106
# 세환아, 아버지께서 쓰러지셨어!
부에노스아이레스 Buenos Aires

　부서진 속 때문에 고민을 하고 있던 중 브라질의 소방관 라이더 헤지날도에게 반가운 소식이 들려왔다. 나를 위해 **BMW**딜러에 직접 가서 무상수리 약속을 받아낸 것이다. 우슈아이아에서 만났던 재미난 인연에 소방관이란 그의 직업이 상당한 힘을 발휘한 것 같았다. 한술 더 떠, 자신의 소방서 관서에 빈 방이 많으니 이곳에 묵어도 되고, 빨리 와서 크리스마스와 새해를 자신의 가족과 함께 보내자고 초대를 해주었다. 아, 역시 이번에도 엔젤의 도움을 받게 되는구나. 안 그래도 피곤해서 푹 쉬고 싶었는데, 속도 고치고 헤지날도와 함께 연말을 지내며 휴식을 취해야겠다.

　엘살바도르에서 거나하게 신세를 졌던 까를로스가 부에노스아이레스에 살고 있는 라이더 마우리시오의 연락처를 알려주었다. 연락을 해보니 흔쾌히 초대를 해주어 그가 운영하는 카페에 찾아갔는데 알고 봤더니 이 친구의 스토리가 나와 비슷해 보였다.
　몇 년 전 아버님과 동생이 무장괴한에게 납치를 당했는데, 아버님은 반항하다 총에 맞아 숨지고 동생은 머리에 총을 맞았으나 운이 좋아 무사했다고 한다. 이후 충격을 받은 마우리시오는 바로 오토바이를 구입한 뒤 알래스카까지 약 **7**개월간 여행을 한 것이다. 도중에 엘살바도르의 까를로스를 알게 되어 이렇게 나까지 연결된 것이고.

　여행 전엔 바이크를 타 본 적도 없는 이 친구는 너무나 좋은 경험을 했다면서, 다시 떠나고 싶은 마음이 역력해 보였다. 현재 사랑하는 여자친구 때문에 떠나질 못하고 있는 듯 보였는데 나를 만난 뒤엔 가고 싶은 마음이 더욱 커졌다고 했다. 암튼 이 친구와 카페에서 많은 얘기를 나눈 뒤 집으로 향했는데 여기서 인터넷으로 메일을 확인하던 중 충격적인 소식을 듣게 되었다. **아버지가 응급실에 계신데 매우 위독하니 빨리 귀국하라는 어머님의 메일을 받은 것이다.**

　우선 비행기표를 빨리 구해야 했다. 헌데 지금이 크리스마스 시즌에다 아르헨티나 휴가철이었다. 문득, 우수아이아의 유한기 님께서 소개해주신 백승기 선생님이 떠올랐다. 연락을 드리자 흔쾌히 초대를

갑자기 튀어 올라온 돌에 맞아 "쩍" 하고 갈라졌는데, 느낌이 너무 안 좋았다. 결국…!

해주셨을 뿐만 아니라, 아드님이 잘 아는 한국여행사에 부탁해 비행기표도 빨리 구할 수 있었다. 댁에서 신세를 지는 동안 직접 차를 몰고 시내구경도 시켜주셨고, 이민생활에 대해 많은 조언을 들려주셨다.

　15년 전 한국에서 하던 사업을 정리하고 아는 사람 하나 없는 이곳 아르헨티나로 이민을 오셨는데, 초기엔 사기도 당하고 많은 어려움이 있었지만 지금은 의류사업으로 성공하셔서 두 명의 자제분이 사업을 이어받아 꾸려가고 있었다. 일 년에 몇 달씩 차를 몰고 여행하시며 사진을 찍는 것이 취미라고 하시는데, 한국의 검도 초기멤버로서 아직도 운동을 꾸준히 하시고 현지인에게 태권도를 지

도하시는 멋진 분이셨다.

비행기표가 해결됐으니, 이제 오토바이를 처분해야 한다.
마우리시오에게 부탁해 바이크를 살 만한 사람을 알아봐달라고 부탁했는데, 시간이 촉박해서 마땅한 사람을 구하기도 힘들 뿐 아니라, 중고바이크를 아르헨티나 번호판으로 바꾸는 건 불가능하다고 했다. 거기다가 속까지 망가진 상태 아닌가.
중고업자에게 물어보니 150만 원 정도면 살 생각이 있는데, 바이크를 분해해서 부품을 써먹는 방법밖에 없기 때문이란다. 참나, 기가 막혀서. 호주에서 등록비를 포함해 천만 원을 주고 구입한 녀석인데.
그렇다고 바이크를 그냥 놔두고 가자니 아버님이 언제 회복되실지도 모르는데 내 명의로 된 번호판을 아르헨티나에 남겨두면 나중에 찾아서 아프리카에 갈 때도 세관문제가 복잡해질 것 같고. 왜냐면 바이크의 임시통행허가증 기간이 3~8개월로 국경마다 틀린데, 난 재수 없게도 마지막 국경을 통과할 때 이상한(?) 세관직원을 만나서 정식서류가 아닌 희한한(?) 서류에다 허가증을 받는 바람에 만기일이 언제인지 표시가 없기 때문이다. 나라를 떠날 때는 여권 상에 바이크서류가 나타나지 않기 때문에 문제가 없지만, 다시 입국해서 바이크를 갖고 나갈 때 문제가 발생하는 것이다.
이래저래 고민하고 있는데, 마우리시오가 한 가지 제안을 했다.
"세환아 정 힘들면 나한테 넘겨라. 시간이 걸리더라도 번호판 바꾸는 방법을 찾아볼 테니. 그리고 나중에 네가 돌아오면 언제라도 바이크를 다시 넘겨주마."
"뭐? 그게 정말이야? 속이 망가져서 탈 수도 없는데?"
"괜찮아. 네가 타던 바이크 아니냐. 의미가 큰 바이크니까, 그냥 보관만 해도 기분이 좋을 것 같아. 속은 내가 수리하는 곳을 한번 알아보지."
함께 공증사무실을 찾아가 서류를 작성한 뒤 100만 원을 받고서 바이크를 넘겨주었다. 만약 나중에 번호판을 바꾸는데 성공하여 제 가격을 받고 팔게 되면 그 차익을 보내준다고 했고, 실패하게 되면 자신이 수리하여 친구와 함께 타다가 내가 원할 때 언제든지 다시 내어준다고 약속했다.

그의 집에 오토바이를 넣어놓고 나오는데 마치 딸을 시집보내는 기분, 키우던 강아지를 넘겨주는 기분이 들었다.

바리야, 그래도 좋은 주인을 만나서 정말 다행이구나. 언젠가 다시 만나게 될 때까지 잘 있으렴. 그 동안 정말 고생 많았다.

다음날, 서울행 비행기에 올랐다.

에필로그
# 아버지, 힘내세요!!

아버지는 여행시작 전 대장암 수술을 받으셨는데 1년 뒤 폐로 암이 전이되셨고, 얼마 전 뇌에서 암종양이 발견되었다. 방사선 치료를 받으신 뒤 집에서 요양을 하시던 중 밤중에 심한 발작을 일으켜 응급실로 실려 오셨는데, 합병증으로 당뇨병이 생기셨고 폐에 물이 차서 치료를 받고 계신 중이셨다.

현재는 응급실에서 중환자실로 옮기셨는데, 나를 보자 손을 꼭 잡으시며 흐느껴 우셨다. 방사선 치료로 대머리가 되신데다, 온몸이 비쩍 말라 뼈만 앙상하신 아버지의 우는 모습을 보니 더 늦기 전에 잘 돌아왔다는 안도감과 함께 뭐라 말할 수 없는 착잡한 기분과 슬픔이 밀려왔다.

난 지금까지 아버지께서 우시는 모습을 단 한 번도 본 적이 없었다. 마지막으로 통화 했을 때만 해도 모든 게 잘될 것이니 걱정하지 말라며 씩씩한 목소리로 말씀하셨는데.

갑자기 아버지가 산소호흡기를 떼어내고 말씀하신다.
"세환아. 어디 가지 마라. 세환아, 어디 가면 안 돼."
"걱정하지 마세요, 아버지. 이제 제가 옆에서 항상 보살펴드릴게요."

　어젠 머리에 극심한 고통이 찾아오셨는지 어쩔 줄을 몰라 하시며 온몸을 뒤틀다가 모르핀(마약)을 맞고서야 잠이 드셨다. 그토록 강하셨던 분이 저렇게 두려움에 떠시다니, 얼마나 아프시면……

　현재는 폐암에다 호흡도 정상적으로 할 수 없기 때문에, 뇌의 종양제거 수술도 할 수 없는 상황인데, 의사는 수술을 하면 마취 도중에 돌아가실 수도 있다며 위험하다고 한다.

　아, 그럼 언제까지 이렇게 고통에 시달리면서 하루하루를 버텨나가야 한단 말인가.

　정말 암담하고 착잡하기만 하다.


　저는 앞으로 아버지를 보살펴드리며 지낼 생각입니다.

　세계일주 여행이 중단됐지만, 여행이야 나중에 얼마든지 다시 시작하면 되니까요. 그게 언제가 될진 모르지만, 반드시 계획대로 완주를 하고 말 것입니다. 못 가본 나라들이 너무나도 많고, 이제 바이크여행은 제 삶의 일부가 되어버렸으니

까요.

　영화도 〈반지의 제왕〉 같은 대작은 여러 편으로 나누어 개봉되고, 뮤지컬이나 연극도 중간에 쉬는 타임이 있지 않습니까?

　1년 7개월간 수많은 시행착오를 거치며 다양한 경험과 지식을 축적하여, 마치 세계일주 아카데미를 졸업한 것 같은 기분마저 드는군요. 이제야 뭔가 알 것 같으니까요.

　미국의 크리스에게 이 말을 하니,

　"세환아 넌 이번에 아주 우수한 성적으로 졸업을 한 거야, 다음 번 여행 때는 더 많이 배워서 박사학위를 받을 수 있을 거다.^^"

　다른 라이더들도 하나같이,

　"아무것도 몰랐던 네가 여기까지 온 것만으로 정말 많은 것을 이룬 것이다. 이번 여행은 너의 인생을 완전히 변화시켰기 때문에, 반드시 다시 시작하게 될 것이라고 난 믿는다. 아버님의 건강을 기원한다."

　저의 여행은 아직 끝나지 않았습니다.
　오빠, 땡-겨……!!!

아버지는 결국 한 달간 병원에서 고생하시다 2007년 1월 20일 67세를 일기로 돌아가셨다.
아버지, 부디 좋은 곳에 가셔서 편히 쉬세요.

# 오토바이 여행 팁

## 어떤 바이크를 선택해야 할까요?

두말 할 것 없이 오토바이 여행의 가장 중요한 장비는 바로 오토바이입니다. 하지만 오토바이를 이미 소유하고 있다면 여러모로 익숙해진 현재의 오토바이를 이용하시길 권합니다. 왜냐면, 어떤 바이크로도 세계일주가 가능하기 때문이죠.

가장 중요한 고려사항은 비포장도로의 주행 정도, 부품과 타이어 구입, 예상 주행거리, 예산 범위 등입니다.

아메리카 대륙은 최북단 알래스카에서 최남단 우슈아이아까지 주요도로가 포장도로로 연결되어 있습니다. 따라서 소형 스쿠터에서 대형 아메리칸 바이크 할레이데이비슨 심지어 '쏭카' 라 불리는 수퍼 바이크로도 여행하신 분이 있습니다. 자신의 취향에 맞춰 기종을 선택하시면 됩니다. 하지만 수많은 비포장국도를 달리고 싶다면 오프로드 타이어 장착이 가능한 엔듀로 모델이나 오프로드 바이크가 좋겠습니다.

특히 장시간 라이딩이 필수이므로, 시트와 라이딩 자세가 편안해야 합니다.

대형 바이크의 경우 북미는 문제없으나 멕시코 이후 중남미에선 부품과 타이어 구입이 어려울 수 있습니다. 특히 가난한 나라일수록 힘이 드는데, 현지인이 타고 다니지 않기 때문입니다.

주행거리와 유지보수비용은 비례하므로, 예산이 부족하시면 부품 수급이 원활하고 유지비용이 저렴한 125cc 또는 250cc를 구입하세요. 아메리카 대륙에선 아무 문제 없을 겁니다.

바이크가 가벼우면 비포장도로에서 핸들링이 쉽다는 장점도 있습니다.

예산이 충분하신 분은 미국 대리점에서 DHL로 부품을 받으시면 됩니다.
다시 말씀드리지만, 어떤 바이크로도 가능합니다. 단, 그만큼의 차이는 감수해야겠지요?

세계일주 라이더들이 가장 많이 이용하는 바이크는, 포장과 비포장도로를 모두 주파하고 라이딩 포지션이 편안한 650cc급 이상의 엔듀로 모델입니다. 세상에 완벽한 바이크는 존재하지 않습니다. 그보다 중요한 건 바이크를 완벽하게 만드는 당신의 능력입니다.

✔ **주요 엔듀로 모델**

BMW F650GS(650cc), Honda Africa Twin(750cc), Kawasaki KLR(750cc), Suzuki DR 650, Yamaha XT(650cc), BMW 1150GS Adventure(1150cc)

## 대륙간 이동은 어떻게 하나요?

비행기 또는 배로 옮깁니다.

화물운송회사에 바이크를 맡겨두면 운송과 서류절차를 알아서 처리합니다. 바이크에 나무박스포장을 해야 하는 경우도 있는데, 나무박스는 오토바이 대리점에 부탁해 구할 수 있습니다. 기본적으로 연료탱크는 비워야 하며, 배터리단자 분리를 요구할 수 있고, 알루미늄가방 원드쉴드를 떼어낼 수도 있습니다.

비행기는 빠르다는 장점과 비싸다는 단점이 있습니다.

배는 시간이 오래 걸리고, 항구 처리비용이 많이 발생할 수도 있으므로 잘 비교해서 결정해야 합니다. 대부분 ,비용이 발생하더라도 빠르고 정확한 항공수송을 이용하더군요.

저의 경우를 예로 들자면,

✔ **호주 멜번 ➜ 미국 L.A**

소요기간-1일, 항공운송, 운송비용-2,300(호주달러)
특이사항-바이크에 나무박스포장 요구.

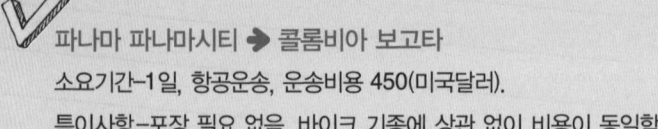
파나마 파나마시티 ➡ 콜롬비아 보고타

소요기간-1일, 항공운송, 운송비용 450(미국달러).
특이사항-포장 필요 없음. 바이크 기종에 상관 없이 비용이 동일함.

바이크가 도착하면, 세관통관 절차를 직접 해야 되는데요, 먼저 운송회사를 찾아가 운송장을 보여주면, 세관통관용 서류를 발급합니다. 이 서류를 들고 세관을 찾아가면 여기에 허가도장을 쾅 찍어주지요. 마지막으로 운송회사에 이 서류를 제출하면 바이크를 창고에서 꺼내줍니다.

## 각국의 도로 사정은 어때요?

북미최북단 알래스카에서 남미최남단 우슈아이아를 연결하는 팬암하이웨이의 90%가 포장도로입니다. 아메리카대륙에서 오토바이 진입을 막는 도로는 존재하지 않습니다. 전 세계에서 유일하게 우리나라만 고속도로 진입을 막는 것 같습니다.

북미(이하 미국과 캐나다를 지칭)는 도로 시스템이 잘 돼 있어 지도로 길을 찾는 데 아무 문제가 없습니다.

미국은 크게 하이웨이(고속도로)와 일반국도가 있는데요, 하이웨이는 우리나라처럼 직선구간이 대부분인 무미건조한 도로이므로 일정 때문에 빠르게 이동할 때를 제외하면 이용하지 않는 게 좋습니다. 차들이 고속주행 하므로 위험하고요, 특히 동부는 교통량이 혼잡하고 도로표면상태가 나빠서 더욱 위험한데, 생명의 위험을 느낄 정도였습니다. 지도를 보면 동부의 고속도로는 녹색으로 표시되어 있는데, 통행료를 내기 때문입니다. 하지만 통행료는 저렴한 편입니다.

저는 주로 일반국도를 이용했는데, 차도 없고 도로상태도 아주 좋았습니다.

국도를 달리다 우연히 마주친 수많은 비경들은 여느 국립공원 못지않았을 정도였고요. 하지만 2차선이라 해도 시속 100km 이상 밟지 않으면 뒤차가 추월을 합니다.

대부분이 속도제한에 상관없이 고속주행을 하고 있으며, 단속하는 경찰도 거의 없습니다.

거리가 마일(Mile)로 표시되어 있어, km로 계산하니 머리 아프더군요. ㅎㅎ

시내주행 시 주의사항은 교차로의 비보호좌회전과 일단정지 후 주행입니다.

특히 일단정지 표시가 있으면 주위에 차가 없어도 반드시 정지한 뒤 출발해야 합니다. 그렇지 않으면 몰상식한 운전자로 취급받습니다.

알래스카에서 아무도 없는 숲속을 지날 때도, 이를 정확히 지키는 모습을 보면서 혀를 내두른 적이 있었습니다. 교통질서를 정말 철저히 지키더군요. 물론 속도제한은 빼고.ㅋㅋ

동부지역을 제외하면 우리나라처럼 바로 도로 옆에 주유소나 휴게소가 없습니다. 반드시 도로에서 빠져나가야 하는데, 출입구 근처에 표지판이 있으므로 따라 나가면 됩니다. 주유소는 셀프인데 주유 전 미리 돈을 냅니다. 만약 10달러를 냈는데, 막상 넣어보니 9달러가 나왔다면 창구에서 잔돈을 받아옵니다. 전 이것도 모르고 정확한 휘발유양을 미리 계산하느라 머리가 아팠었습니다. 주유소엔 편의점이 있어서 샌드위치로 식사를 해결하기도 합니다.

캐나다는 미국과 비슷하지만, 고속도로와 국도가 별로 다르지 않습니다. 둘 다 통행료를 내지 않으며 2차선 도로가 많은 편입니다. 특히 시내주행 시에 주의할 점은 무단횡단과 앰뷸런스 그리고 경찰차입니다. 사람이 무조건 우선이므로, 무단횡단을 하더라도 차가 먼저 서야 합니다. 또한 앰뷸런스나 경찰차가 사이렌을 울리면, 그 즉시 멈춰야 합니다. 이런 차가 지나갈 때마다 모든 차들이 길가에 붙어서 멈춰버려, 처음엔 상당히 황당했습니다. 하지만 상당히 부럽기도 했는데 역시 시민의식이 대단하더군요.

중남미도로의 가장 큰 특징은 국도 중간중간에 신호등이나 횡단보도가 아예 없다는 점입니다. 운전하기에 상당히 편리하지만 그만큼 무단횡단이 많으니 주의해야합니다.

중남미(멕시코-파나마를 지칭)의 경우, 지도만 보고 길을 찾기 힘들기 때문에, 경찰이나 택시기사 또는 자가운전자에게 길을 물어봅니다. 절대로 여자들에게 물어보면 안 됩니다.ㅎㅎ

또한 오토바이 라이더에게 물어보면 십중팔구 직접 안내해주더군요. 복잡한 도시에서 꼭 써먹으시기 바랍니다.

중남미의 경우 숙소를 찾는 요령은 간단합니다.

모든 도시는 Centro(센트로)라는 중심가가 있고요, 이곳엔 Plaza(플라자), 즉 네모난 광장이 있습니다. 도시에 진입하면 도로 표지판에 센트로 표시가 있으므로 이걸 따라간 뒤, Plaza를 찾아갑니다. 숙소는 이 플라자 근처에 있기 때문에, 센트로-

플라자-숙소 순으로 찾아가면 됩니다.

멕시코 도로는 유료와 무료, 즉 두 가지가 있습니다.

유료의 경우 요금이 비싸지만 도로상태가 좋고, 직선구간이 많습니다. 돈을 내므로 교통량도 적습니다. 무료의 경우엔 빙 돌아가므로, 커브구간이 많고 도로상태도 안 좋으며 교통량도 많습니다. 저는 항상 무료도로를 이용했는데, 그다지 나쁘지 않았습니다.

멕시코의 가장 큰 특징은 속도방지턱이 너무나 많다는 점입니다.

이걸 Tope(토페)라 부르는데, 어찌나 큼지막한지 형광색 페인트칠이 되어 있지 않기 때문에, 야간에 고속주행을 하면 이 토페를 딛고 공중부양을 할 수 있으니 조심해야 합니다.

과테말라에서 파나마까지는 고속도로 개념이 없습니다. 모두 2차선 국도라 보시면 됩니다. 도로에 가로등이 없어 상당히 어둡습니다. 그리고 말과 소가 끄는 마차가 자주 다닙니다. 곡선구간이 대부분인데, 저속 주행하는 트럭이 많으므로 반대편 차선에서 추월해오는 차량을 항상 염두에 두시기 바랍니다.

콜롬비아는 국도가 너무나 한적했습니다. 도로통행료가 비싸기 때문인데요, 오토바이는 무료입니다. 특이점은 번호판 번호가 새겨진 조끼를 항상 착용해야 합니다.

저는 외국인이라 경찰이 안 잡더군요. 경찰이 정지신호를 보내면 즉시 서야 합니다. 안 그러면 총을 겨누는 사태가 발생할 수도 있는데, 외국 라이더가 한번 당했습니다.

주의할 점은, 게릴라가 아직 남아 있는 곳이므로, 군복 비슷한 옷을 입고 라이딩 하지 마세요.

베네수엘라는 산유국이라 물보다 휘발유가 싸더군요. 덕분에 고물차가 그 어느 곳보다 많이 다녔으며 수도인 카라카스는 교통량이 서울을 능가했습니다. 카라카스에선 바이크주행을 하지 마시기 바랍니다. 날씨가 더워서 사람들이 맥주를 싣고 병나발을 불며 운전합니다. 황당한 건 바로 옆에 경찰이 있었는데, 한 병 건네주면서 같이 마시더군요. 암튼 음주운전자를 조심하시기 바랍니다. 특히 콜롬비아에서 국경을 넘어올 경우엔 마약 때문에 짐검사를 철저히 하고 있습니다.

에콰도르, 페루, 볼리비아도 2차선국도가 대부분입니다. 특히 볼리비아는 4천 미터가 넘는 고지이므로 캬뷰레이터를 조정하여 공기가 많이 유입되도록 해줘야 합니다. 그리고 볼리비아는 옥탄가 표시가 없을 정도로 휘발유 질이 중남미 최악입니다.

아르헨티나와 칠레는 대부분 직선구간입니다. 칠레의 팬암 하이웨이는 4차선인데 볼 게 전혀 없으며 통행료를 받고 있습니다. 물론 우리나라보단 훨씬 저렴합니다. 특히 파타고니아엔 비포장도로가 많은데, 풍경이 아름다워서 자주 다니게 되더군요. 대신 주유소가 자주 없기 때문에 여분의 연료탱크를 준비합니다.

## 바이크로 국경통과는 어떻게 하죠?

아메리카 종단은 수많은 라이더들이 하고 있으며, 세계일주의 중요한 테마 중 하나입니다. 특별한 서류 없이도 국경통과에 문제가 없고, 북미는 영어, 중남미는 스페인어로 사용언어가 단순하기 때문이죠.

### 준비서류
여권, 국내 및 국제운전면허증, 오토바이등록증, 증명사진 등

주요서류는 복사본을 따로 보관하며, 스캔 후 이메일로 저장합니다.
만약 여권을 분실하면 대사관에서 임시여행자증명서를 발급받아야 하고, 오토바이등록증의 경우엔 스캔해둔 것을 프린트하면 되는데, 최악의 경우에 사용하는 방법이므로 절대로 분실하지 않도록 합니다. 보험은 한국에서 여행자보험을 들고 가면 충분합니다. 바이크보험은 들면 좋겠지만 필수사항은 아닙니다. 국경 통과 시 보험서류 여부는 묻지 않습니다. 그래도 걱정되시면, 보험회사의 국경 근처 사무실 또는 인터넷에서 구입합니다.
일반여행자는 여권에 입출국 도장만 받으면 되지만, 바이크여행자는 임시통행허가증을 받아야 합니다. 경찰이 자주 검문을 하게 되는데 바로 이 통행증을 확인하는 것입니다.
먼저 이민성에서 여권에 입국도장을 받은 뒤, 이걸 들고 옆 건물의 세관에서 바이크임시통행증을 신청합니다. 이때 필요한 것은 여권, 오토바이등록증과 국제면허증입니다. 복사본을 요구할 수도 있으니 미리 준비하시고요.
그러면 직원이 바이크 엔진넘버를 서류와 대조한 뒤 임시통행증을 발급하는데, 이 통행증은 나중에 해당 국가를 떠날 때 국경의 세관에 반납해야 합니다. 안 그러면 바이크가 계속 자기 나라에 머물러 있는 것으로 간주하니 꼭 반납하셔야 합니다.
통행증의 허가기간은 해당 나라의 비자기간과 대부분 같습니다. 발급비용은 보통 무료인데, 비용이 드는 나라도 있습니다. 그래도 저렴하니 걱정 안 해도 됩니다.

특히 멕시코는 신용카드가 없으면 수십만 원의 보증금을 따로 예치해야 합니다. 물론 출국할 때 돌려받습니다. 국경을 통과 시 주말을 피하세요. 이때는 현지인도 여행을 많이 하기 때문에 복잡해서 처리시간이 오래 걸립니다. 주로 작은 국경을 이용하고, 점심시간을 피해서 오전에 통과하는 게 좋습니다. 그래도 양쪽 국경에서 서류작업을 하므로, 시간이 상당히 소요됩니다.

## 라이딩 시 조심해야 할 점은 무엇이 있나요?

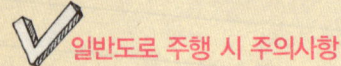
일반도로 주행 시 주의사항

야간주행은 절대 금기사항입니다.

밤에 달리면 어두워서 위험할 뿐만 아니라, 전망을 볼 수 없기 때문에 바이크여행의 주 목적인 달리면서 보는 즐거움을 느낄 수 없습니다. 따라서 바이크에 보조라이트를 추가 장착할 필요가 없지요. 대신 바이크와 가방 그리고 헬멧에 반사스티커를 붙여서 쉽게 눈에 띄도록 합니다.

일찍 라이딩을 시작해서 해 지기 전에 숙소를 잡도록 합니다. 특히 숙소는 주차장이 있어야 하므로 찾는 데 시간이 걸립니다. 커브가 많은 능선을 넘을 땐 차들이 반대편에서 추월을 많이 하므로 절대로 선두에서 과속을 하면 안 됩니다. 가장 안전한 방법은 적당한 속도로 달리는 차를 방패막이 삼아 따라가는 것입니다.

중남미의 경우 도로에 돌덩이 같은 방해물이 나타나므로 조심해야 합니다. 시골을 지날 때는 과속방지턱도 많이 있는데, 특히 멕시코의 경우엔 이 과속방지턱이 거의 죽음입니다. 다른 차 뒤를 따라가면 이런 것을 미리 확인할 수 있겠지요?

또한 평균시속 100km 이하로 주행하길 권합니다. 속도가 빠르면 구경을 제대로 못하잖아요?

짐이 많은 상태에서 100km 이상으로 달리면, 첫 번째 엔진에 무리가 갑니다. 두 번째 타이어가 빨리 닳고요, 세 번째 체인과 스프라켓도 빨리 소모됩니다.

급정지는 곧 사고로 이어지고, 바이크 사고는 최하 중상 내지는 사망입니다. 고속주행을 하게 되면 반응시간이 상대적으로 짧게 되고, 제동거리도 길어지기 때문에 위험한 것입니다.

오토바이는 브레이크가 없다고 생각하시고, 주로 엔진브레이크를 사용해야 합니다.

북미 최북단과 남미 최남단의 몇 구간을 제외하곤 주유소 간격은 충분하니 걱정 안하셔도 됩니다. 따라서 연료를 넣으실 땐 가득 채우지 않고 필요한 양만 넣습니다. 그래야 바이크가 좀더 가벼워지거든요. 이를 위해선 몇 리터에 몇 킬로미터를 주파하는지 미리 계산해둬야 합니다.

마지막으로, 맞은편에서 쉽게 알아보도록 대낮에도 헤드라이트는 항상 켜놓고 달리기 바랍니다. 상대편 차가 빵빵거리거나 하이빔을 켜면서 헤드라이트가 켜졌다고 주의를 줄텐데요, 안전을 위해 무시합니다.

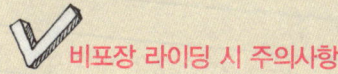 **비포장 라이딩 시 주의사항**

우선 명심할 것은 저속주행입니다.

사고의 대부분이 비포장도로를 고속으로 달렸을 때 발생하며, 저도 예외는 아니었습니다. 이를 위해 주행거리를 여유 있게 잡아, 조급한 라이딩이 되지 않도록 합니다. 또한 비포장도로는 피로도가 포장도로의 두 배이므로 체력 안배에도 신경 써야 합니다.

자갈과 모래 등으로 인해 도로 표면이 미끄러울 경우엔 발판을 딛고 시트에서 일어납니다. 그러면 무게 중심이 발밑으로 내려가므로, 좀더 안정된 라이딩이 가능합니다. 특히 모래가 심할 경우엔 저속기어를 사용한 뒤 쓰로틀을 많이 당겨서 속도를 내줘야 합니다.

바이크 고장의 대부분은 비포장 라이딩 시 발생합니다. 라이딩 전에 체인오일을 뿌리지 않습니다. 왜냐면 먼지가 오일에 엉겨 붙어 오히려 안 좋기 때문이죠. 그리고 타이어 공기압을 줄여줍니다. 공기압을 줄이면 타이어 표면과 지면의 접지도가 높아집니다. 라이딩 후엔 즉시 타이어 공기압을 높여주고, 체인을 깨끗이 닦아준 뒤 오일을 다시 뿌려줍니다.

마을에 도착한 뒤엔 세차장에 들러서 고압공기를 이용하여 라디에이터와 에어필터의 먼지를 제거해줍니다. 이후 물세차를 한 뒤 볼트와 너트가 헐렁한 곳이 있는지, 냉각수와 배터리액 레벨이 적정한지 확인합니다. 진동으로 물이 샐 수 있거든요.

## 길은 어떻게 찾아다니죠? 지도는 어떤 걸 사용하나요?

어디에서 무엇을 볼 것인지는 유명한 여행가이드북 「론리플래닛」에 자세히 나와 있습니다. 여러 나라를 가실 경우엔 북미, 중미, 남미 이렇게 대륙별로 요약된 책을 구입하시는 게 좋습니다. 이 책은 특히 도시별 지도가 잘 돼 있어서 숙소를 찾을 때 정말 편리합니다. 또한 나라별 지도가 잘 돼 있어 이것만 봐도 주요 관광지를 찾아가는 데 전혀 문제 없습니다.

더 필요할 경우엔 미쉐린도로지도가 미국, 캐나다, 멕시코를 모두 커버하며, 경치가 좋은 구간은 시닉루트(Scenic Route)라고 해서 점선으로 표시되어 있습니다. 물론 저도 시닉루트 위주로 다녔습니다. 중남미의 경우엔 대도시의 서점이나 주유소에 가시면 한 장짜리 전국도로지도를 구입할 수 있습니다. 아니면 미리 인터넷서점에서 지도를 구입한 후 가져도 되지요.

중요한 점은 도로가 포장인지 비포장인지 미리 확인하고 출발하시고요, 몇 킬로인지, 몇 시간이 걸리는지도 현지인에게 물어보는 게 좋습니다. 특히 커브가 많은 능선을 넘을 때는 평야지역을 달릴 때보다, 비포장도로는 포장도로보다 시간이 두 배가 걸리므로 이걸 감안해서 시간계획을 세워야 합니다.

GPS장비는 굳이 필요 없습니다. 어차피 사람들에게 길을 물어봐야 하거든요. 또한 GPS지도보다는 일반 도로지도가 보기도 편하고 훨씬 더 정확합니다. 대신 바이크에 나침반을 달아두면 방향을 잡는 데 크게 도움이 됩니다.

## 위험하지 않나요? 바이크를 잃어버리면 어쩌죠?

여행 시작할 땐 커다란 바이크용 체인을 3개나 구입했었는데, 지금은 모두 없애버리고 작은 자물쇠를 뒷바퀴 디스크락으로 이용하고 있습니다. 차도 훔쳐가는 도둑이 오토바이를 못 훔쳐가겠습니까?

중요한 것은 상황에 따라 현명하게 대처하는 것입니다.

북미의 경우엔 잘살아서 그런지 오토바이엔 별 관심이 없더군요. 처음엔 체인을 주렁주렁 묶어놓은 뒤 돌아다녔지만, 시간이 좀 지나니 국립공원 주차장에 가방도 바이크에 놓아둔 채로 트래킹을 다니게 되더군요.

한번은 트래킹을 다녀와 보니 누가 가방의 지퍼손잡이 부분을 서로 묶어두었더군요. 어찌나 그 모습이 예뻐 보였는지, 선진국의 시민의식을 몸소 체험할 수 있었습니다.

하지만 중남미의 경우엔 조심을 해야 되는데,만약 호텔에 (남미에선 호텔이 우리네 모텔입니다) 주차장이 없으면 1층의 로비에 바이크를 들여놓을 수 있습니다. 처음엔 이래도 되는가 싶을 정도로 신기하더군요. 하지만 워낙 좀도둑이 많은 곳이라, 그런 걸 당연하게 생각하고 있었습니다.

가끔은, 오토바이 가방이 너무 커서 모텔 입구에 못 들어가는 경우도 있었는데, 이럴 땐 사설주차장에 돈을 내고 바이크를 세워야 했습니다.

주차장이 확보됐더라도 바이크가 너무 눈에 뜨일 땐, 반드시 바이크 커버를(검정색) 씌워야 합니다. 바이크커버는 최대의 보안장치입니다. 쓸데없는 체인들은 필요 없구요, 뒷바퀴의 디스크를 잠그는 조그만 디스크락과 헬멧과 슈트를 바이크와 묶어주는 얇고 기다란 체인 한 개면 충분합니다. 낮에 주차할 때는 사람이 제일 많은 광장 앞에 주차하면 큰 걱정 없습니다.

바이크 자체보다는 바이크에 달려 있는 짐을 조심해야 합니다. 가급적이면 헬멧은 들고 다니고요. 암튼, 조금만 신경 쓰면 도난문제는 의외로 안전합니다.

## 꼭 준비할 것은 무엇인가요?

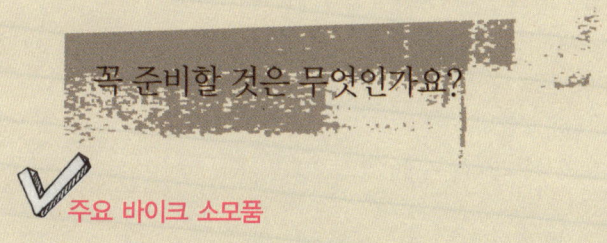

**주요 바이크 소모품**

### 1. 엔진오일

일주일에 한 번 정도 오일레벨을 점검하는데, 반드시 주행 후 엔진이 뜨거워진 상태에서 점검해야 합니다. 4,000km마다 교체해주도록 합니다.

일반 자동차용품점에서 엔진오일을 쉽게 구할 수 있습니다. 합성유오일(Synthetic)과 미네랄오일 두 종류가 있는데, 미네랄유를 구입합니다. 보통 합성유오일이 미네랄오일보다 두 배 가량 비싼데, 두 종류의 오일을 번갈아가며 넣으면 절대 안 됩니다. 좋은 오일을 넣는 것보단 자주 교체하는 것이 중요합니다. 이때 오일필터도 같이 교체합니다.

2. 체인과 스프라켓
짐이 무거울수록, 고속주행을 할수록 수명이 단축됩니다.
오래 사용하기 위해선 체인유격을 점검하고, 체인오일을 자주 뿌립니다. 체인이 뜨거울 때 뿌리면 좋습니다. 숙소에 바이크를 주차한 뒤 오일을 뿌려주고, 칫솔을 사용해 위아래로 골고루 문질러준 뒤 밤새 오일이 체인에 흡수되도록 합니다.

3. 타이어
짐이 무거울수록, 고속주행을 할수록 수명이 단축됩니다. 특히 급출발 하면 뒤타이어가 심하게 마모되니 삼가시기 바랍니다. 주기적으로 타이어공기압을 확인하여 보충합니다. 예상수명은 레디얼타이어의 경우 뒤타이어 12,000km, 앞타이어 18,000km이며 도로사정과 운전습관에 따라 달라질 수 있습니다.
북미의 경우 직선구간이 많아서, 타이어 중앙부분이 집중적으로 닳게 되니 주의하시구요. 중, 남미는 거의 포장도로이므로, 포장 70%, 비포장 30%의 엔듀로 타이어를 장착하면 웬만한 비포장도로도 주파 가능합니다.
오프로드 타이어는 재질이 고무인데, 포장도로에선 수명이 5,000km를 넘지 못합니다. 비포장을 많이 주행할 경우 앞쪽만 오프로드타이어를 장착해도 큰 문제 없습니다. 왜냐면 뒤타이어는 짐 때문에 무게가 실리므로 비포장도로의 그립력이 우수하기 때문입니다.
타이어는 볼리비아를 제외하면 거의 모든 대도시에서 쉽게 구할 수 있습니다.
튜브 타이어는 교체 시 튜브도 새 것으로 바꿔줍니다.
타이어는 가장 중요한 부품이며, 펑크 나면 큰 사고를 당할 수 있습니다. 따라서 웬만큼 닳았다 싶으면 바로 교체하시기 바랍니다.
"타이어엔 절대 돈을 아끼지 말라."는 라이더 속담이 있을 정도입니다.

4. 브레이크패드
마모 정도를 육안으로 점검한 뒤 교체해줍니다.

5. 스파크플러그, 앞포크오일, 앞/뒤 브레이크액, 에어필터, 연료필터 등을 일정기간 뒤 교체해줍니다. 특히 페루와 볼리비아는 휘발유 질이 좋지 않으므로 이 지역 통과 후 연료필터를 교체해주는 것이 좋습니다.

6. 냉각수액, 배터리액

비포장 라이딩 후 또는 바이크가 넘어졌을 때 반드시 점검합니다.
배터리용 증류수는 약국에서 살 수 있습니다. 가급적이면 실링이 되어 물이 새지 않는 밀폐식 무보수형 배터리로 미리 교체합니다.

기타사항 및 교체주기는 바이크 매뉴얼을 참조하기 바라며, 중·남미의 경우엔 부품을 구입하기 힘들 수 있으니 미리 준비하시는 게 좋습니다.

### ✓ 바이크용 휴대용품

1. 펑크용 키트(고무패치, 본드, 샌드페이퍼)
2. 타이어 공기압게이지(막대형)
3. 휴대용 타이어공기펌프(12v 전기사용)-최소형을 살 것
4. 타이어레버 3개(긴 것 1개, 짧은 것 2개)- 타이어 교체 시 필요
5. 쇠망치-아주 요긴합니다.
6. 스크류드라이버셋트
7. 덕테이프-최고의 응급처치용 공구입니다. 가장 자주 사용하게 되지요.
8. 비상용 철사와 펜치
9. 바이크의 너트와 볼트를 조이는 공구류 세트
10. 바이크 매뉴얼(구입 시 주는 것)
11. 락타이트 - 나사에 뿌려주는 본드인데, 비포장도로의 진동으로 나사가 빠지기 때문에 미리 발라둡니다.
12. 예비부품
    케이블(클러치, 쓰로틀)
    손잡이레버(클러치, 브레이크) - 전도 시 자주 파손됩니다.
    전기퓨즈
    전구류(헤드, 미러, 사이드)
13. 체인오일 및 칫솔
14. 인젝션 클리너-한 달에 한 번씩 연료 넣을 때 첨가해줍니다.
15. 옥탄 부스터-휘발유 품질이 안 좋은 볼리비아 라이딩 시 필수입니다.
16. WD-40-케이블과 주요 경첩 부위에 자주 뿌려줍니다.

17. 타이어 튜브 앞, 뒤 1벌씩 – 펑크 나면 뒷바퀴를 떼어낸 뒤 가까운 차량정비소에서 튜브를 통째로 교체합니다. 중남미는 펑크 때우는 가게가 널려 있으며 상당히 저렴합니다. 타이어 교체할 때도 이곳을 이용하면 쌉니다.
18. 체인브레이커, 체인어셈블러 – 체인 교체 시 유용합니다.

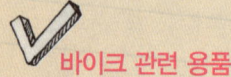

## 바이크 관련 용품

1. 핸드프로텍터–바이크 전도 시 손을 보호합니다.
2. 대형윈드쉴드–고속주행 시 찬바람을 막습니다.
3. 히팅그립, 히팅자켓 –추운 날씨에 좋습니다. 바이크에 12v 전기소켓이 필요합니다.
4. 쓰로틀 잠금장치–장거리주행 시 쓰로틀을 고정시켜 손목의 피로도를 줄여줍니다.
5. 브레이크 보조등–안전을 위해서 브레이크를 밟으면 반짝반짝 빛나는 LED를 브레이크등 옆에 추가 장착합니다.
6. 바이크가방– 방수가 필수이며, 도난이 염려되면 열쇠를 달 수 있는 알루미늄가방이 좋습니다. 플라스틱재질은 전도 시에 파손되므로 바람직하지 않습니다. 상당히 고가이므로 시간이 되시면 직접 제작해보길 권합니다. 알루미늄가방은 바이크 전도 시 차체를 보호해주며, 지면과 일정한 각도를 주어 들어올릴 때 쉽게 만들어줍니다. 대신 소프트가방보다 무겁다는 단점이 있습니다.
7. 탱크백–지도를 넣을 수 있도록 윗면에 비닐창이 있는 것이 좋습니다.
8. 헬멧–머리를 보호하며, 매일 착용하는 필수품이므로 예산 내에서 최고로 좋은 걸 구입합니다. 턱이 통째로 올라가는 시스템타입이 편하지만, 소음이 심하다는 것과 무겁고, 이음부분이 자주 망가지는 단점이 있습니다. 풀페이스헬멧은 수분섭취 할 때나 길을 물을 때 상당히 불편하지만 튼튼하고 소음이 적다는 장점이 있습니다. 가격도 시스템타입보단 저렴합니다.
헬멧은 검정색을 피합니다. 빛을 흡수해서 머리가 달궈지기 때문이지요. 노란색 계열이 눈에 잘 띄므로 좋습니다.
하루 종일 주행하므로 강한 햇빛을 막아주는 햇빛가리개는 필수입니다. 특히 해 질 무렵 서쪽 방향으로 달리게 되면, 역광 때문에 눈이 부셔서 앞을 볼 수 없기 때문입니다.
쉴드는 눈의 보호를 위해 미러코팅이 된 것을 추가로 구입하시고요, 김서림 방지용

코팅필름을 구입 후 무색 쉴드 안쪽에 달면, 비 오는 날과 추운 날씨에 깨끗한 시야를 확보할 수 있습니다. 이때, 주방세제로 안경을 닦아주면 김서림을 방지할 수 있습니다.
헬멧쉴드를 닦을 때는 반드시 물로 해야 기스가 안 납니다. 비누칠 금물.

9. 귀마개-주행 소음을 막아주며, 장시간 라이딩으로 인한 고막 손상을 방지합니다.
10. 글러브- 여름용과 겨울용 두 개가 필요합니다. 바이크 전도 시 가장 먼저 땅에 닿는 곳이 손이므로, 튼튼한 글러브를 구입합니다. 특히 방수가 되면 좋은데, 방수가 안 될 경우 비올 때는 고무장갑을 글러브 위에 착용합니다.
11. 우비슈트-위아래 일체형이 좋지만 고가입니다. 날씨가 추울 때 덧입어주면 아주 따뜻합니다. 고어텍스자켓은 라이딩 시 물이 스며들기 때문에 반드시 두꺼운 소재의 전문 방수의류를 구입합니다.
12. 라이딩부츠-보호패드가 튼튼해야 하고, 방수되는 고어텍스 소재가 좋습니다.
13. 라이딩슈트-꼭 구입해야 되는데, 어깨와 팔, 등, 무릎 부위에 보호대가 달려 있어 사고 시 몸을 보호해줍니다. 더운 날씨를 대비해 통풍용 지퍼가 많이 달린 것을 구입합니다.
14. 오토바이커버-우천 시와 도난방지용으로 필수품입니다.
15. 소형자물쇠-뒷바퀴 디스크락으로 사용하며, 헬멧을 바이크에 묶을 때도 좋습니다.
16. 번지코드-짐을 실을 때 아주 유용합니다. 2개는 필수입니다.

일반용품

속옷과 양말 및 의류, 내의, 모자, 오리털파카는 등산용품을 구입하세요.
속옷과 양말은 쿨맥스 소재 제품이 땀 배출이 빠릅니다. 겨울용 내의도 등산용이 보온 효과도 뛰어나고 가볍습니다. 모자는 햇빛을 사방에서 막을 수 있는 챙이 긴 것이 좋습니다.
수건은 스포츠타월이 금방 마르고 땀 흡수가 빠릅니다.
라이딩 시 물을 많이 먹어야 하므로, 등에 짊어지는 물통인 카멜백(camel back)도 구입하세요.
발에 땀이 많이 나므로 풋파우더를 챙기시고요, 선크림도 필수입니다.
그리고 라이딩 시 인공누액을 자주 넣어주세요.

종합영양제인 센트룸도 구입하시구요, 맥가이버칼도 아주 유용합니다. 압박붕대와 상처치료연고 같은 구급약품류도 필요하고요, 지사제와 감기약, 소화제와 같은 일반상비약도 필요합니다.
안경 쓰시는 분은 여분의 안경을 더 준비하시고요, 선글라스는 눈 주위를 완전히 가려주는 고글형이 좋습니다.
세면용품은 쉽게 구입할 수 있으므로, 제일 작은 것으로 구입합니다.
거의 매일 사진을 찍어대므로, 조금 무리해서 좋은 카메라를 장만하기 바랍니다.
풍경촬영을 주로 하게 되므로 24mm급 광각렌즈가 달려 있으면 좋고요, 인물촬영이 주라면 줌렌즈가 필수입니다. 여분의 배터리와 메모리카드를 넉넉히 준비하시고요.
사진저장을 위해 10G 이상의 MP3플레이어를 장만하시면 음악듣기도 좋습니다.

**야영용품**

- 헤드랜턴 – 야간에 어둠을 밝혀줍니다.
- 텐트 – 소형으로 구입하시고요, 우천에 대비한 플라이 덮개가 꼭 필요합니다.
- 에어매트리스와 바닥깔개 – 추운 지역을 가신다면 단열효과를 위해 꼭 필요합니다.
- 침낭 – 부피가 작게 나가는 게 좋은데 비가 올 땐 오리털보단 합성섬유의 제품이 물에 젖어도 보온효과가 지속되는 장점이 있습니다. 대신 오리털보단 훨씬 무겁다는 단점도 있지요.
- 버너 – 소형으로, 연료는 오토바이의 휘발유를 사용할 수 있는 제품을 구입합니다.
- 기타 – 프라이팬, 코펠, 머그컵, 수저, 포크, 버너연료용 깔때기 및 연료펌프, 설거지용 세제 및 수세미

## 바이크 정비 일지

바이크 구입 | 종이필터를 스펀지 방식인 Uni필터로 교환
1,000km | 호주 시드니 BMW | 정기점검
10,000km | 호주 멜번 BMW | 정기점검, 앞뒤타이어 및 스프라켓 교체
20,000km | 미국 시애틀 BMW | 스프라켓·체인·스파크플러그·엔진오일 교체
23,000km | 미국 알래스카 톡 | 뒤타이어 교체, 클러치스위치 수리
24,000km | 캐나다 캘거리 | 엔진오일 교체
30,000km | 엔진오일 교체, Uni필터 청소
34,300km | 엔진오일·스프라켓·체인·브레이크패드·뒤타이어 교체
40,000km | 미국 뉴햄프셔 MAX BMW | 엔진오일·스파크플러그 교체
42,000km | 헤드전구 교체
44,000km | 미국 Tallahassee BMW | Uni필터 청소
45,000km | 미국 Lafayette | 엔진오일·앞타이어·쇽 교체, 비상등스위치 수리
49,300km | 미국 Austin Lonestar BMW | 엔진오일 교체, 에어필터 교체(Uni필터에서 오리지널 종이필터로)
51,000km | 뒤타이어·체인·스프라켓·연료필터 교체
54,300km | 멕시코 칸쿤 BMW | 엔진오일 교체, 배터리 교환
55,000km | 과테말라 과테말라시티 BMW | 앞뒤 브레이크액 교환
59,000km | 엘살바도르 산살바도르 카를로스 바이크숍 | 엔진오일·스파크플러그 교체
64,000km | 베네수엘라 El Tigre | 엔진오일 교체
65,000km | 에콰도르 Tulcan | 타이어 교체(오프로드용), 앞뒤브레이크패드 교체, 에어필터 청소
68,000km | 에콰도르 키토 | 엔진오일·에어필터 교체
68,500km | 페루 와라즈 | 뒤타이어·포크오일·쇽 교체
70,500km | 페루 리마 | 앞타이어 교체(오프로드용)
71,500km | 페루 푸노 | 엔진오일 교체, 쿨런트 보충
73,000km | 페루 아레키파 | 엔진오일 교체
73,400km | 칠레 산페드로 아타카마 | 배터리액 보충, 에어필터 청소
74,500km | 아르헨티나 살타 | 스프라켓·체인·스파크플러그·에어필터·앞타이어 교체, 밸브간격 점검
76,000km | 아르헨티나 멘도사 | 뒤타이어 교체
77,000km | 아르헨티나 바릴로체 | 엔진오일 교체
85,016km | 아르헨티나 우슈아이아 | 엔진오일 교체

깨지고 부서지고 뜯어지고 갈라진 나의 바이크, 비바리.
하지만 뭐 어떤가. 잘 달려주면 그만이지.
인생도 그런 거 아닐까?

## 도와주신 분들 (길 위의 천사들 The angels on the road)

강완순 | Sydney, Australia
Alec | Melbourne, Australia
김준용 | Los Angels, CA, USA
Dave | Sacramento, CA, USA
Chirs & Erin | Bouler, CO, USA
Paul | Bouler, CO, USA
Don & Joni | Snohomish, WA, USA
정낙둔 | Vancouver, BC, Canada
C.J. | Tok, AK, USA
Herry | Anchorage, AK, USA
Marsha | Anchorage, AK, USA
Jorg | Tagish, YT, Canada
Brian | Edson, AB, Canada
John | Calgary, AB, Canada
Joe | Tilley, AB, Canada
Gordon | Winnipeg, MB, Canada
Frank | Dryden, ON, Canada
Rick | Toronto, ON, Canada
Mike | Toronto, ON, Canada
Dale | Ottawa, ON, Canada
Howard | Montreal, QC, Canada
Keith | Antigonish, NS, Canada
David | Shediac, NB, Canada
Dan | South Berwick, ME, USA
이상범 | Leonia, NJ, USA
정세주 | Massapequa, NY, USA
Michael | Kensington, MD, USA
Dallas | Easley, SC, USA
John | Charleston, SC, USA
Chris | Jacksonville, FL, USA
Frank | Daytona beach, FL, USA
Karl | Orlando, FL, USA

Peter | Key largo, FL, USA
Robert | Tallahassee, FL, USA
Walker's brother | Tallahassee, FL, USA
Mike | Pensacola, FL, USA
Ricky | Slidell, LA, USA
David | Lafayette, LA, USA
David | Houston, TX. USA
Robert & Carla | Austin, TX, USA
Stewart & Aracelia | Austin, TX, USA
정재훈 | Austin, TX, USA
Ron | Vancouver, BC, Canada
Eric | Guatemala city, Guatemala
Carlos | San Salvador, El Salvador
Mauricio | Bogota, Columbia
Ricardo | Medellin, Columbia
Ruben & Jose | Caracas, Venezuela
Ivan | Lima, Peru
유한기 | Ushuaia, Argentina
Mauricio | Buenos Aires, Argentina
백승기 님과 그의 가족 | Buenos Aires, Argentina
Reginaldo | Brazil

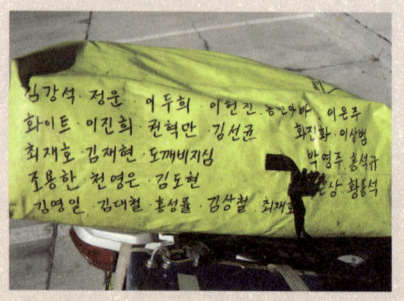

다음카페 WTS (cafe.daum.net/wts)
BMW 모토라드 서울 (www.bmwbike.co.kr)
KBC헬멧(www.kbc-helmet.com)
월간 모터바이크 잡지(www.motorbikeweb.com)
Max BMW North Hampton, NH, USA (www.maxbmwmotorcycles.com)
Lone star BMW - Austin, TX, USA (www.lonestarcycle.com)

여행하면서 단 한 번도 미장원을 이용하지 않았다. 거울을 보며 내 손으로 머리를 잘랐는데 바람의 파이터 최배달 선생님이 산속에서 눈썹을 자르며 마음을 다잡았던 것처럼 나 또한 뭔가 자극이 필요했기 때문이다. 경비를 절약하느라 여행 전체를 망칠 뻔한 위기도 많이 있었는데, 그때마다 한국의 엔젤들이 후원금을 보내줘서 큰 힘이 되었다.
이 자리를 빌려 무한한 감사를 드린다.

김도현, 박은상, 박영주, 화이트, 화진화, 동민아빠, 김상철, 조용한, 김선균, 이헌진, 홍성률, 이병호, 권혁만, 이두희, 김대철, 천영은, 김재현, 이진희, 정운, 김영일, 최재호, 김사운, 김상철, 원웅, 오윤석, 김일영, 권강섭, 김영모, 한정희, 황용석, 홍석규, 류원태, 이광연, 장대표, 이승민, 정연수, 이훈국, 이기숙, 임하영, 양종석, 임재춘, 김기훈, 정대형, 최종문, 최희승, 원도강, 서병철, 김성신, 장경환, 강명효, 오은영, 최호성, 서병철, 김운길, 필립, 권강섭, 최강준, 화팅브리드, 트윈스, 이광석 (입금 순서대로)
특별 후원자 : 허민(백만원)

후원금을 보내주실 분은 아래 계좌로 입금하여주시기 바랍니다.
국민은행 214-24-0428-542  예금주 : 강세환

보내주신 분의 성함을 바이크에 정성스럽게 적은 뒤, 티베트에 도착해 천배기도를 올릴 예정입니다. 한국 국가대표에게 힘을 실어주십시오!
오토바이 세계일주 제2편 ⇒ 유라시아 대륙 횡단기(서울~모로코 카사블랑카)를 기대해 주세요! (2007. 6. 21 → ?)

오토바이 세계일주
ⓒ 강세환 2007

초 판 인 쇄 | 2007년 6월 8일
초 판 발 행 | 2007년 6월 15일

지 은 이 | 강세환
펴 낸 이 | 김정순
기획 · 편집 | 심선영
펴 낸 곳 | (주)북하우스
출 판 등 록 | 1997년 9월 23일 제406-2003-055호

주　　소 | 413-756 경기도 파주시 교하읍 문발리 파주출판도시 513-8
전 자 메 일 | editor@bookhouse.co.kr
홈 페 이 지 | www.bookhouse.co.kr
블 로 그 | blog.naver.com/bookhouse1.do
전 화 번 호 | 031-955-2555
팩　　스 | 031-955-3555

ISBN 978-89-5605-192-5　03810

이 도서의 국립중앙도서관 출판도서목록(CIP)은 e-CIP 홈페이지(http://www.nl.go.kr/cip.php)
에서 이용하실 수 있습니다.(CIP제어번호:CIP2007001713)